UNDER DET ROSA TÄCKET

www.bonnierpocket.se

ISBN 978-91-7429-364-7

Första utgåva Wahlström & Widstrand 1996
Tryckt hos UAB PRINT-IT, Litauen 2015

NINA BJÖRK

Under det rosa täcket

Om kvinnlighetens vara och feministiska strategier

WAHLSTRÖM & WIDSTRAND

Till Mormor

Innehåll

Förord

Vissa böcker slutar vara böcker. De blir till begrepp, till uttryck och nästan till delar av vår vokabulär. ”Under det rosa täcket” är en sådan text.

En bok som blev mer än en bok.

Jag antar att en författare inte kan hjälpa när det händer. Det bara blir. Som ett barn som helt självständigt tar av på en väg som man inte hade föreställt sig.

Tar sig för större ting än man hade tänkt sig.

Nina Björk sägs fortfarande vara förvånad över ”Under det rosa täckets” genomslag. Hon trodde att hon satt och skrev en inomfeministisk bok. En kritik mot biologismen som skulle läsas och debatteras av en mindre, antagligen ganska akademisk krets av feminister.

Men tidsandan ville något annat.

Boken blev ett manifest. En skrift som gjorde en generation unga svenskar till feminister. Den första pocketupplagans rosa pärmar fick politisk mening långt bortom vad någon antagligen hade tänkte sig.

Universiteten fylldes av storögda genusstudenter. Vi lärde oss uttala ordet ”queer”.

På många sätt var "Under det rosa täcket" en början på den våg som slutar med att Göran Persson och Bo Lundgren kallar sig feminister och feministiskt initiativ med Gudrun Schyman kraschlandar i valet 2006.

Den tredje vågens feminism i Sverige.

Den första vågen var 1800-talets senare hälft och 1900-talets första decennier. Rösträtt, rätt till utbildning och ekonomisk självständighet.

Sverige som sist i Norden införde kvinnliga rösträtt.

Den andra var dagis, fri abort, politisk representation, hej hej tjejer och Simone de Beauvoir. Statsfeminismen som skördade framgångar inom det politiska systemet.

Det var 1960 och 70-tal.

Den tredje vågen kom på 1990-talet.

"Under det rosa täcket" kom ut 1996. Jag var tretton år gammal. Något år senare började vi organisera en feministisk studiecirkel några tjejer från olika högstadieskolor i vår sömniga akademiska småstad. Vi sågs hemma hos varandra och hade olika teman. Vi läste böcker, rasade över bilderna i Slitz och kritiserade H&M:s underklädesreklam.

Jag tror inte att vi läste "Under det rosa täcket". Antagligen för att alla redan hade läst den (och om någon inte hade läst den hade det varit för pinsamt för att erkänna.)

Den tredje vågens feminism i Sverige var i hög grad detta. 70- och 80-talisternas uppgörelse med myten om att jämställdheten var ett avklarat projekt.

1996 hade Göran Persson precis blivit statsminister och den värsta budgetsaneringen var över. Det var inte längre sönderfallande statsfinanser och ekonomisk tillbakagång. Välfärden var som det hette "säkrad" och Sverige höll på att förändras i rask takt.

Samtidigt pågick en diskussion om det där med kvinnlighet. Den så kallade "livmodersfeminismen" var stark. Kvinnor skulle upphöjas för sin skönhet, sin omvårdnad och sitt moderskap. En essentiell kvinna och en essentiell kvinnlighet hyllades. Kvinnor skulle "se ut som kvinnor", skrev veckopressen. Äntligen!

Men, frågade Nina Björk, vad innebär kvinnlighet?

Och runt denna i sitt slag mycket enkla fråga snurrar hela "Under det rosa täcket".

Kvinnligheten är en maskerad, skriver Nina Björk. Hon påpekar att livmodersfeminismen å ena sidan säger att en viss typ av kvinnlighet är det enda naturliga. Samtidigt verkar detta naturligt kvinnliga ständigt vara hotat och behöva räddas. Hur går det ihop?

Det gör det inte.

Samma magasin som hyllar den "naturliga" kvinnligheten är fulla med detaljerade råd om vad vi behöver göra för att uppfylla den. Klä dig såhär, dofta såhär, plocka dessa hårstrån.

Varje dag, om och om igen.

Den "naturliga kvinnan" är en arbetsintensiv institution. Och för många unga kvinnor blev denna insikt ingången till en helt ny frihet. Genom att visa hur kulturens och skönhetsindustrin konstruerade kvinnlighet skapade Nina Björk utrymme för kvinnor att ifrågasätta hur de förväntades vara. Du var inte automatiskt född till kanelbullar och kosmetikaberoende, du kunde välja ditt jag och din identitet. Kön var ingen tvångströja eller fast kategori utan politiska berättelser som hela tiden skrevs på våra kroppar av samhället.

När feminismen älskade kvinnan och ville uppvärdera henne förvandlade den henne till en utopi och en dröm om en annan ordning. Nina Björk pekade på hur kvinnligheten som vision om en annan värld också kunde bli ett fängelse. Kvinnan ska frigöras, inte för att det var hennes rätt, utan för att då blir det fred på jorden och mindre miljöförstöring.

Men det vi kallar ”kvinnligt” är en produkt av patriarkatet och det kvinnliga kan inte få likvärdig status med det manliga utan att först dekonstrueras. Kvinnligheten får hela sin mening från det manliga. Han står över henne och hennes ”unika röst” skapas genom att patriarkatet trycker sin fot mot hennes strupe.

Ska vi då uppvärdera den rösten?

Nej, feminismen borde sträva efter att upplösa könsnormer, inte hylla de traditionellt kvinnliga egenskaperna, skrev Björk. Feminismen bör inte handla om att slåss för denna ”sanna” kvinnas rättigheter utan om rätten för kvinnor att själva definiera vad kvinnlighet är.

”Under det rosa täcket” säger egentligen inte att livmodersfeministerna har fel. Den säger att livmodersfeminismen är ideologi. Boken går inte emot att det finns biologiska skillnader mellan könen, boken säger att när dessa lyfts fram sker det ideologiskt och i syfte att skapa en viss kvinnlighet och en viss manlighet.

Få oss att dra vissa politiska slutsatser av våra livmödrar och vår testosteronproduktion.

Det intressanta är inte de biologiska skillnaderna mellan könen, utan den mening vi ger dem. Hur hormoner och biologi används för att legitimera en ordning där kvinnan tar mer ansvar för hemmet och mannen ges en helt annan frihet att välja sitt liv. Hur våra liv begränsas av de rosa och blå täckena innan vi ens lär oss säga ”mamma”, än mindre skaffa oss en egen bild av vem vi vill vara i denna kropp.

Kvinnan är behagfull, ologisk och tjänstvillig. Mannen är rationell, stark och inriktad på jakt. Det är politik. Så låt oss prata om den politiken. Låt oss prata om det rosa täckets förväntningar.

Och det var just det som Nina Björk fick oss att göra.

Hon har sagt att boken skulle ha blivit annorlunda om hon skrev den idag. Att när hon var yngre tänkte hon att det viktigaste var att kvinnor skulle få vara med i den traditionella mansvärlden. Lika villkor, samma frihet, samma oberoende.

Idag ser hon tingen annorlunda.

Den traditionella kvinnovärlden är värdefull den med. Den lyhördhet som är nödvändig för att exempelvis ta hand om ett barn borde få ta större plats i samhället. Män borde anamma den i högra grad. Problemet är att de fortfarande inte riktigt vill – för att vi fortfarande talar om för dem att det är mindre värt.

I detta nya fokus på omvårdnad och beroende läser många in ett brott i Björks tänkande. Hon har rentav blivit kristdemokrat, säger de, hon tycker inte att barn ska vara på dagis.

Men det är en felläsning.

I hög grad har Nina Björk faktiskt bara fortsatt det projekt som hon påbörjade med ”Under det rosa täcket”. Där denna bok dekonstruerade kvinnligheten har hennes senare författarskap dekonstruerat det frihet och oberoende som hon fann där.

Under det rosa täcket.

”Fria själar”, Björks doktorsavhandling från 2008 är en kritik av liberalismens människosyn. Drömmen om att vi kan vara oberoende av kroppen och fria från beroenden välja våra liv. Det är en fantasi det med.

Hon slet av det rosa täcket bara för att finna en rationell liberal individ utan kropp. Då tog hon sig an uppgiften att dekonstruera även honom. Visa på hans omänsklighet. För Nina Björk tror på sitt eget frihetbudskap. Att det är i denna typ av ifrågasättande som vi kan hitta det utrymme mellan kategorierna som upplöser kategorierna.

”Under det rosa täcket” är tveeggad. Å ena sidan var det Nina Björk som på bred front förde in postmoderna tankar och Judith Butlers teorier om kön i svensk debatt. Å andra sidan blev boken nästintill en självhjälpsbok. Den fick unga tjejer att se världen och kanske framförallt de aggressiva massmediala budskapen fullständigt annorlunda.

Den gav oss verktyg att ifrågasätta.

Det är feminism när den är som kraftfullast: teoretiska resonemang får kropp och blir till verklighet. Det personliga blir politiskt och det politiska personligt.

Katrine Kielos

Ett förslag

När du uppsöker en offentlig toalett har du två dörrar att välja på. Om du har fötts med slida väljer du dörren med den här figuren: . I detta oansenliga tecken finns en utsaga om vad det är att vara kvinna inskriven: kvinnor är de varelser som bär kjol. När du utan att tveka öppnar denna dörr utför du en ständigt pågående skapelseakt: du bekräftar din könsidentitet, du går in i kvinnlighetens förlovade rum. En banal händelse, en vardaglig erfarenhet – men likväl ett led i den läroprocess som varje kvinna deltar i från den dag hon föds och till den dag hon dör. Jag lever på jorden som kvinna – jag lär mig förhålla mig till en av många berättelser om vad det är att vara kvinna.

Våra kroppar bär de första tecknen på kvinnlighet, bröst och kön – men den nakna kvinnan är inte den kvinnligaste kvinnan. När vi uppskattande säger ”hon är så kvinnlig” menar vi inte ”hon går så ofta naken”. ”Vagina” är gynekologens ord, ”fitta” graffitimålarens. Men ”kvinnlighet” är ett ord som pekar mot en hel värld, en hel identitet. Varje gång vi använder ordet ger vi det ett innehåll som är större än någonsin våra bröst eller vårt kön.

Tennisspelaren Stefan Edberg får i en intervju frågan om vad han tänder på hos en tjej och han svarar: ”Att hon är kvinnlig. Pysslig och mjuk. Huslig och vänlig.” Fotografen Claudia Fried säger i ett modemagasin: ”Jag har absolut inget emot att bli omhändertagen ibland, man får inte förneka sin kvinnlighet.” Orden betyder inte att Edberg tänder på nakna kvinnor, eller att Fried är orolig över att förneka sina bröst. Kvinnlighet är ett påklätt ord, som börjar i den nakna kvinnokroppens landskap men som slutar på en helt annan ort. På vägen från den nakna till den kvinnliga kvinnan har någonting hänt, har en berättelse om kvinnlighet skapats – en berättelse som varje varelse med slida och bröst måste förhålla sig till. Frågan ”är jag kvinnlig?” kan inte besvaras när jag står ensam och naken framför spegeln. Svaret är inte ens givet i rött, rinnande mensblod mellan mina ben. Kvinnligheten finns inte här; inte i min kropp, inte i mitt blod.

Lyssna på Aretha Franklin: ”You make me feel like a natural woman.” Lyssna igen: hör det lilla viktiga ordet ”like”, *som,* och hör orden ”you”, *du,* och ”feel”, *känna.* Vad är det som händer här, i en enkel sångrad som ljuder under kvällens sista dans och dränker gungande par på nedsläckt golv? Rösten är en kvinnas och duet tar vi därför för en man: här skänker en man en kvinna hennes kvinnlighet. Här har vi huvudpersonerna i alla berättelser om kön: mannen och kvinnan. Och han får henne att *känna sig som* en naturlig kvinna – han får henne inte att *vara* en naturlig kvinna. För hur skulle hon kunna vara? Var skulle den naturliga kvinnan kunna existera? Långt före den dag då du självklart väljer toalettdörr har du blivit en av huvudpersonerna i berättelserna om kön, har du blivit flicka eller pojke. Och du vet, allt tydligare för var dag, vad din roll innebär. Du kan inte vända åter: du är inte kvinnlig då du är naken, du är kvinnlig då du är paketerad som kvinna (pysslig, huslig, vänlig, i behov av omhändertagande, eller något av de andra ord som vi slår in paketet kvinna i). Då känner du dig *som* en naturlig kvinna, *som* den kvinna vår kultur har valt att definiera som kvinnlig.

Alla som talar svenska vet vad en bror är: ett manligt syskon. Alla som talar svenska vet vad en kvinna är: en människa med slida och bröst. Detta är ordens definition. Meningen ”en kvinna är en människa med bröst och slida” är fullständigt ointressant – om vi inte just håller på att lära oss tala. Det är en mening som inte innehåller någon kunskap om förhållandena i världen, inte om vad det innebär att ha slida och bröst, utan det är en mening som blott innehåller en kunskap om det svenska språket. Men ordet ”kvinna” har blivit större än sin definition, har fått en mängd associationer: ”den som föder barn”, ”den som känner omsorg”, ”den som är vacker”, ”den som kan tala om känslor” osv.

Alla som talar svenska vet vad en bög är: en man som älskar män. Men precis som ordet kvinna har bög i vår kultur fått även andra betydelser: ”onaturlig”, ”sjuk”, ”feminin”, ”hot mot familjen” etc. När bögar fortsätter att kalla sig bögar kämpar de för ordets *innebörd,* för att få bort de negativa associationerna och låta ordet bli ointressant, låta det bli blott sin definition. Delvis har bögarna lyckats i sin kamp; i dag är ordet inte nödvändigtvis ett skällsord.

Ordet ”bastard” betyder ”en som är född av föräldrar som inte är gifta”. Det betydde ordet på 1800-talet – och det betyder ordet i dag. Men en gång hade ordet ”bastard” så negativa associationer att det formade alla bastarders liv. Alla i byn visste vem som var bastard och hade vissa negativa förväntningar på den personen – förväntningar som styrde hans eller hennes liv och delvis formade hans eller hennes personlighet. I dag har ordet inte längre dessa associationer och det används inte heller, trots att vårt land är fullt av bastarder.

Om jag för hundra år sedan hade sagt ”jag är kvinna” så hade det till exempel betytt ”jag har inte rösträtt”, ”jag har inte tillträde till universitetet”, ”jag är inte myndig när jag gifter mig”. Och det hade inte betytt bara dessa faktiska omständigheter, utan i förlängningen av dem även en förståelse av ordet kvinna som en varelse som inte förstår sig på politik, som inte är kapabel att tänka rationellt, som inte kan ta ansvar för sin ekonomi. Tack vare de politiska framgångarna för kvinnorörelsen så äger ordet kvinna inte längre dessa associationer. De associationer som ordet väcker i dag – ömhet, känslighet, sentimentalitet, mystik, skönhet, lyhördhet, intuition etc – behöver det inte väcka i morgon.

Den varelse som agerar som vore hon kvinnlig, som tror sig veta vem hon är när hon kallar sig "kvinna", är huvudperson i den politiska rörelse vi kallar feminism. Där är hon en älskad, omhuldad agent som ofta får axla en dröm: drömmen om det feministiska upproret mot ett patriarkalt samhälle.

Feminismen tror på kvinnan, hon är dess käraste fetisch. Feminismen vill "frigöra" kvinnan, vill "representera" henne, vill "uppvärdera hennes erfarenheter". Feminismen älskar kvinnan. Det är en kärlek som har förvandlat henne till en utopi, till en dröm om en annan värld, en bättre ordning. När det är svårt att leva i denna värld, letar vi efter en annan. Så uppstår religionernas himmelriken – och så uppstår feminismens kvinna. Hon blir havande med *ett alternativ* till det nuvarande. Hon blir en utväg; om *hon* hade fått bestämma hade krigen varit färre, miljöförstöringen mindre, rasismen mer sällsynt. Feminismens kvinna blir ofta en dröm om godhet – en godhet som kan se olika ut i olika feministiska läger. Hos stödstrumporna blir hon garanten för folkhemmets bevarande. Hos de biologiska feministerna blir hon den ömma modern, som osjälviskt bär livet vidare och värnar om det lilla. I New Age-rörelsen blir hon den mystiska naturkraft vår teknologiska och rationella värld behöver. Hos postmodernisterna blir hon det som undgår det språkliga fängelset. I modemagasinens "feminism" blir hon den naturliga skönhet som saknas i en alltför artificiell värld.

Som socialismen en gång älskade arbetarklassen, älskar

i dag feminismen kvinnan; från henne kommer en gång en ny skön värld att spira. Men när ingen längre kan hävda att en människa naturligt föds till arbetare med en arbetares egenskaper, sägs kvinnor fortfarande födas till kvinnor med en kvinnas egenskaper.

Som din fiende ser ut, så ser också ditt motstånd ut. Den feministiska strategin i slutet av 1900-talet kan inte se likadan ut som den gjorde i början av detta sekel. Stora förändringar har skett på grund av kvinnorörelserna under historien, men stora förändringar väntar också på sin tid. Kanske var det en gång en omöjlig tanke att tro att kvinnor skulle få rätt att delta i samhällets angelägenheter i nästan samma utsträckning som män – men det visade sig vara en omöjlighet möjlig att förverkliga. Att tro att en människa kan födas till denna jord utan att få sin identitet formad av hur hon ser ut mellan benen är feminismens nästa omöjlighet att förverkliga.

En feminism bortom Kvinnan

Den franska psykoanalytikern och lingvisten Julia Kristeva talar i sin essä ”Le temps des femmes” om tre stadier i feminismen: ett där kvinnor vill uppnå jämlikhet med männen på det politiska och ekonomiska planet genom att hävda att kvinnor är som män, att inga skillnader finns mellan könen; ett där kvinnor betonar sin särart i positiva ordalag, ett slags ”kvinnor är annorlunda män, men de är *bra* annorlunda”; och ett där själva begreppen ”män” och ”kvinnor” upplöses, där de ses som rena fiktioner, som ”tillhörande metafysiken”, som Kristeva uttrycker det.

Det är detta tredje stadium jag ser som feminismens nuvarande utmaning. Jag önskar mig en feminism som löser upp de berättelser som skapar manlighet och kvinnlighet; en feminism som inte vill uppvärdera ”det kvinnliga” – utan som vill en upplösning av könsidentiteter, som vill slita av kvinnan hennes kläder, inte för att då finna en naken sann kvinna, utan för att finna: ingenting eller allting. Kanske finna en människa som skulle vara en annan än henne som vi känner i dag, hon som främst formas av sitt samhälles förväntningar på att bli kvinna (eller man).

Feminismen bör vara en kamp för att ordet ”kvinna” inte ska betyda någonting mer än sin definition, ”en människa med bröst och slida”. Då skulle ordet inte längre forma våra liv som det gör i dag. Då skulle det vara ett ointressant ord. Detta är mitt förslag till en ny feministisk väg; en feminism utan Kvinnan. Det är en väg som blir möjlig först när feminismen ger upp sin mest älskade dröm: drömmen om kvinnan. Om ett ord har fått betydelser som går utöver sin egen definition och om dessa betydelser är negativa, så är det frestande för dem som ordet betecknar att i stället ge det positiva betydelser: ”black is beautiful”, ”bögar står för en radikal protest”, ”kvinnor är bättre på att ta ansvar för miljön” etc. Orden går fortfarande utöver sina definitioner, men ges nu positiva associationer – men då orden fortfarande äger associationer och inte bara definitioner, så fortsätter de också att forma livet för dem som ingår i orden. Detta är inte feminismens uppgift; att vara kvinna ska inte vara någonting fint – det ska vara någonting ointressant. Bara då kan vi vara fria att forma vår identitet oavsett kön.

Att säga att Kvinnan med stort K inte finns är inte att rycka den politiska kraften från feminismen; det är att placera politiken på ett annat ställe. Det är att placera politiken *inte* i kampen för den sanna kvinnans rättigheter, utan i makten att skapa och att definiera vad kvinnlighet är. Feminismen kräver inte Kvinnan – den behöver bara de kvinnor som finns i dag. Feminismen kräver inte en medvetenhet om kvinnans *väsen,* den kräver endast en medvetenhet om hennes *position.*

Men en feminism som ger upp drömmen om den goda kvinnan och som inte tror på någon evig kvinnlighet, måste vara paradoxal. För kvinnan är inte bara en berättelse, ett tecken, en saga. Hon är också den konkreta varelse som i dag har lägre lön än mannen, som får sämre pension, som dubbelarbetar på grund av sitt ansvar för hem och barn, som i högre grad än en man bedöms efter hur hon ser ut och inte efter vad hon säger. *Hon* finns och för henne måste vi kämpa i feminismens namn. Men bortom detta samhälle, denna kultur, finns inte någon Kvinna, med en evig kvinnlig kärna. Det handlar om att skilja på politik och sanning, eller det handlar om att inse hur politik skapar sanningar. Eftersom kvinnor i dag behandlas som en grupp som förutsägs ha gemensamma egenskaper *får* kvinnor också någonting gemensamt:

erfarenheten av att stå i ett annat förhållande till makt än männen, erfarenheten att stå i ett annorlunda förhållande till sina egna kroppar än männen till sina. Därför är det *politiskt* viktigt för feminister att definiera kvinnor som kvinnor, som en grupp. Men det är lika viktigt att inse det konstruerade i denna grupp, att inte tro på Kvinnan, utan på individuella, olika kvinnor. Om vi som feminister inser att vi lever i ett patriarkalt samhälle där kvinnor förtrycks, måste vi också vara medvetna om att det är detta samhälle som samtidigt *skapar* en "kvinnlighet" och förtrycker den. Förtrycket handlar inte om att det någonstans bortom patriarkatet lever en sann kvinnlighet som inte får komma till uttryck i dag – utan det handlar om att det överhuvudtaget finns krav på att kvinnor ska vara "kvinnliga". Som en varning till Kristevas dröm om en upplösning av kategorierna "män" och "kvinnor" (en varning som föregår henne med 30 år) skriver den franska filosofen och författaren Simone de Beauvoir i *Det andra könet:*

> Att vägra att erkänna begrepp som det evigt kvinnliga, negrernas själ och den judiska karaktären innebär inte att man förnekar att det i dag finns kvinnor, negrer och judar. Ett sådant förnekande skulle för vederbörande inte utgöra en frigörelse utan en falsk undanflykt.

Utgångspunkten för varje feminist är en insikt om att Sverige i slutet av 1900-talet fortfarande är ett patriarkat, ett samhälle där makt fördelas olika mellan två kön. Hur kan ett sådant orättvist förhållande accepteras i en demokrati? Ett sätt är att vi vänder oss bort från samhället, att vi hänvisar till en naturens ordning som ligger bortom människans makt att påverka. Under det förra seklet kämpade vetenskapen för att bevisa att kvinnor av naturen var mindre intelligenta än män. Genom historien har man mätt skallar, talat om vandrande livmödrar, penisavund och medfödd kvinnlig masochism. I vår tid använder vi inte längre dessa termer, men vi åberopar fortfarande en naturlig kvinnlighet, ett naturligt samband mellan att vara kvinna och att vara öm, mjuk, omhändertagande, vacker etc. Detta samband är vår tids "sunda förnuft", någonting som "alla vet" – och är just därför en kunskap värd att granska. Det som "alla vet" vet alla för att det är kulturens grundläggande tankar som uttrycks där; det självklara, det uppenbart naturliga, är ofta det mest ideologiskt indränkta.

Att finna ett naturligt samband mellan kvinna och kvinnlighet är patriarkatets första uppgift, första förutsättningen för att dela upp mänskligheten i män och kvinnor och sedan fördela makt efter dessa grupper. Till varje flicka som föds i ett patriarkat knyts en önskan om att hon ska bli kvinnlig; en önskan manifesterad i det oskyldiga rosa täcke vi ger henne på BB och som skördar sina frukter när hon som tonåring oroligt frågar sig "är jag för tjock?" (för att vara vacker, för att bli vald, för att vara kvinnlig). Kvinnlighet sägs vara något som naturligt utgör en kvinnas identitet – samtidigt är det något hon varje dag måste lära sig. Den nakna kvinnan är inte den kvinnligaste; hon måste paketeras i rätt omslagspapper för att passera som kvinnlig. I dag kan det omslagspappret vara av fler färger och av fler material än vad det kunde för hundra år sedan – något som av en del tolkas som en verklig frigörelse för kvinnan. Men patriarkatets första bud – kvinnlighet är medfött – lyder lika stenhårt som en kvinnas första uppgift – att lära sig att vara kvinnlig. Budet och uppgiften rymmer en motsättning som varje kvinna känner, och som modepressen tydligast av alla ger uttryck för.

Jag ska följa denna motsättning och berätta en saga om hur det i reklam, modevärld och kvinnopress skapas ett likhetstecken mellan den kvinnliga kvinnan och en vacker, vårdad och påklädd kropp; en pyntad kropp som inte likt julgranen slängs ut till tjugondedag knut, utan som lever som en föreställning i alla kvinnors och alla mäns värld året om, livet ut. Detta är den traditionella sagan om kvinnan, men i dag finns så många fler berättelser om henne – och alla är inte lika klassiska. I den här boken ska vi följa några av dem; vi kan kalla dem sagan om kvinnan som moder, som gudinna, som rebell, som skjutjärnsfeminist och till och med sagan om kvinnan som man. Och vi ska samtidigt med dessa sagor följa olika feministiska reaktioner på vad kvinna och kvinnlighet är och bör vara – om hon/den nu överhuvudtaget bör vara någonting. Det är om dessa kvinnlighetens sagor och om olika feminismers förhållande till dem som den här boken handlar. Samt om ett förslag till en feminism utan Kvinnan.

Jag har skrivit utan noter, men om du vill läsa vidare finns en litteraturlista längst bak där du hittar de böcker och tidningar som jag har använt. I de fall då jag har använt texter som inte finns i svenska utgåvor, står jag själv för översättningarna.

För läsning och kritik vill jag tacka Stefan Arvidsson, Johan Nilsson, Stina Nylén och Maria Wångersjö. Och för alla samtal under åren tackar jag Louise Gamming, Maria Listrup, Lena Peterson, Lotta Skantze och Birgitta Wanek.

Välkommen till maskeraden!

– I början av 70-talet när kvinnor gjorde inbrytningar på manliga områden, tonade de ner sitt biologiska kön för att bli accepterade. I dag när jämställdheten är mer stabil vågar både män och kvinnor betona sina olikheter. (Barbro Lennéer-Axelson i Elle)

Om kvinnor ändå inte vore så vackra! Det är helt enkelt fråga om ett sagolikt koncept, en underbar kombination av funktion och design. En klassisk modell som kan varieras hur många gånger som helst. Och ni utnyttjar möjligheterna också! Ni håller på med ert hår och dekorerar med band och spännen och tofsar, ni färgar och permanentar och plockar ögonbryn… (Staffan Dopping i Elle)

Första budet i kvinnlighetens skapelseberättelse lyder: kvinnlighet är medfött. En kvinnas första uppgift är att vara kvinnlig. Budet och uppgiften rymmer en motsättning: den medfödda kvinnligheten måste läras in. Det är på profiten av den osäkerhet som motsättningen skapar inom kvinnor som damtidningarna lever.

Jag har läst de senaste årens nummer av ett av dessa modemagasin för kvinnor, Elle, som betyder ”hon” på franska. Elle är till för att kvinnor ska förverkliga sin första uppgift: att bli traditionellt kvinnliga, att bli sköna objekt. I Elle skapas kvinnlighet, men hon saluför sig inte som Bibel och skapelseberättelsen hon utför får inte bli uppenbarad: kvinnligheten målas i färger av en naturlig essens – som dock måste vårdas och paketeras rätt för att överhuvudtaget få kallas kvinnlighet. På paradoxen kvinnligheten som en *äkta förklädnad* lever hela smink- och modevärlden, hela kvinnopressen – lever en stor del av vår ”kvinnliga” identitet. Elle skapar och skriver:

> Den medvetna kvinnans säkra smak. För hon lockas inte av tillfälliga Lolitanycker eller missklädsamma vulgotrender. Hon håller värdigt fast vid sin kvinnlighet.
>
> Ibland maskerar hon sin kvinnlighet i för stora herrockar och robusta gummistövlar. Men ansiktet förblir omaskerat, makeupen är minimal. Ett lätt färgat underlag och löst puder i en ton så nära den egna hudens. Ögonen markeras försiktigt, liksom ögonbrynen. Gärna i de vackra grå- eller brunskalorna som ger hennes ansikte och person de rätta fullvuxna dragen.

Kvinnans ”omaskerade” ansikte bär alltså kräm, puder, ögonskugga och ögonbrynsfärg. Hennes värdiga ”kvinnlighet” är i själva verket synnerligen påmålad. De kulturella produkterna som skapar denna ”nakenhet” benämns dock inte vid sina rätta namn, utan i stället använder texten ”naturliga” ord som ”ansikte”, ”ögon”, ”ögonbryn” och ”drag”. Så vad är det egentligen som maskeras i den stora herrocken och de robusta gummistövlarna? En annan mask: kvinnlighetens mask. Men här tystnar Elle, ty här tystnar vår kultur: kvinnlighet finns i sig, blott den får inte vara en mask. När modereportaget använder ordet ”maskerar” får det oss att tro att det finns någonting egentligt eller sant bakom. Men denna ”sanning” kan inte avslöjas eftersom den inte har någon innebörd, inget innehåll; ”sanningen” är ett puder, en kajal, en ögonskugga – en kvinna klädd i kvinnlighet.

Elle vädjar: tro på din kvinnlighet, den finns i ditt inre (och kan ”maskeras” i manliga kläder), men undergräver samtidigt sin vädjan: du behöver skapa din kvinnlighet (med smink, med färg). Paradoxen blir att den kvinnliga essensen finns i ditt inre – men att den måste komma till uttryck för att vi ska förstå att den är där från första början. Den här motsättningen blir än tydligare i ett reportage om hur en modern kvinna bör förbereda sig för ett kärleksmöte:

> Vi som är kvinnor på 90-talet låter det som komma skall börja redan i badrummet några timmar innan vi ska träffa vår man. Kroppen blir rosig av torrborstning och ett varmt bad. Det finns många ljuvliga badgeléer och oljor att välja mellan…
>
> Smörj sedan in din kropp i mjukgörande lotion. Även doften Femme görs som lotion, Satin Caresse. Bara namnet är som smekningar. Och så en droppe av favoritparfymen i halsgropen, mellan brösten, i knävecken.

Kanske handlar det om att ta på sig själv.

Måla tånaglarna i det vackraste lacket, stryka på talk i armhålan, borsta håret torrt med långa tag.

En kvinna som känner sig vacker är vacker. En kvinna som är lycklig har inte svårt att le.

En kvinna som har fått rå om sig själv kan bry sig om någon annan också.

Vilken man skulle inte älska henne?

”Kanske handlar det om att ta på sig själv”, skriver Elle. Vem är detta ”sig själv”? Vilken är denna kvinnliga identitet som vi bör ta på oss innan vi möter vår man? Orden i texten lyder: ”badgeléer”, ”oljor”, ”lotion”, ”parfym” och ”nagellack”. Dessa kulturella produkter paras med orden ”kropp”, ”halsgrop”, ”bröst”, ”knäveck”, ”hår” och ”armhåla”. Den nakna kroppen tar på sig kulturen och voilà: här har vi den ”kvinnliga kvinnan”. Först när du använder kulturella produkter blir du naturlig, blir du dig själv – och när du har gjort det är du lycklig, är du värd att älskas, älskas som en kvinna som har tagit på sig sin kvinnlighet.

Nu signalerar vårens kvinna om vem hon är genom att klä ut sig till sig själv, i ett feminint och funktionellt mode,

heter det i ett annat klädreportage, där modet påstås vara ”feminint” bara två ord efter att kvinnan har fått veta att hon ska ”klä ut sig till sig själv”. Att kvinnlighet handlar om maskerad blir ibland blott alltför uppenbart hos dessa den kvinnliga identitetens saluförare.

Simone de Beauvoir skriver i den feministiska klassikern *Det andra könet* från 1949:

> Man säger att ’kvinnligheten är i fara’. Man uppmanar oss att vara kvinnor, förbli kvinnor och att bli kvinnor. Varje kvinnlig varelse är alltså inte nödvändigtvis en kvinna, hon måste vara delaktig i denna mystiska och hotade realitet som kallas kvinnlighet.

Hur blir då anatomins kvinna kvinnlig? I Elle är även svaret på denna fråga en klassiker: genom att vara sin kropp – men vara denna kropp i ett kulturellt tecken för kvinnlighet: de sexiga kläderna.

Sångerskan Kayo säger i en intervju i Elle: ”Jag älskar kläder som framhäver, då känner jag mig kvinnlig.” Regissören Colin Nutley gör samma koppling mellan kläder och kvinnlighet: ”Jag föredrar att det numera är tilllåtet för kvinnor att bejaka sin kvinnlighet framför det könlösa modet på 70-talet.” Popsångerskan Marie Fredriksson blir enligt ett reportage i Elle kvinna först när hon tar på sig de rätta attributen: ”Från att ha varit en proggbrud från vischan med säckiga kläder och hopplös frisyr har Marie på några korta år förvandlats till en mogen och medveten kvinna i svart läder, högklackat, tajta kjolar och blont stubbat hår." Underklädesdesignern Camilla Thulin säger: "Bara i Sverige får kvinnor inte längre vara kvinnor. Många har flabbat och gjort sig lustiga över mina underkläder. Men allt fler kvinnor börjar förstå vad det verkligen handlar om."

Alla talar om kvinnlighet – och alla talar samtidigt om kläder, för "vad det verkligen handlar om" är, som Thulin säger, att kvinnor bör köpa hennes sexiga underkläder för att "få vara" kvinnor. Vad det verkligen handlar om är, som Colin Nutley påpekar, att när vi "bejakar vår kvinnlighet" innebär det helt enkelt att vi klär på oss. Vad det verkligen handlar om är att kvinnan är sin (klädda) kropp. I modemagasinen belägras kvinnokroppen och får bära en mening som säger: njutning, sexighet, hon som det är värt att titta på, hon som är värd att älskas för sin skönhet. Kvinnokroppen är en bild, ett objekt, en konstprodukt som vi åtrår – en bild som det krävs kroppsligt och estetiskt arbete för att uppfylla om man råkar vara född med det kön som har till uppgift att förverkliga denna bild.

Kvinnlighet är ett ständigt upprepat stylande av kroppen, en ständig upprepning som gör att vi *blir* kvinnor – och inte *föds* till det, som Simone de Beauvoir skriver i *Det andra könet.* Och inte heller blir det en gång för alla, utan om och om igen, i högre eller mindre grad, och på olika sätt då vi följer de olika berättelserna om vad kvinnlighet är.

Det finns i modemagasinens tal om kvinnliga *kläder*

en undertext som talar om kvinnliga *egenskaper.* Varje gång ordet "kvinnligt" eller "feminint" nämns i Elles modereportage nämns samtidigt obönhörligt andra ord och "det kvinnliga" får sina skuggor, sina bestämda associationer; skuggor som heter "sensuell", "känslig", "skön", "böljande", "svepande", "behagfull", "lekfull", "insmickrande", "mjuk", "kokett", "mild", "naturlig". Dessa ord är hämtade enbart från klädreportage, men när vi läser dem frigjorda ur det sammanhanget uppenbarar de någonting annat: den traditionella beskrivningen av kvinnliga egenskaper. När vi "bejakar vår kvinnlighet" genom att ta på oss Hennes & Mauritz spetsrika push-up-bh *blir* vi samtidigt kvinnor, med allt vad det innebär i form av beteenden. Så skapas kvinnan, så vet vi vad vi är när vi är kvinnor. Modemagasinen säger: först har vi kvinnan – sedan följer kvinnligheten. Jag menar i stället: först har vi bestämt vad kvinnlighet är – sedan blir vi kvinnor. Eller snarare: kvinnan är sin kvinnlighet – utanför den känner vi henne inte. Om det inte hade funnits kulturella berättelser om kvinnlighet, så hade vi inte heller varit vad vi i dag menar med kvinnor.

Den franske historikern Michel Foucault skriver i *Vansinnets historia* om hur vansinniga människor egentligen uppstod först på 1700-talet då samhället började skapa en berättelse kring förnuft. "Vansinnet" blev då "förnuftets" hotande Andra som måste kontrolleras och tyglas av samhället. Man började bygga sinnessjukhus där dessa vansinniga människor som inte var som de normala och förnuftiga kunde förvaras och därmed skiljas ut. På liknande sätt som ”vansinne” och ”förnuft” förutsätter varandra, så förutsätter ”kvinna” och ”man” varandra. ”Man” definieras i positiva termer, i sin egen rätt, medan ”kvinna” blir ett härlett ord, ett ”minus man”. Även de kvinnliga egenskaperna blir härledda: ”känslig” (minus förnuftig), ”passiv” (minus handlingskraftig), ”intuitiv” (minus rationell) etc.

På apoteket Lejonet i Stockholm hänger en vit skylt med vinröd text, där sirliga bokstäver bildar orden ”Det kvinnliga” över en hylla där man kan köpa ”Replens – en hormonfri gel mot torrhet i slidan”, ”Lactal – vid vaginal obalans”, ”Clearblue – graviditetstest för hemmabruk”, ”Gynol – preventivgel”, och läsa tre broschyrer med rubrikerna ”Klimakteriebesvär”, ”Flytningar” och ”Är du rädd att bli gravid?”. Det finns en motsvarande manlig skylt, ”För herrar”, under vilken det främst saluförs rakblad och rakvatten.

”Det kvinnliga” mot ”För herrar”; ordet ”för” markerar ett avstånd, där mannen är skild från sina attribut. Han använder dem, de är till för honom. Substantivet ”kvinna”, däremot, försvinner, glider in i och blir ett med ”det kvinnliga”. Det finns en litteraturvetenskaplig term som heter metonymi och som betyder att man tar delen för helheten (som i ”det kommo tre segel på sjön”). ”Det kvinnliga” är en sådan metonymi; hela kvinnan ryms i sin kvinnlighet och denna kvinnlighet blir kropp, blir kön. ”Det kvinnliga” är ett substantiverat adjektiv och de grammatiska svängarna är berättigade: kvinnan är sin kvinnlighet, kvinna är = kvinnlig, substantivet är omöjligt att skilja från adjektivet.

När det blir modigt att bära mask

Men om patriarkatets första förutsättning är att finna ett naturligt samband mellan den anatomiska kvinnan och den kvinnliga kvinnan, så måste vi fråga oss: varför vill vi vara "kvinnliga"? Varför tar vi en mask för vår identitet?

Först och främst: därför att all denna "kvinnlighet", denna sköna maskerad i smink och kläder och egenskaper, inte är en *falsk* mask som förtrycker den *sanna* kvinnans ansikte. Att vara kvinnlig är att *vara* denna maskerad, denna bild. Vad kvinnan skulle vara utan detta kan vi inte veta för hon blir till först då hon lär sig de kulturella koderna för kvinnlighet. Min kritik mot "den sköna kvinnan" är inte en kritik mot en falsk kvinnobild, som skulle kunna motsvaras av en sann bild, utan mot en reducerande kvinnobild, mot att kvinnan blir detsamma som skönhet, sexighet och ytterst: kropp. Det är även en kritik mot en – faktiskt – falsk koppling mellan naturlighet och kvinnlighet.

Att i stället se kvinnan som en kulturell skapelse är inte roligt – det är tvärtom ett sorgearbete. Det är en identitetsförlust. För vad är jag när jag är kvinna inför mig själv, inför min älskade, inför samhället? Naturligtvis laddad av negativitet: irrationell, sentimental, lågavlönad, förbisedd på universitet och arbetsplatser. Men också: vacker, sexig, omhändertagande, mjuk, mystisk, livgivande, svaret på vad vår krigshärjade och miljöskadade värld behöver. Allt detta är en del av min identitet som kvinna – och det fortsätter att vara min identitet även om jag inser att det är en kulturellt skapad sådan. När ett barn föds till ett samhälle som är patriarkalt, där könstillhörigheten är det grundläggande svaret på frågan ”vem är jag?”, inser detta barn snart att det har en viss roll att fylla, att det måste inta en viss position, skapa sig en viss identitet. För både pojkar/män och flickor/kvinnor innebär det vissa könsbestämda privilegier – även om dessa privilegier ser helt olika ut för respektive kön. Om jag föds som flicka i ett patriarkat och likväl väljer att försöka avstå från mina könsbestämda privilegier, avstå från att tolkas som, och vara, den vackra, den mjuka, den förstående, den moderliga, den empatiska etc – vilka privilegier kommer jag då att få? Inte en mans, ty min kultur ser först och främst min kvinnokropp och tolkar vem jag är, tolkar vad jag säger och gör, utifrån den. Att vara född med en kvinnokropp och samtidigt kämpa för att inte vara ”kvinnlig” riskerar att bli en förlust av dubbelt slag. Varje individ i ett samhälle måste göra detta samhälle till sitt, till sin tolkningsram, för att överhuvudtaget kunna agera i det. I en kultur där människor delas in efter kön är detta att känna sitt kön, att veta hur det ”ska” agera och vara, att tolka sig själv utifrån det, helt enkelt en nödvändig kompetens – mer än en kompetens, det är en identitet. Min ”kvinnlighet” är en helt grundläggande del av mitt jag. Att avvisa den är att avvisa en stor del av mig själv, av den jag har blivit. Visst kan jag säga: det sköna objektet är inte jag, jag tar inte på mig hennes mask (och detta är i sig svårt och viktigt nog) – men likväl kvarstår min ”kvinnlighet”, uttryckt på tusen efter tusen sätt, uttryckt genom allt från graden av smuts under mina naglar till mitt sätt att söka närhet i ett förhållande där mannen söker distans. Vi tar alltså en mask för vår identitet helt enkelt för att denna mask *är* en stor del av vår identitet.

Det har dessutom hänt någonting med orden som beskriver den kvinnliga maskeraden: att acceptera inbjudan till den festen, att klä (ut) sig till den sköna kvinnan, har i reaktion mot sjuttiotalets kvinnorörelse fått nya epitet. Vissa feminister och andra profeter för ”äkta kvinnlighet” talar om maskeraden som ett uttryck för *mod*. Den kvinna som ”bejakar sin kvinnlighet” får i modemagasinen och hos ”det kvinnligas” förespråkare ett manligt (och positivt laddat) epitet: hon är *modig*. I polemik mot en bild av sjuttiotalets kvinnorörelse så formuleras uppmaningen ”sätt på dig masken” som ”*våga* bejaka din kvinnlighet”. På sjuttiotalet var det inte ”tillåtet” att vara kvinnlig, men nu är vi ”fria” och ”modiga” nog att vara kvinnor – och denna frihet och detta mod är ett tecken på jämlikhet.

> – I början av 70-talet när kvinnor gjorde inbrytningar på manliga områden, tonade de ner sitt biologiska kön för att bli accepterade. I dag när jämställdheten är mer stabil vågar både män och kvinnor betona sina olikheter. Det ökar attraktio-

nen. Dessutom undviker kvinnor att bli beskyllda för att vara manshatare och frigida ragator av män som känner sig hotade av kvinnor som kräver makt och delaktighet.

Orden fälls av Barbro Lennéer-Axelson, före detta vice ordförande i RFSU och terapeut, i ett reportage i Elle. Att kvinnor på sjuttiotalet "tonade ner sitt biologiska kön" betyder inte att de opererade brösten mindre, har överhuvudtaget inte med nakenhet att göra, utan med den nakna biologins motsats: har med kläderna, sminket och masken att göra. Det är genom detta, genom att anta inbjudan till maskeraden, som kvinnor nu "vågar betona" sin olikhet gentemot män – inte genom att de vågar bära de bröst och blygdläppar som jag misstänker att de bar redan på sjuttiotalet. Olikheten handlar mer om maskerade kroppar än om nakna. Och "attraktionen", som Lennéer-Axelson talar om, handlar inte om en attraktion mellan två individer, utan mellan två stora grupper av kön. Det finns en tystnad i Lennéer-Axelsons ord, en tystnad som talar om att kvinnligheten inte finns i kvinnan, utan i kvinnans attribut – och att detta tillsammans skapar kvinnligheten. När sjuttiotalets kvinnorörelse utmålas som sexualfientlig, pryd och tråkig hänvisas ofta till dess klädmode, till påstådda brända bh:ar, till näbbstövlar och palestinasjalar. Tydligen var/är vi inte kåta nog att tända på bara kroppar. För ett rest manskön krävs en (för)klädd kvinna.

"Rätten att vara kvinnlig" blev slagordet för den åttiotalsfeminism som såg som sin främsta uppgift att kritisera sjuttiotalets kvinnorörelse. Det är en synnerligen lättköpt rättighet: Hennes & Mauritz har öppet varje vardag mellan 9.30 och 18.00, lördagar mellan 9.00 och 14.00, och där saluförs bodies, strumpebandshållare och stay-ups som aldrig förr. Det är bara att gå dit och ta (köpa) dig din rätt. Rätten att få vara kvinnlig är rätten att få gå på maskerad – en maskerad som inte handlar så mycket om att klä ut sig som om att *bli till,* om att där födas som kvinna.

När sjuttiotal blev åttiotal hände det alltså någonting med kvinnors mod. Elle förklarar: ”Bara bröst är bäst! Det är budskapet från Paris manliga designers. Urringningarna är så djupa att Jackie Collins framstår som kysk. Det är kvinnligt, men krävande. Pump it up!” *Krävande;* inte en färd genom djungeln, inte ens att både ta hand om barn, hem och arbete, utan att få sina bröst att bli (eller se ut att vara) tillräckligt stora för en rejäl urringning. På åttiotalet blev det ”tillåtet att vara kvinna igen”, och denna kryptiska formulering förstod kvinnor att tolka rätt: den enda vägen går till gymets maskiner för bröst- och stjärtträning. Den gamla segergudinnan Nike, i amerikansk reklamtappning för träningskläder, leder marschen:

> En gång i tidernas begynnelse levde en klok kvinna. En kvinna som visste att njuta av livets mångfald. En kvinna som trodde på styrka. På mod. På ära. Och på att få ut det mesta av livet.

> Då hon var en så vis kvinna visste hon att världen är full av svårigheter och livet fyllt av tvivel. Men hon sade: din kropp är din egen och ingen annans. Den tillhör dig. Den belönar dig. Och bara du känner dess hemligheter. Så, om en kvinna vill känna sundhet och lycka. Om hon längtar efter ett bättre liv, ett godare liv, måste hon vara villig att svettas för det. Lära sig att njuta av ansträngningen för i en vacker kropp bor både kraft och vilja. En kraft och en vilja som belönar. Du förstår. När en kvinna lärt sig att älska sin kropp känner hon sig ung (även om hon inte är det). Hon känner sig tidlös (även i en värld som snurrar allt fortare). Hon känner förhoppningen (även i en värld fylld av tvivel.) Och hon känner att hela världen ligger för hennes fötter. För det gör den.

När det är ”tillåtet att vara kvinna” igen handlar det inte en sekund om att låta kvinnokroppen vara som den är; tvärtom är varje skrymsle på din kropp föremål för omsorg och förbättring – på nittiotalet i än högre grad än på sjuttiotalet, som ju kritiseras just för sitt kroppsliga ointresse. Om du prövar att läsa Vecko-Revyn i två månader kommer du att märka att det inte finns en enda del av din kropp som du kan vara helt nöjd med. Själv hade jag överhuvudtaget aldrig ägnat en tanke åt att huden på armbågarna är hård och lite skrovlig förrän jag läste en artikel om hur man fick den mjuk och smidig. Av att läsa veckopress på nittiotalet har jag lärt mig följande: mitt hår ska vårdas med speciella produkter, mina ögonbryn plockas, mina ögonfransar färgas, mina kinder ska se smalare ut med hjälp av rouge, min hals ska gymnastiseras, mina bröst tränas, mina bröstvårtor färgas, mina armhålor rakas, min mage bantas, min stjärt höjas med hjälp av övningar, mina lår behandlas mot celluliter, min bikinilinje ska rakas, min hud på knäna bli mjuk av salvor, mina ben rakas, mina fötter smörjas, mina tånaglar målas. Om modet förespråkar naturlighet gäller likväl fortfarande ovanstående lista.

Det är allt detta arbete, all denna tid att *förändra* kvinnokroppen, som kallas ”tillåtelse att vara kvinnlig”, som kallas ”modet att betona de naturliga könsskillnaderna”. Till tanken på att vuxna kvinnor har hår under armarna har aldrig det naturliga modet hunnit. Så grundläggande är tydligen inte skillnaderna mellan könen att de skulle klara att även kvinnor hade håriga ben; så heterosexuella är inte männen att de skulle tända på en oförändrad, obearbetad kvinnokropp – attraktionen ökar ju, enligt Lennéer-Axelson, om kvinnan klär ut sig till Kvinnan. Det är uppenbart att ju mer ”det är tillåtet att vara kvinna”, desto mer måste vi *bli* kvinnor. Många kvinnor utför varje dag någon handling som ska göra dem till den ”naturliga” kvinnan – detta skapelsearbete är en del av vår vardag. Hur kan vi bli styrkta av att ”bejaka vår kvinnlighet” – när vi samtidigt rent fysiskt erfar att den ”kvinnlighet” vi har inte räcker, utan måste förändras, måste accentueras, skulpteras fram, rakas bort, målas på? Till alla kvinnor som uppmanar oss att ”bejaka vår kvinnlighet" vill jag i min tur rikta en uppmaning: sluta att raka era ben och sluta att använda make-up – den "naturliga kvinnan" har inte mindre håriga ben än män, inte mörkare ögonfransar, inte rödare kinder. Om vi ska *bejaka* vår kvinnlighet ska vi väl inte *förändra* den?

Underklädesdesignern Camilla Thulin vet vad som krävs av en modig feminist på nittiotalet:

> – Kvinnokampen har varit bra på många sätt, men många gamla feminister kräver att vi alla ska se ut som män. Men de kvinnor som törs se ut som kvinnor och stå för det är de verkliga feministerna. Jag ser mig själv som en ny kvinnokämpe, som någon som verkligen kämpar för kvinnans rätt att vara kvinna.

"Ansträngning, "utmaning", "krävande", "mod" – orden förlorar sin tidigare mening och betyder för en kvinnas del numera: "Stå för det sköna objekt du bör vara." Kvinnopressens modereportage viskar om ett stort kvinnligt mod, som firar sina triumfer under vårt klädmedvetna decennium:

> "Våga vara vacker!"
>
> "Sexigt och mycket feminint är årets badmode – solklart, självklart vågar ni!"
>
> "Vågar du vara sexig?"
>
> "Vågade flickor lägger shortsen på hyllan och klär sig i kort-kort klänning."

> ”De naturliga, rundade kvinnliga formerna sätts i fokus modemässigt. Vilket också blir en fråga om att provocera – och ’slå in’ sig i stretchiga material som accentuerar form, och håller former på plats.”
>
> ”De bär upp, stöder, håller in och tål att visas. Knäpp upp och visa så mycket du vågar!”

Varför tycks det krävas ett större mod av en kvinna som följer klädmodet än av Indiana Jones i ormgropen? Är det ett förtäckt erkännande av budskapet från sjuttiotalets svenska kvinnorörelse: att den sexiga kvinnan signalerar underdånighet inför mannen – ett budskap som måste vändas till sin motsats av en kommersiell smink- och klädesmarknad? Har sexsymbolen i Sverige också blivit en symbol för förtryck? Motsatsen till förtryck och underkastelse är mod och självständighet – just de ord som den kvinna som antar en traditionellt dekorativ kvinnoroll målas i. Att ”provocera” blir för en kvinna på nittiotalet inte en fråga om att slå sig in i maktens tidigare manliga centrum, utan om att ”slå sig in i stretchiga material som accentuerar form”. Att vara ”utmanande” är inte att utmana den ordning som säger att ”en riktig kvinna är en sexig kvinna”, utan att klä sig i ett svart sexigt fodral, att stryka ordningen medhårs. När Staffan Dopping av Elle uppmanas att skriva om kvinnan, är han åtminstone ärligare:

> Jag var en trogen tv-tittare under de år då nyhetsprogrammen bevakade varje steg som kvinnorörelsen tog och ingen vågade flina offentligt. Häpen såg jag kvinnor imitera männens mode och manér, som om det var där jämlikheten satt. Och med ett visst behag kan jag, som alla andra, konstatera att kvinnans maskulina trend fick en kort storhetstid. Nu ser kvinnorna ut som kvinnor igen, och ordningen skulle kunna tyckas vara återställd. [...]
>
> Om kvinnor ändå inte vore så vackra! Det är helt enkelt fråga om ett sagolikt koncept, en underbar kombination av funktion och design. En klassisk modell som kan varieras hur många gånger som helst. Och ni utnyttjar möjligheterna också! Ni håller på med ert hår och dekorerar med band och spännen och tofsar, ni färgar och permanentar och plockar ögonbryn...

Ordningen är återställd: kvinnor ser ut som kvinnor igen, kvinnor går åter på maskerad, och retar därmed männen på det enda sätt de vill bli retade på: av kvinnor som viskar ”for your eyes only...”.

Att den sköna kvinnan är till för mannen antyds blott i modemagasinen mellan rader som på ytan handlar om att kvinnan är värd att ägna sig åt bara sig själv ibland. Så står i Elle en text med uppmaningen ”Unna dig lyxen att bry dig om dig själv lite mer” tryckt på ett tvåsidesfoto av en kvinna som ligger på mage i en stor obäddad säng, iklädd svart body och med benen särade, stjärten i vädret och slutna ögon. För vem ligger kvinnan där?

> ”Bli riktigt vinterskön från topp till tå med sköna ansiktsmasker, avkopplande bad och uppfriskande fuktcremer. Skäm bort dig själv med en hel dags härlig kroppsvård. Det är du väl värd.”
> ”Var generös mot dig själv! Slösa pengarna på ett extravagant festfodral.”

I vår kultur är det ”kvinnligt” att vara till för andra, att känna omsorg, att bry sig om, lyssna, hjälpa, pyssla om barn och män: att vara altruistisk. När Elle vill att vi ska bryta denna roll genom att tänka på oss själva och skämma bort oss själva, så är det kroppsvård hon vill att vi ska ägna oss åt. I dessa uppmaningar, som till synes vill locka oss till egoism, blir avståndet mellan orden ”dig själv” och ”kroppsvård” aldrig längre än en välpyntad kvinnas ögonfransar. När en kvinna tänker på sig *själv* tänker hon på sin *kropp* och i förlängningen på den man som begär henne/den. Inte ens den kvinna som uppmanas att vara ”generös” mot sig själv, att ”bry sig om” sig själv får glömma vem denna ”hon själv” är: mannens objekt. Men att vara objektifierad betyder inte bara att när mannen ser mig som kvinna ser han mig som objekt, utan även att jag ser mig själv som objekt, att min kropp både är mitt jag och mitt objekt, som jag bör pynta, träna och (för)klä.

I den svenska marknadsekonomin har kvinnan en speciell möjlighet: hon kan köpa varor för att själv bli den mest begärliga av varor, den sexuellt attraktiva kvinnan. Hon sitter inte i aktiebolagens styrelserum och planerar för varorna som ska cirkulera på marknaden, men hon får chansen att själv *bli* denna vara. Blir hon vald har hon lyckats: hon har visat sig klok nog att köpa de rätta produkterna som ger henne själv det rätta värdet, kvinnlighet. Detta vill jag inte kalla en akt av mod, men möjligen av gott planerande; en klok investering i en patriarkal marknadsekonomi.

Samtalet mellan kvinnor och Kvinnan

I varje flicka som föds skapas ett begär efter att uppfylla den förväntning som det rosa täcket – gåvan på BB – symboliserar; ett begär att vara Kvinna, att vara den kvinnliga kvinnan. När vi möter Kvinnan i reklamen, i filmer, i vår älskades blick på oss är hon inte en bild bland andra bilder. Hon är bilden av oss själva, av den vi förväntas – och vill – vara. I varje barn som föds skapas ett begär efter en identitet. Vi föds till en värld och vi frågar oss: vem är jag där? Vi lär oss att vi både är kvinnor, individer, och Kvinnan, den evigt kvinnliga. Bilden av henne är ristad i vår kropp, i vår längtan. Kanske handlar "den kvinnliga erfarenheten" om detta: om hur jag som individ i olika situationer förhåller mig till vad det innebär att vara Kvinnan.

En väninna har fött barn. Jag sitter på BB och hör hennes berättelse om förlossningen; om lustgas, värkar och antal timmar och klipp, om lycka och panik. Jag har hört berättelsen förut: från vänner, mor och syster. Jag vet att vi talar om något som brukar kallas ”kvinnliga erfarenheter”. Men när vi talar om henne som nyss har fött barn, när hon talar om sig själv, talar hon samtidigt om Kvinnan som moder, om en bild av den kvinnliga kvinnan. Det handlar inte om huruvida hon uppfyller rollen eller inte, utan om att hon förhåller sig till den: om att hon och Kvinnan alltid samtalar, om att hennes identitet till en del är uppbyggd av detta samtal mellan henne själv som individ och henne själv som bild av Kvinnan.

I boken *Alice doesn't* tolkar Teresa de Lauretis, professor i History of Consciousness i Kalifornien, den ”kvinnliga erfarenheten” i termer av ett sådant samtal. Hon exemplifierar med Virginia Woolf som i *Ett eget rum* skriver om hur hon sitter på sin kammare och förbereder ett tal hon ska hålla om varför det inte finns några kvinnliga genier. Hon fylls av tankar, skriver i rasande fart, springer i väg till universitetet där hon ska hålla föredraget. När hon går på gräsmattan utanför de lärdes salar ser hon på långt håll en vaktmästare som står på trappan till universitetsbyggnaden, viftar med armarna och skriker något hon inte kan uppfatta. Det tar några sekunder innan hon förstår vad han signalerar: att hon är kvinna utanför universitetet och därför inte tillåten att gå på gräsmattan – och hon förflyttar sig snabbt till det område där hon är accepterad. Virginia hade vandrat i det gröna som Virginia, men förstår att hon i vaktmästarens ögon också vandrar där som Kvinna. Hennes förståelse är en internaliserad kunskap, ett slags kvinnlig "instinkt": jag är både individ och Kvinna – och jag måste förhålla mig till Kvinnans regler. När hon lämnar gräsmattan, lämnar hon inte sin identitet som Virginia, ty i den identiteten finns Kvinnan inskriven. Det råder inte någon motsättning mellan henne som individ och henne som Kvinna; varje kvinna är ibland Kvinnan.

I filmen *Short Cuts* arbetar en av de kvinnliga huvudpersonerna med att säga snuskiga saker till män på telefon. Hon arbetar i sitt hem, byter blöjor och tröstar ungar samtidigt som hon bär telefonen med sig och stönar och talar om hur våt hon blir av resta kukar. Hennes man står i dörrkarmen och tittar på henne, lyssnar på hennes tal. På kvällen frågar han henne "Varför pratar du inte sådär med mig?" Hon tittar förvånat på honom, förstår först inte: inför honom ser hon sig inte som Kvinnan, inte som det sexiga objektet. Inför honom ser hon sig som en individ. Men han skiljer plötsligt inte på detta, utan vill ha den Kvinna hon är när hon arbetar. Hon svarar honom till slut "vill du knulla?"

Så lever i varje kvinna bilden av Kvinnan, bilden av kvinnligheten. Så kan vi inte gå utanför rollen, utanför den skapade bilden, för att där finna "vårt sanna jag". I detta "sanna jag", i denna individuella kvinna, lever alltid bilden av Kvinnan integrerad, och mötet mellan dem (som inte är ett möte mellan ett sant och ett falskt jag) utgör en del av "den kvinnliga erfarenheten".

När ett feministiskt perspektiv, i dag ofta kallat ett kvinnligt perspektiv, blir vanligt i den allmänna mediedebatten och i samtal människor emellan måste vi fråga oss: Vilken feminism är det som banar sin väg? Har *maktförhållandena* i samhället förändrats? Har könen avslöjats som de *kulturella konstruktioner* de är? Är vi på väg bort från *reducerande könsidentiteter?* Eller har *drömmen om Kvinnan* lett till att vi har uppvärderat "de naturliga kvinnliga egenskaperna" i stället för att se hur dessa skapas kulturellt?

Den norska litteraturvetaren Toril Moi skrev i sin doktorsavhandling *Sexual/Textual Politics* i mitten av åttiotalet:

> Politiskt sett, så är bilden av manlighet och kvinnlighet som självklara essenser alltid farlig för feminister: om några könsskillnader någonsin kommer att konstateras, så kan de alltid (och skulle de alltid) vändas emot oss för att bevisa att vissa obehagliga uppgifter är 'naturliga' för kvinnor och främmande för män.

Tio år senare, i mitten av nittiotalet, kan vi konstatera att det finns en tendens att tala om naturliga könsskillnader, både inom feminismen och i samhället i stort. När vi här har gått på jakt efter den naturliga kvinnan har vi ofta hittat henne omnämnd; hon är modepressens huvudperson under nittiotalets första hälft. Elle (eller Vecko-Revyn, Månadsjournalen, Damernas Värld, Femina) talar ivrigt om henne – men tvingas just därför samtidigt att tala om hur vi ska sminka oss, klä oss, dofta, hur vi ska förändra vår kvinnokropp med hjälp av träning, färger och hårplockande. Deras kära naturliga kvinna lever bara här: i maskeraden.

Jakten på hjärnan

Det finns nog ingen annan väg än att acceptera att mäns och kvinnors beteende är olika på grund av biologiska faktorer. (Eva Gustavsson i Smedjan)

Jag tror själv på en ny feminism som vågar öppna sig. Som vågar bejaka det som är kvinnlig särart och kämpar för att göra det högstatus. (Maria Borelius i Aftonbladet)

År 1991 satte en grupp feministiska kvinnor ord på det faktum att Sverige fortfarande i slutet av 1900-talet är ett patriarkat där makt fördelas efter kön. Trots att de ställde ett krav som egentligen redan borde ha varit förverkligat i vår demokrati, "halva makten – hela lönen", blev stödstrumporna en utmaning för de etablerade partierna, som plötsligt fick bråttom att sätta könsfrågan högt på sina egna dagordningar. Saker började att hända: vi fick varvade listor, förslag om könskvotering inom universitetens högre tjänster, världens största kvinnarepresentation i riksdagen. Kraven på att lägga ett könsperspektiv på tillvaron gav eko även utanför den direkta politiken; ytterst ledde stödstrumpornas högljuddhet i medierna till att svenskans självklara opersonliga pronomen "man" avslöjades som den specifika man han alltid har varit.

Att stödstrumporna, utan att ens kandidera som parti inför valet -94, kunde bli så uppmärksammade och få de etablerade partierna att så ivrigt värna om kvinnofrågan, beror på att de gjorde kön till utgångspunkt för politiskt engagemang, att de såg kvinnors krav *som kvinnor* som någonting annat än enskilda kvinnors subjektiva erfarenheter – och att de därmed hotade en historisk syn på vilka som bör utgöra politikens handlande subjekt och vilka motiv som driver dessa att handla. Stödstrumporna utmanade spelreglerna för svensk politik och satte därmed ett helt system i gungning. De bröt upp partipolitiken, blockpolitiken och till och med klasspolitiken för att lyfta fram ett annat perspektiv: könets.

Den kvinnorörelse som växte sig stark under sjuttiotalet ägde en grund i uttrycket "det privata är politiskt". Med en sådan ståndpunkt kunde enskilda kvinnors missnöje ses som någonting annat än personliga misslyckanden eller individuella klagomål. Vad kvinnor arbetar med, hur hög deras lön är i förhållande till sina mäns, hur stort ansvar de tar för hem och barn, vilka kostnader de lägger ned på smink och kläder, hur ofta de bantar etc har då inte enbart med privatlivet att göra, utan med sociala och ekonomiska strukturer i ett patriarkat. Kvinnors personliga erfarenheter borde därför inte skiljas från kollektiva, politiska krav. När en politisk feminism tjugo år senare åter började bli alltmer synlig i vårt land var det delvis detta gamla synsätt som skapade dess kraft. Stödstrumporna såg kvinnors personliga erfarenheter som en legitim grund för politiska krav. Kvinnors intressen var inte några ”särintressen”, utan halva befolkningens. Att i ett patriarkat låta den underordnade kvinnan bli en självklar politisk maktfaktor är farligt – och de etablerade partierna fick bråttom att under egna namn föra fram vissa av stödstrumpornas krav.

Samtidigt hade allt fler svenska kvinnor börjat känna sig trängda i ett samhälle som sa sig inte ha råd med vare sig deras arbete, deras barns skola eller deras föräldrars vård – som helt enkelt inte längre hade råd att betala för det arbete kvinnor under historien ofta har utfört gratis. När ett patriarkat ställer krav på att ”någon” måste ta hand om barn och gamla utan betalning, är denna någon alltid en kvinna. Stödstrumporna satte ett könsperspektiv främst i samhällsanalysen, och tillsammans med den sorg och den ilska som allt fler kvinnor hade börjat känna inför Sveriges politiska utveckling, så kunde feminismen få ny luft under vingarna efter åttiotalets tystnad. Feminismen blev under första hälften av nittiotalet ett alternativt sätt att analysera samhället, ett alltmer synligt vapen i kampen för förändring.

Denna variant av feminism behandlade kvinnor som en grupp som äger mindre makt än den andra gruppen av kön, män. Att tala om *skillnaderna mellan könen* var utgångspunkten för att visa det uppenbart orättvisa i vårt samhälle. Själva utgångspunkten för en politiskt framgångsrik feminism visade sig dock även rymma fröet till en desarmering av feminismen som ett politiskt effektivt vapen. Samtidigt med stödstrumporna växte en annan – och motsatt – feminism sig stark: den jag vill kalla *livmoderfeminism*. Här erkänns skillnaderna mellan könen, men inte som en utgångspunkt för att upphäva dessa skillnader, utan som ett argument för att behålla dem, men uppvärdera den "kvinnliga" sidan av en naturlig motsättning. Skillnaderna mellan könen ses här som biologiskt givna och den feministiska strategin blir att ge den kvinnliga särarten högstatus. Feminismen fick nytt liv – och avväpnades samtidigt.

Dessa två feministiska synsätt – stödstrumpornas och livmoderfeminismens – existerar i dag sida vid sida. Deras gemensamma nämnare heter *skillnader* – men genom att de intar olika förhållningssätt till dessa skillnader skiljer de i sin tur sig åt på ett grundläggande sätt. Med livmoderfeminismen cementeras polariteten män/manligt kvinnor/kvinnligt. Pojken fortsätter att få sitt blåa täcke på BB, sytt med trådar av förväntan på framtida manlighet. Flickan får sitt rosa och med det en önskan om kommande kvinnlighet. Individen förblir sitt kön framför sin mänsklighet – och begränsas enligt detta. Risken finns naturligtvis att även den politiska feminism som kräver kvotering, varvade listor och lika lön cementerar dikotomin män – kvinnor. Men skillnaden är ändå stor: båda utgår från att det i dag finns skillnader mellan könen, men då livmoderfeminismen åberopar dessa skillnader som ett argument *mot* individens frihet att leva sitt liv utan könsmanus, gör den politiska feminismen tvärtom: *för* att vi i morgon ska få ett samhälle där individen i högre grad fritt kan välja livsinriktning, måste vi i dag betrakta kvinnor som ett kollektiv och män som ett annat. Det handlar om mål och medel.

Ett konkret exempel från annat håll: till alla sjuåringar i Sverige ger vi en exakt lika stor summa pengar som de får betala till den skola de väljer att gå i. Alla behandlas lika. Men för att samma belopp pengar ska *betyda* samma sak för alla sjuåringar måste alla dessa *vara* lika när de får pengarna i sin hand. Ett barn från ett missbrukarhem kan behöva *mer* pengar (för att betala psykolog, kurator eller stödundervisning) för att ha *samma* chans som sina jämnåriga att lyckas i skolan. En särbehandling som medel kan ha en jämlikhet som mål.

I dag kan vi konstatera att det verkar som om livmoderfeminismen är den starkaste rösten i debatten. Den feminism som nu lever i det offentliga samtalet är en avväpnad variant där ”manligt” och ”kvinnligt” visserligen finns med som perspektiv på det som diskuteras, men där dessa perspektiv ses som oföränderligt givna av naturen – en natur som bör styra kulturen. En sådan feminism kan inte förändra vare sig kvinnans eller mannens roller och positioner. En sådan feminism är harmlös – och just därför så älskad.

Låt oss lyssna på några ord i tiden:

> Till skillnad från vad könsdebatten tillät under sjuttiotalet kan det i dag öppet hävdas att kvinnor och män verkligen är olika. (Kjell Häglund i Vi Föräldrar, nummer 8 -94)

Det har länge varit förbjudet att tala om biologi i samband med mänskligt beteende. (Maria Borelius i Sedan du fött)

Generellt sett är kvinnor och män olika. Delar av hjärnorna är olika. Hjärnornas mognad och funktion likaså. Det påverkar skolan, det påverkar livet. Men det har det varit förbjudet att tala om. (Annika Dopping i Dagens Nyheter 14/4 -94)

LUGNA FLICKOR OCH VILDA POJKAR. skillnaden i flickors och pojkars sätt att leka bestäms inte bara av uppfostran. Ny forskning visar att manliga och kvinnliga hormoner spelar en stor roll för hjärnans utveckling under fostertiden. [...]

De senaste årens forskning har bevisat att män och kvinnor av naturen begåvats med var sina speciella talanger. Kanske ligger förklaringen i de synliga skillnader som påvisats i hjärnan hos de två könen. [...]

På 70-talet, när jämställdhetsdebatten rasade som värst, var det omodernt – eller nästan tabu – att tala om skillnader i mäns och kvinnors beteende. (Charlotte F Hansen sammanfattar dagens forskning i Illustrerad Vetenskap, nummer 9 -93)

Däremot talar man – alltmer – om de hormoner och nedärvda beteenden som så olika styr kvinnans och mannens liv. Kvinnans oxytocin som påverkar moderligheten, förmågan att binda och känna igen. Mannens testosteron som skapar aggressivitet, vilja att dominera och behov av självständighet. (Karin Thunberg karaktäriserar tidens strömningar i Månadsjournalen, nummer 8 -94)

Vad är det som händer här? I ett första steg erkänns skillnaderna mellan könen – detta erkännande som är grunden för varje feministisk analys. I ett andra steg placeras skillnaderna mellan könen i en natur som kulturen inte bör, eller inte kan, påverka, utan blott bör påverkas av. Livmoderfeminismen placerar könen och könens roller i en *natur,* och omöjliggör därmed en *kulturs* förändring av dessa. Om denna feministiska väg segrar upphör feminismen att vara ett hot mot samhället. Just där står vi i dag; inför ett vägval.

I *Prismas lilla uppslagsbok,* som kom 1981, definieras feminism som "medvetenhet om kvinnoförtrycket i olika tider, samhällen och klasser". I *Nationalencyklopedin,* utkommen tio år senare, definieras feminism som:

ursprungligen hävdandet av kvinnors rätt och rättigheter, ibland synonymt med kvinnorörelse eller kvinnosak. Stundom har innebörden vidgats till att omfatta en total förvandling av samhället med avståndstagande från mannen som norm för det mänskliga. Den senare betydelsen förutsätter uppfattningen att kvinnans livscykel, erfarenheter och värderingar är helt skilda från mannen och att reell jämställdhet mellan könen kan nås först när de kvinnliga värdena får jämbördig status i samhället.

Under tio år har två små, men viktiga, ord smugit sig in på de stolta raderna: orden ”helt skilda”. Från ”kvinnoförtryck” har vi gått till hävdandet av de ”kvinnliga värdena”. Förskjutningen i ordval är inte oväsentlig. Just nu marscherar vissa ord i total triumf på den feministiska arenan: ”skillnader”, ”olika” och ”biologisk” är den ordkedja som bildar grund i livmoderfeminismens terminologi, från journalisten Yrsa Stenius försiktiga uttalanden om att hon numera tror att vi föds till ”flickor eller pojkar också personlighetsmässigt, till femininer eller maskuliner” till läkaren Kerstin Uvnäs Mobergs uttalande om att hon vill se de flesta könsolikheter ”som i grunden biologiska, om än förstärkta eller karikerade av omgivningen”.

1993 kom en broschyr från utbildningsdepartementets arbetsgrupp om manligt och kvinnligt i skolan. Den kallades ”Visst är vi olika!” och ville verka för jämställdhet på ett nytt sätt:

> Bakgrunden är en önskan om att komma bort ifrån ett kortsiktigt tänkande med tonvikt på ’matematisk’ jämställdhet... En väg att förnya och blåsa nytt liv i jämställdhetsarbetet är därför att fördjupa kunskaperna om könsskillnader och

olikheter, öka medvetenheten om könstillhörighetens betydelse för flickors och pojkars olika villkor och förutsättningar i skolan och utforma nya strategier med detta som grund.

Formuleringen gör mig ledsen. Hela projektet att undersöka skolvärlden utifrån kön startar i en av feminismens viktigaste uppgifter: att visa hur samhällets institutioner på olika sätt särbehandlar och försvårar för flickor/kvinnor, men det slutar någon helt annanstans: i ett fastlåsande av eviga könsidentiteter.

Livmoderfeminismen deltar i modepressens jakt på den nakna och naturliga kvinnan – men här står denna inte att finna i ett sexigt fodral på lördagens party, utan i vad som kan tyckas vara det naknaste av allt naket: i kvinnans hjärna och hormoner. I modepressen uppmanades vi att ”bejaka vår kvinnlighet” genom att ”våga klä oss sexigt”. Nu uppmanas vi i stället att bejaka vår kvinnlighet genom att ”våga erkänna våra hormoner”. Att ”erkänna hormonerna” leder inte till en syn på kvinnan som skönt och sexigt objekt utan till en annan traditionell kvinnobild: bilden av den ömma modern. Kvinnan fortsätter att vara sin kropp – men nu är denna kropp inte till för mannen, utan för barnet. Fortfarande tror vi att Kvinnan finns, evig i sitt väsen. Därmed deltar livmoderfeminismen också i det konserverande av könens positioner som modepressen ytterst uppehåller sig vid. I detta ryms ingen vision om en feministisk ”omöjlighet”; ingen dröm om att ett barn skulle kunna födas till denna jord utan att få sin identitet formad av hur det ser ut mellan benen. Med livmoderfeminismens nuvarande triumfmarsch riskerar feminismen ett verkligt bakslag, en ockupation inifrån. Det som är hotande i att visa hur svenskans ”man” just är en man blir harmlöst om mannen – och kvinnan – samtidigt placeras i en oföränderlig natur. Jämställdhet riskerar då att bli detsamma som ett bejakande av biologiska könsolikheter – där de eviga olikheterna dock ska ges samma status. Det sista är ett feministiskt tillägg som inte rycker det rosa täcket av den nyfödda flickan – det frigörande ryck som är den verkliga uppgiften för en radikal feminism.

Dessutom är det omöjligt att *samtidigt* behålla det vi kallar ”kvinnlighet” *och* ge det likvärdig status med det vi kallar ”manlighet” – ty kvinnlighet får endast sin mening i förhållande till manlighet och båda dessa begrepp får i sin tur sin mening genom att utgöra en hierarkisk ordning, där det manliga är överordnat det kvinnliga. Om ”kvinnlighet” skulle få jämbördig status med ”manlighet” skulle den inte längre vara ”kvinnlig”.

Att feminismen är en rörelse för förändringar i ett patriarkalt samhälle kan vi nog alla vara ense om. Men då uppstår frågan: *vad* är det som ska förändras? Är det *verkligheten,* vad kvinnor och män gör under sina dagar, vilka uppgifter de utför, vilka arbeten de har eller inte har, hur mycket pengar de tjänar, hur stor makt de har politiskt och ekonomiskt – eller är det *värderingen* av denna verklighet som ska förändras, vilka arbeten och vilka uppgifter som anses viktiga och värdefulla, vad som överhuvudtaget ska definieras som "att ha makt"?

Livmoderfeministerna önskar det senare: mäns och kvinnors olika *uppgifter* är i stor utsträckning givna av naturen, men det är kulturen som står för *värderingen* av dessa; och denna kultur har nedvärderat de kvinnliga uppgifterna, nedvärderat barnafödande, omsorg, känslighet, hemarbete. Feminismens uppgift blir då inte att förflytta kvinnan från barnet och spisen i hemmet (eller att förflytta mannen dit), utan att förändra kvinnans *upplevelse* av denna position. Det traditionella kvinnoarbetet bör ses som någonting värdefullt och viktigt, men detta arbete ska även i fortsättningen utföras av kvinnor. Som Maria Borelius skriver: "Jag tror själv på en ny feminism som vågar öppna sig. Som vågar bejaka det som är kvinnlig särart och kämpar för att göra det högstatus."

Livmoderfeministerna har alltså en kluven inställning till kulturen; de säger å ena sidan att *arbetsuppdelningen* mellan könen bör bestå, ty den är bestämd av naturen, och å andra sidan att *värderingen* av kvinnors arbete bör förändras, ty den är bestämd av kulturen. Vissa delar av könet och dess betydelser ses alltså som naturliga (manligt respektive kvinnligt psyke och arbetsdelningen mellan könen), medan andra är konstruerade (upplevelsen av respektive psyke samt värderingen av respektive köns uppgifter). Judith Butler, amerikansk professor i retorik och jämförande litteraturvetenskap, har i boken *Bodies That Matter* diskuterat vad en sådan gränsdragning innebär. Livmoderfeministerna drar en linje mellan vad som är naturligt och vad som är konstruerat. Därmed blir ju även det naturliga ett slags konstruktion, en plats avgränsad av en linje som *inte* är naturlig, utan skapad av livmoderfeministens egen hand. Det naturliga blir alltså en plats "bestämd av anti-konstruktivistens egen konstruktion", som Butler uttrycker det.

I grunden handlar frågan om synen på människan, om vad vi tror bestämmer henne. Livmoderfeminismen lanserar en gud, Naturen, vars lag lyder lika järnhård som någonsin gamle Malthus lönelag. Naturen är god, vis och framförallt gammal och den har ett speciellt rollhäfte för vardera könet. Att bråka med demonregissören är bara att sätta krokben för sig själv och för sina naturliga talanger.

Vilka krafter man önskar ska styra ett samhälle är avgörande för på vilka sätt detta samhälle kan förändras. Om vi i ett religiöst samhälle säger att somliga går med trasiga skor för att Gud som i himmelen bor vill ha det så, bör vi nog låta människor fortsätta att gå med trasiga skor. Om vi i ett marknadsekonomiskt samhälle där tillväxt står högst upp på önskelistan säger att en viss arbetslöshet är nödvändig för att inflationen ska hållas nere, så bör vi nog låta en del människor fortsätta att vara utan arbete. Och om vi anser att en naturlig ordning ska styra människorna och att naturen ger män och kvinnor olika talanger, så bör nog dessa talanger fortsätta att knytas till kön.

Kerstin Uvnäs Moberg, docent vid farmakologiska institutionen på Karolinska institutet, klär skillnaderna mellan könen i naturvetenskaplig dräkt. I en artikel i Läkartidningen, där det konstateras att "'kvinnligt' och 'manligt' kanske kan förklaras i ett nytt biologiskt perspektiv", redogör hon för hur hon kom till insikt om att "själen sitter i magen". Män och kvinnor domineras av varsina biologiska reflexer: mannen av rörelsereflexen och kvinnan av näringsreflexen. Jag citerar ett längre stycke av Uvnäs Mobergs rapport:

> Man kan också säga att rörelsereflexen är särskiljande och avgränsande och i ett vidare perspektiv tydlig, detaljerad, penetrerande, organiserad, kontrollerande. Samtidigt blir den begränsad och smalspårig. På ett individuellt plan blir den självständig, individualistisk och unik.
>
> Rörelsereflexen är hård, spänd och tuff genom att lokala muskelkontraktioner och beteendesekvenser involverande muskulär aktivitet utlöses, men blir då också aktiv, målinriktad, konstruktiv, presterande och verkställande och även i viss mån aggressiv, dominant, hierarkisk. [...]
>
> Eftersom rörelsereflexen är förknippad med förhöjd vakenhetsgrad kan man också säga att den är medveten, logisk, analytisk och planerande. [...]
>
> Om vi på samma sätt analyserar näringsreflexen så är den till sin natur mottagande, inkluderande, överförande, givande, sammanbindande och kommunikativ, eftersom näringsupptag eller näringsöverföring befrämjas liksom kontakt

> individer emellan. Den kan i mer abstrakta ord beskrivas som gränslös, självutplånande, altruistisk, osjälvständig, bunden, symbiotisk och parasitisk. Den är i vidare bemärkelse gränsöverskridande, oklar, diffus, glidande, parallell, generell och kreativ, men också känslig, mottaglig och påverkbar. [...]
>
> Eftersom medvetandegraden är sänkt blir näringsreflexen intuitiv, omedveten, ologisk; samtidigt dominerar sinnesintryck från kroppen och individen blir vegetativ, känslosam, emotionell, kroppslig, känslig.

Vi ser hur Uvnäs Mobergs poetiska språkbruk är fullt av adjektiv som vanligtvis benämner den traditionella manliga respektive kvinnliga könsrollen. Den rörelsereflex som dominerar hos män beskrivs med ord som "aktiv", "tuff", "hård", "logisk" och "analytisk", och den näringsreflex som dominerar hos kvinnor med ord som "osjälvständig", "känslig", "altruistisk" och "självutplånande". Detta är Uvnäs Moberg medveten om – och i ett paradexempel på cirkelresonemang använder hon sina egna ordval som bevis för att könsrollerna är biologiskt bestämda och inte socialt inlärda:

> Många av de adjektiv som jag just använt för att mer allmänt och associativt karakterisera innebörden och effekten av närings- respektive rörelsereflexen är identiska med dem som ofta används

> för att beskriva manligt och kvinnligt. Vissa av de fysiologiska och psykologiska könsskillnaderna kanske faktiskt *därför* [min kursivering] kan härledas från en könsdifferentiering av de till en början icke könsbundna urvarelsereflexerna (rörelse- och näringsreflexen), vilka hos människan har utvecklats från enkla reflexbågar till komplicerade effektspektrum av fysiologisk och psykologisk natur.

Efter att ha läst detta cirkelresonemang tycks det åtminstone vara ställt bortom allt tvivel att Uvnäs Mobergs eget tänkande är en förlängning av den ologiska kvinnliga näringsreflexen. Hon lägger själv in en brasklapp i sin artikel när hon skriver att ”Den modell som presenteras är sprungen ur en kvinnlig, dvs mindre logisk hjärna”, men om jag har läst min kropp rätt, så är även jag kvinna – och ändå skriker jag efter den försvunna logiken i denna Uvnäs Mobergska modell. (Måhända motsvaras inte min kvinnliga kropp av en kvinnlig hjärna, men säkerligen skulle inte den visa Naturen göra en sådan miss.)

En närings- och en rörelsereflex och voilà: här har vi det evigt kvinnliga och det evigt manliga – som helt sammanfaller med den kvinnoroll och den mansroll som vi just i dag lever med. Närings- och rörelsereflexen bör inte underskattas, för det finns nämligen ”mentala förlängningar” av dessa:

> Om det nu är så, som ovanstående resonemang kan tyda på, att näringsreflexen är starkare uttryckt hos kvinnor och att rörelsereflexen dominerar hos män – och därmed också dessa reflexers mentala och psykiska förlängning – borde man inte förvänta sig att kvinnors och mäns tänkande skiljer sig åt?
>
> Det finns faktiskt observationer som tyder på det: t ex olika moraluppfattning hos kvinnor och män och skillnader i kvinnligt och manligt litterärt skrivande. Detta kan ses som uttryck för en mental förlängning av närings- och rörelsereflexen.

I ett slag gör Uvnäs Moberg en hisnande koppling: från två instinktiva biologiska reflexer förflyttar hon sig direkt till de två könens olika moraluppfattningar; från natur går hon till det mest kulturellt indränkta, den mänskliga moralen. Men reflexerna stannar inte ens vid könens olika tänkande, utan de bestämmer till och med våra fritidssysselsättningar. Att kvinnor bakar mer än män är ett arv i rakt nedstigande led från den heliga Reflexen:

> Det stora matintresset ses inte bara i form av god aptit och tendens till viktuppgång, utan även i ett ständigt sysslande med matlagning, bakning, syltning, saftning, bär- och svampplockning på fritiden. [...]
>
> Mannen har i gengäld en väl utvecklad mus-

> kel- och rörelseapparat, vilket gör honom lämpad för ursprungliga roller som förförare, försvarare, krigare och jägare. Många av männens fritidsintressen präglas av dessa egenskaper (jakt, sport, fiske, vedhuggning etc). Den betydligt aktivare psykiatriska sjukdomsbilden liksom kriminaliteten speglar även mannens rörlighetsbehov.

Kerstin Uvnäs Moberg uttalar sig inte om var denna ”mentala förlängning” av en biologiskt bestämd könsskillnad upphör; kanske styr den inte bara att kvinnor väljer att bli städerskor och undersköterskor, medan män väljer att bli sopåkare och byggnadsarbetare, utan även att kvinnor väljer låga löner medan män väljer höga? Frågan väntar faktiskt – och tyvärr – på sitt svar. Var upphör naturen och var börjar kulturen?

Naturen som kulturens herre

Biologen och journalisten Maria Borelius förvaltar Kerstin Uvnäs Mobergs tankar och tillämpar dem på kvinnans eviga kallelse: moderskapet. 1993 kom hennes bok *Sedan du fött* – och blev läst, lånad och köpt. Borelius var intresserad av vad som händer med kvinnan efter förlossningen och hennes bok vill vara ett slags handbok i moderskap. Hos Maria Borelius har Reflexerna utökats till det mer diffusa begreppet Natur – livmoderfeminismens speciella husgud. Borelius använder i *Sedan du fött* naturen som facit till den nyblivna moderns beteende. Vi smygtittar inte längre längst bak i *Hej matematik* för att få veta om vi gör rätt eller fel, utan vi tittar mycket längre bak, ja faktiskt så långt bakåt att alla böcker tar slut: vi läser i den mystiska historia som är Naturens utveckling.

> Däggdjuren har funnits på jorden i nästan 100 miljoner år. Det betyder att konsten att dia är lika gammal. De mjölkproducerande körtlarna liknar varandra hos däggdjurshonorna, så konstruktionen är urgammal. Naturen har dessutom haft ordentligt med tid att finslipa utseende och funktion. Därför kan de allra, allra flesta kvinnor amma. Naturen skulle helt enkelt inte vara så dum att den tillverkade en mamma som inte kunde föda sitt eget barn.
>
> De första dagarna efter förlossningen är helt enkelt en tid då naturen vill hålla mamma och barn vid sidan om det övriga livet.
>
> Ditt nya jag är helt ändamålsenligt. Naturen har tagit god tid på sig att förädla 'mammigheten' till den du är just nu. [...] Aldrig är naturen så vis, som när nytt liv skapas.
>
> Så har naturen mejslat fram hormoner som ger precis rätt förändringar, för att livet ska gå vidare.

Vad är det som händer i Borelius text? För det första skapas en auktoritet, en lag, som kan förklara det mänskliga beteendet: naturen. För det andra förmänskligas hela denna natur som skulle förklara det mänskliga; den blir god, vis och den utrustas med en *vilja,* något som torde vara medvetandets speciella signum. Naturen blir en auktoritet i samma ögonblick som den görs till någonting annat än natur – när den görs till människa.

Det kunde inte ha varit annorlunda. När Borelius hänvisar till en till synes neutral natur gör hon samtidigt en värdering: hon säger att Naturen är den lag som människan har att lyda, att Naturen är det som formar – och måste forma – människan. Hon glömmer att lagar är mänskliga konventioner som vi med demokratiska medel har kommit fram till ska styra våra handlingar. Lag och naturlag är inte samma sak – orden äger endast en förening i de tre bokstäverna l-a-g. Naturen kan bara vara facit om *vi* gör den till facit, kan bara utgöra en lag om den dras in i det specifikt mänskliga och *värderas* som en lag (alla värderingar kräver ett mänskligt medvetande). Naturen kan bara framträda via människans *tolkning* av den, kan bara förklara människan om hon värderar den som rätt förklaringsgrund.

Hos den som tror på en natur som är direkt nåbar för människan och inte färgas av hennes språk eller av hennes kulturella föreställningar, uppstår ofta en värdering om hur samhället bör fungera. Att säga att "det är naturligt" blir detsamma som att säga att "det är bra, det bör vara så här". Vi får alltså en *norm* för den mänskliga kulturen, en norm som säger att kulturen bör härma/lyda den direkt tillgängliga naturen. Det skulle kunna vara en politisk och filosofisk fråga huruvida det bästa samhället är det som i så hög grad som möjligt försöker följa vad det ser som naturens lagar, men livmoderfeministerna ser inte detta som en fråga värd att diskutera. De ser inte sina normerande politiska anspråk, utan argumentationen stannar helt enkelt vid konstaterandet att någonting är naturligt.

> Om jag förstår saken rätt finns det i Naturens mening inget som helst värderande av kvinnliga eller manliga funktioner. Manligt är inte mera värt än kvinnligt eller tvärtom. Naturen är inte intresserad av någon rangordning mellan föräldrarna. Men naturen har ett annat starkt intresse, som sällan kommer fram i debatten. Nämligen bästa möjliga förutsättningar för avkomman att överleva. [...] Olika mekanismer för att stärka föräldrarnas intresse av att skydda och nära barnen, såsom det speciella moderskapshormonet oxytycin [sic], som skapar lugn, närhet och omvårdnad av den lilla babyn.

Så skriver journalisten Annika Dopping i Aftonbladet och märker inte att hon själv står för värderingarna här: värderingen att det hon kallar ”naturligt” bör styra; män och kvinnor bör, för avkommans bästa, ägna sig åt olika sysslor. Att ”naturligheten” bör styra mänskliga samhällen är ofrånkomligen just en värdering – och värderingar hör, enligt Doppings egen argumentation, hemma i den mänskliga kulturen. Hennes försök att lansera en naturlig, icke-värderande natur undergrävs alltså omedelbart av hennes eget försök. Hon har nu värderat naturen som människans Gud – och därmed placerat den i en kultur.

Dessutom glömmer hon att Sveriges regering inte heter Naturen, utan Socialdemokratiska arbetarepartiet. Om naturen inte är intresserad av någon rangordning mellan vad män gör och vad kvinnor gör (utan bara av att behålla polariteten mellan könen) så spelar det nog mindre roll, för det är inte naturen som styr vårt samhälle. Så snart män och kvinnor ses som väsensskilda varelser som bör ha skilda arbetsuppgifter så uppstår *i ett samhälle* en värdering av dessa arbetsuppgifter. Den "oskyldiga naturen" blir "skyldig" då den förvaltas av människor.

Livmoderfeminismen bygger på en ideologi som brukar kallas för biologisk determinism: naturen är den faktor som framför alla andra skapar människan. Så förändrar till exempel Maria Borelius högt värderade natur den kvinna som blir mor:

> Att sköta barn är monotont. Mata, tvätta, byta blöjor, bära runt, vyssja, tyda signaler. Samma saker om och om igen, där variationerna mest är barnets dagsform och utveckling. Naturen verkar bygga om kvinnors psyke tillfälligt, så att de skall 'stå ut'.

Kvinnans psyke byggs om till vad vår kultur associerar med äkta kvinnlighet: kvinnan blir behagfull, ologisk, lyssnande, tjänstvillig.

> Mycket grovt sagt blir en nybliven mamma slöare och mindre tankeskarp. Hon blir också tjänstvillig, beredd att offra all egen bekvämlighet för att tålmodigt lyssna på någon annan. Hon sänker utan knot egna krav på spänning och kan utföra samma monotona sysslor om och om igen. Hon lär sig lyssna inåt, till den lilla gemenskapen.

Traditionellt kvinnliga egenskaper får sin förklaring. De tjänar det högsta av värden, Livets, och det värdet får kvinnan, genom sin kropp, äran att bära. Naturens frammejslade hormoner är en biologisk ingenjörskonst med stor kompetens: den leder till och med till att kvinnan, men inte mannen, är en hejare på att förstå vad som är bak och fram på Liberos blöjor:

> Om du lämnar ditt barn till din man, dina föräldrar eller en god vän, acceptera att barnet kommer att
> – lägga sig på en annan tid än du tycker är lämpligt
> – få på sig blöjan med baksidan fram
> – skrika mer än du skulle tillåta.

Den ammande modern som blir tankeslö är dock bara en tillfällig identitet: ”Alla dessa förändringar gick över. Ett år efter förlossningen var kvinnorna som vanligt igen", framhåller Maria Borelius och skiljer sig därmed från de flesta andra särartsprofeter.

Eva Gustavsson, internationell sekreterare för Moderata samlingspartiet, förklarar i en artikel i Smedjan mäns speciella sätt att bete sig i ett sammanträdesrum:

> Det finns nog ingen annan väg än att acceptera att mäns och kvinnors beteende är olika på grund av biologiska faktorer. [...] skillnaden ligger snarast i konkurrensbeteende och tävlingslust. [...]
>
> De [männen i sammanträdesrummen] är en apflock. Det gäller att synas. [...]
>
> De svamliga anförandena har mest till syfte att visa att man finns (gorillahanar sliter upp träd med rötterna, vrålar och slår sig på bröstkorgen). Därigenom leds männen in i de sammanhang där verkligheten tar form. De sammanhangen bygger också helt och hållet på en önskan om att skapa, om att konkurrera och om att forma tillvaron efter sin egen önskan. Civilisationens hela poäng är att männens kampvilja nödtorftigt har domesticerats.

Där hittar vi förklaringen till att männen är framgångsrika i sina yrken: en förlängning av aphanens konkurrens- och tävlingsbeteende.

I ett reportage i Elle förklarar Erik Centerwall, av tidningen presenterad som "författare som sysslat med sexualupplysning i över 20 år", varför män vill knulla oftare än kvinnor:

> De skillnader som finns [mellan könens olika sexuella beteenden] har mycket med biologi att göra. Mannens organ hänger ut från kroppen, vilket präglar hans syn på sex. Kvinnan tar in en annan människa i sin kropp när hon har samlag, och hon är också byggd för att föda barn. Det är klart att hon är mera noga med vem hon ska släppa in! [...]
>
> Syftet med sexualiteten är befruktningen. För en man innebär det alltså så många barn som möjligt och därmed så många kvinnor som möjligt. Då har han gjort bra ifrån sig. En kvinna, däremot, får inte fler barn för att hon ligger med många män.

Där fann vi den kåte mannen och den kyska kvinnan: förklaringen gömde sig i våra könsorgans utseende. Mannen, som lyckas driva igenom sin vilja i sammanträdesrummens djungel, och kvinnan som kyskt kniper med benen är en vilde respektive en ständigt potentiell barnaföderska. Demokrati och kondomer torde vara de båda lika främmande.

I en artikel i Illustrerad Vetenskap, hävdas att "de senaste årens forskning har bevisat att män och kvinnor av naturen begåvats med var sina speciella talanger". I anslutning till artikeln hänvisas till intelligenstester där resultatet blev att

> [Kvinnor] är bättre än män på huvudräkning och på praktiska uppgifter, som kräver exakta finger- och handrörelser. Dessutom har de ett väl utvecklat sinne för att avläsa känslor i andra människors ansiktsuttryck.

Vid detta intelligenstest visade det sig alltså att vissa uppgifter i genomsnitt löses bäst av män och andra av kvinnor. Vad betyder det? Om jag ställer en bil och en deg framför en man och en kvinna så är jag övertygad om att mannen kan reparera bilen bättre än baka bullar av degen och att kvinnan kan baka bullar bättre än reparera bilen. Är detta biologi? Är detta sanningar om naturliga könsskillnader? Nej, det är en total sammanblandning av kultur och natur – samma sammanblandning som Kerstin Uvnäs Moberg demonstrerade när hon i en mening gick från rörelsereflex till moraluppfattning, och som Maria Borelius gav prov på då hon utan att blinka tog steget från amningshormoner till kompetens på blöjområdet. Exemplen från dessa det naturligas profeter tydliggör just det argument som måste vändas mot dem: det går inte att klä av en vuxen människa hennes kultur och säga att där har vi naturen.

Vi rör oss på två plan: ett som handlar om *sanningar* som kan beläggas empiriskt, och ett som handlar om *åsikter* om varför dessa sanningar är sanningar. Om vi säger att kvinnor i större utsträckning än män tar hand om barn i vårt samhälle, så har vi uttalat en sanning som kan beläggas empiriskt. Men om vi därefter drar slutsatsen att kvinnor är mer lämpade än män att ta hand om barn, så har vi uttalat en åsikt om varför den empiriska sanningen är en sanning. Likadant är det en sanning att vi lever i ett patriarkat – men en åsikt att detta är fel. Det ena följer inte av det andra. Det här är grundläggande men glöms ofta bort. Eller snarare: de två planen av argumentation, sanningen och åsikten, har blivit så ihopkopplade att om vi bara uttalar sanningen, så följer åsikten ofta outtalad med. Det är ovanligt att någon överhuvudtaget talar om att vi lever i ett patriarkat, utan att därmed också indirekt vilja hävda att detta är fel. Just för att planen åsikt och sanning är så tätt ihopkopplade skräms vi av vissa sanningar, såsom att invandrare har mer socialbidrag än svenskar, att andra generationens invandrarbarn är mer kriminella än barn till ”ursprungliga” svenskar, att kvinnor är mer intresserade av känslor än män, att män är bättre på att jaga än kvinnor etc. Allt detta är sant – men är ingenting *annat* än sant. Det är inga argument för att invandringen bör stoppas eller för att könsrollerna är naturliga. Det är inga analyser av förhållanden i samhället. Om vi håller isär begreppen sanning och åsikt (eller empirisk beskrivning av ett tillstånd och åsikter om detta tillstånds orsaker) så kan en feministisk analys aldrig hindras av argument av typen ”det är ju faktiskt så att kvinnor i dag lagar godare mat/vet mer om barn/känslor/heminredning” etc. En analys som stannar vid en beskrivning av verkligheten är inte en analys.

Om vi återgår till intelligenstestet som ”bevisade” mäns och kvinnors biologiska olikheter, så måste vi dessutom betänka det faktum att om vi tar två grupper, vilka som helst, och låter dem tävla, så kommer de två grupperna med allra största sannolikhet att få olika resultat. Om vi jämför svarta och vita skulle den ena gruppen få ett bättre resultat än den andra, eller om vi jämför höger- och vänsterhänta, blonda och rödhåriga etc. I vår tid vill vi hitta biologiska skillnader mellan män och kvinnor, och låter därför könen vara de grupper som jämförs. En jakt på skillnader behöver inte vara vare sig ointressant eller konservativ. Om vi jämför mäns och kvinnors löner eller pensioner, den tid vardera könet ägnar åt hemarbete eller samvaro med barn, antalet kvinnor och män i riksdagen eller i företagsstyrelser, vilket kön anorektiker eller magsårspatienter har, så kommer vi att hitta skillnader mellan könen som kan användas i en analys av maktförhållanden och könsroller i dag. Att det existerar skillnader mellan kvinnor och män kan då bli ett argument för krav på samhällsförändringar. Men om vi jämför kvinnors och mäns intelligens, sexlust eller moraluppfattning genom att hänvisa till en neutral natur, där vår tids könsroller råkar återfinnas, och om vi hänvisar till dessa skillnader som ett argument för att kvinnor och män ”naturligt” bör ägna sig åt olika sysslor, så kan de eventuella skillnaderna bara användas i konservativt syfte. Vilka skillnader vi överhuvudtaget är intresserade av och var vi förankrar dessa skillnader är avgörande för vilken feminism vi vill bedriva. I dag har talet om skillnader ockuperats av livmoderfeminister och det tjänar därmed ett konservativt syfte.

Låt oss återknyta till Kerstin Uvnäs Mobergs modell. Hon associerar utifrån en manlig rörelsereflex och en kvinnlig näringsreflex. Hon finner manliga adjektiv – hård, tuff, aktiv, aggressiv, dominant, logisk, analytisk – för att beskriva rörelsereflexen. Hon finner kvinnliga adjektiv – mottagande, kommunikativ, självutplånande, osjälvständig, känslig – för att beskriva näringsreflexen. Det är biologiska kroppsliga funktioner hon beskriver. Likväl finner hon att den manliga reflexen är ”medveten” och ”planerande” medan den kvinnliga är ”kroppslig”. En *reflex* kan alltså vara *medveten!* Uvnäs Moberg kommer i själva verket fram till att den manliga reflexen är *kultur* (medveten, analytisk, logisk), medan den kvinnliga är *natur* (omedveten, intuitiv, vegetativ). Män är kultur, kvinnor är natur. Jag tror att vi har hört det förut.

Exemplet visar hur omöjligt det är att nå naturen och kroppen utan förmedling av kulturen och språket. Naturen står inte att finna bortom våra uppfattningar om den. I vårt sekulariserade samhälle får vetenskapen avgöra vad som är naturligt – en uppgift för religionen i andra samhällen. Gemensamt är att det är *människor* som bestämmer det naturliga. När livmoderfeministerna vänder sig till den obefläckade naturen hittar de vår tids kvinno- och mansroll där. Naturen får förklara varför kvinnan är passiv, tjänstvillig, lyssnande och sexuellt monogam och varför mannen är aktiv, sexuellt utlevande, tävlingsinriktad och en bra chef. Så filtreras naturen alltid genom kulturen; så skriver vi in kulturen i naturen – och säger sedan att det är naturen som ger kulturen.

När vi möter naturen kan vi inte förhålla oss naturligt till den. Vi bär alltid på en kulturell ryggsäck, som talar om för oss vad vi ska se och hur vi ska värdera det vi ser. Göran Palm har skrivit en dikt om en modern människas möte med havet:

Jag står framför havet.
Där är det.
Där är havet.
Jag tittar på det.
Havet. Jaha.
Det är som på Louvren.

”Havet”, detta naturens element, är ”som på Louvren”, ett museum skapat av människohand. Mellan diktens jag och havet ligger ett museum. Mellan mig och naturen ligger alltid det mänskliga språket, min tids kulturella begrepp och kategorier.

När en kvinna blir mor är det naturligtvis ett biologiskt skeende. Men *innebörden* och *upplevelsen* av detta biologiska skeende är inte givna av naturen. Även i de skeenden där biologin spelar en stor roll är dess effekt aldrig ”ren”, aldrig opåverkad av historien, av kulturen. Vi simmar i kulturens bassäng från den dag vi föds. Vi hör berättelser om vad det innebär att bli mor, vi får veta att det är kvinnors största lycka – och när jag står där med ett positivt graviditetstest i min hand, formas mina känslor av dessa berättelser, tar jag ställning till dem, känner kanske ett jublande JA eller ett tveksamt nej – men berättelserna, kulturen, är alltid där, lägger sig alltid mellan mig och upplevelsen av min kropp. Kroppen jag upplever är alltid formad av kulturella föreställningar – även om dessa *föreställningar* säger att min kropp är *naturlig*.

Modepressen, kvinnan som det sköna, vilade på paradoxen *en naturlig maskerad, en äkta förklädnad*. Livmoderfeminismen vilar på paradoxen den *kulturella naturligheten*. I båda fallen har vi klätt kvinnan i kulturens dräkt: aldrig står hon naken framför oss – och aldrig kommer hon att göra det. Jägarna som jagar den nakna kvinnan kommer aldrig att finna sitt byte.

För avkommans skull

Livmoderfeministerna har tre projekt som i sin förlängning är klart politiska – även om de själva inte ser dem som det. De två första har vi redan diskuterat, nämligen: 1) Det finns en naturlighet som vi kan förstå som just naturlighet, opåverkad av vår kultur, och 2) Denna naturlighet bör vara samhällets lag. Det tredje projektet handlar om att det finns ett värde framför alla andra värden: avkommans bästa – ett värde som får konsekvenser både för vem vi älskar och vilket kön som gör vad om dagarna.

Skådespelerskan Pernilla August är en av dem som lyssnat till den senaste feministiska trenden. I en intervju i Elle säger hon:

– Jag är hormonfördummad. Ord och formuleringar försvinner ur skallen. Jag är lite väck hela tiden, lever i min egen lilla kupa. Det är naturens mening för att man inte ska grubbla och ta in för mycket. Man ska rikta all sin energi mot det här lilla knytet.

Annika Dopping menar att kvinnor inte ska ta det personligt om vi särbehandlas på olika sätt. Det tjänar avkomman.

> Hos alla däggdjur finns det könsskillnader. Vissa egenskaper är vanligare hos kvinnor. Andra är vanligare hos män. Allt för att göra förutsättningarna för avkommans överlevnad så goda som möjligt. Varför är detta så hotfullt? [...] När vi sedan också kan sluta att ta det personligt som bara handlar om att vi är olika kön och fungerar olika, är mycket vunnet.

Kvinnans ”vilja att vara till lags” tjänar, enligt Kerstin Uvnäs Mobergs uttalande i tidskriften Hertha, också avkommans högre syfte:

> Kvinnans vilja att vara till lags kan ha två grunder. Dels är hon mindre aggressiv till sin konstitution än mannen och dels behöver hon vara lite extra rädd för att hamna i konflikter när barnets liv och hälsa beror av henne. Framförallt gäller detta i människans ursprungsmiljö.

Maria Borelius snuddar vid tanken att våra val av kärlekspartners kan ha att göra med andra önskningar än dem om en stark och fin avkomma. Hon förbryllas åtminstone över mäns val av kvinnor. Varför välja en vacker kvinna när detta inte garanterar barnets överlevnad? Att kvinnor å sin sida väljer starka män inte för att detta är vår kulturella idealbild, utan för att starka män kan skydda sin avkomma, är i alla fall klart:

> Kvinnors sätt att välja män kan i alla fall förklaras biologiskt. I vid mening starka män kan skydda sina kvinnor och avkomma bättre. Att välja en stark man blir att välja högre överlevnad för sina barn, i förlängningen. Detta är kanske krasst, men förståeligt.
>
> Mäns val förbryllar. Skönhet är i biologisk mening en noll-egenskap. Hår som glänser, stora ögon, lår utan gropar. Detta säger ingenting om en kvinnas förmåga att leva, ge avkomma, skydda.

För avkommans skull har nyförlösta mödrar ”gröt i huvudet”, för avkommans skull vill mödrar vara andra till lags, för avkommans skull väljer kvinnor starka män. Allt enligt en ”urgammal” natur, som tydligen inte riktigt följt med i vad som har hänt i världen. Det bästa en kvinna kan göra för sin avkomma i dag är att flytta till ett i-land, där spädbarnsdödligheten är flera gånger lägre än i ett u-land. Den kunskapen sitter tydligen inte i våra gener ännu; vi tycks fortfarande tro att vi är i större behov av en slö hjärna och en man som kan skydda oss från björnar, än vi är i behov av pengar till rent dricksvatten. Men om ett antal hundra år bör väl naturen ha mejslat fram några hormoner som – helt biologiskt och för avkommans skull – betingar kvinnor att dra till västerlandet. Dessutom bör i dag en kvinna som vill skydda sig själv och sin avkomma fly hemmet framför alla andra platser. Suzanne Wennberg, professor i straffrätt, och Bodil Wennberg, psykolog, skriver i en artikel i Dagens Nyheter att av antalet misshandlade kvinnor har cirka två tredjedelar misshandlats i sina hem, av män som lever med den utsatta kvinnan. Att då släppa in en stark och aggressiv man i sitt hem är verkligen inte förnuftigt – hur naturligt det än sägs vara. Vi får hoppas att den något sega naturen så småningom även mejslar fram hormoner som får blivande mödrar att instinktivt lämna hem och make.

Enligt det naturligas profeter tycks vi ännu leva på jakt- och samlarstadiet. Det är i alla fall denna historiska tid, med dess visa natur, som har format den funktionella kvinnan och mannen. Att ”det manliga psyket” i så fall kanske inte är det allra bäst lämpade för vårt postindustriella samhälle, är inte så mycket att göra åt. Människan har ju sin Gud, sin Natur, att lyda – om än denna natur leder till krig.

– Männen har en förmåga att skilja på det man gör och det man är. I den manliga förmågan ingår att genomföra beslut, att sikta mot det gemensamma målet trots allt annat känslomässigt. Detta är något mycket värdefullt, vi ska inte förakta män för något som naturen selekterat fram och som är speciellt anpassat till den typ av verksamhet som män har huvudansvaret för, jakt och försvar till exempel, ursprungsfunktioner som mannens psykologi är anpassad för. Ska man klara av detta krävs att man kan vara brutal. Ska man kunna försvara stammens territorium krävs det att man tillfälligt kan avskärma sin inlevelseförmåga. Det är en positiv egenskap som uppskattas av samhället, för har man inte denna instinkt att försvara territoriet uppgår stammen i en annan population. Och om man nu ska jaga eller försvara territoriegränsen, kan man då gå och småprata samtidigt? Nej, ska man kunna göra en målinriktad insats tillsammans med hela gruppen måste man kunna göra det tyst.

Så försvarar företagsläkaren Rigmor Robèrt i en artikel i Kvinna Nu den tyste, aggressive mannen, vars breda axlar tyngs av ansvaret att försvara stammens territorium och att jaga fiender och föda. Vad han har att göra i Sverige på 1990-talet ställer jag mig något undrande inför; i min lägenhet med två lås och portkod behöver jag mer ha en man som kan diska än en som kan jaga fiender på flykt, i staden där jag bor behöver jag mer en man som kan Konsums öppettider än en som kan döda djur som ändå inte finns. Men machomannen bör, enligt Robèrt, inte föraktas; han är selekterad fram av den visa Naturen. (Jag måste erkänna att det här citatet även skrämmer mig på ett sätt som jag inte tror att Rigmor Robèrt avser. Att, efter att krigsbrotten i forna Jugoslavien precis har upphört, värdera mäns förmåga att vara ”brutala”, att ”kunna avskärma sin inlevelseförmåga” och ”allt annat känslomässigt” för att effektivt försvara sin egen stam, som positivt, känns mycket milt uttryckt som ett felslut.)

Vem byter blöjor i en naturstyrd kultur?

Hormoner och hjärnor utrustar enligt livmoderfeminismen män och kvinnor med olika egenskaper. Detta ses som ett ”biologiskt faktum” som bör bejakas. Patriarkatets största brott blir då att kvinnor och det kvinnliga nedvärderas på bekostnad av män och det manliga. Och den gamla kvinnorörelsens största brott är att den har kämpat för att få kvinnor att tro att vi är som män. Maria Borelius klagar i sin bok på äldre tiders feminister:

> Forna feminister gjorde felet att slåss för kvinnors situation med argumentet ’slå inte på oss, vi är ju som ni’. De trodde sig vinna segrar på att poängtera likheten. De beskrev kvinnor som män. Kvinnor var lika bra chefer, lika bra arbetskraft, kunde arbeta som män.
>
> Till slut blev den offentliga lögnen att kvinnor var som män, fast med livmödrar.

I stället för att, tydligen felaktigt och gammelmodigt, hävda att kvinnor är lika bra chefer som män vill livmoderfeministerna bevaka och behålla dikotomin män/manligt – kvinnor/kvinnligt. Det är ett klassiskt särartstänkande, vars risker åtminstone Maria Borelius är medveten om, när hon i Aftonbladet skriver:

> Visst kan det ligga en fara i att tarvliga människor använder kvasivetenskap som stöd för sina åsikter. Visst kan kunskaper om amningens hormoner bli till kvinnoförtryck i Bert Karlssons händer. Men det är inget argument mot biologi, utan mot Bert Karlsson.

Jag håller med Borelius om att det finns riktiga och felaktiga sätt att använda forskningen om biologiska könsskillnader. Till sist kommer det alltid att vara människorna, kulturen, som avgör vilken politik vi vill bedriva utifrån vad forskningen kommer fram till. Men vilket menar Borelius är det riktiga sättet, när hon i sin bok skriver:

> Att sköta barn är monotont. Mata, tvätta, byta blöjor, bära runt, vyssja, tyda signaler. Samma saker om och om igen, där variationerna mest är barnets dagsform och utveckling. Naturen verkar bygga om kvinnors psyke tillfälligt, så att de skall 'stå ut'.

Det ligger en nybliven mamma och pappa i en säng en natt i Sverige på nittiotalet. Deras nyfödda barn skriker. Att den av de två föräldrarna som har ett psyke speciellt designat för att ”stå ut” bör gå upp och bära det gråtande barnet är självklart. Med ”upptäckten” av de kvinnliga hormonerna ställs en bakdörr på vid gavel – och genom den kan fader efter fader med gott samvete promenera ut (måhända för att ägna sig åt sitt, enligt Kerstin Uvnäs Moberg, ”naturliga fritidsintresse” vedhuggning?). Detta blir i praktiken ”det riktiga sättet” att använda den biologiska forskningen om könsskillnader. Vill vi förflytta den alldeles nyligen anlända pappan från spädbarnet? Och när ska han i så fall återkomma? Efter en amningsperiod som enligt ”de senaste forskningsrönen” bör sträcka sig över flera år?

Nittiotalets poppis-psykolog, Carl Gustav Jung, kallade det kvinnliga för ”anima” och det manliga för ”animus”. Hans idéer presenteras som synnerligen djärva av särartsprofeterna eftersom han hävdade att anima även finns inom män, och animus även inom kvinnor. Den eviga könsdikotomin kan alltså leva i en och samma människa – något som fått livmoderfeministen Rigmor Robèrt att tänka till i en intervju i Kvinna Nu:

> – [När den maskulina spiriten vill ”befrukta” kvinnans medvetna jag] får en kvinna förmåga att gå sin egen väg, sätta sina egna mål men utan att bli maskuliniserad. För när man blir maskulini-

> serad, när man känner att "Nu jävlar ska vi ändra på hela manssamhället. Ända sedan Abrahams tid har män gjort det och det..." Ja, då aktiveras reaktioner inom män som inte bara är psykologiska utan även fysiologiska.
>
> Det ingår i mannens parningsbeteende att vara stolt och känna sig stark och beskyddande. Man kan därför aldrig skälla på en man för att få honom att bli en bra älskare... Däremot är det så att den man som står pall för den kvinna som släppt fram den manliga sidan inom sig kan få en het älskarinna på kvällen!

Att vilja ändra på manssamhället är att vara alltför "maskuliniserad" – och det är enligt Robèrt farligt eftersom männen vid åsynen av en sådan animus-kvinna "aktiveras fysiologiskt". Starka kvinnor bör inte förändra samhället, men gärna vara "heta älskarinnor" på kvällen. Kvinnor som har en "stark manlig sida", som har vad Robèrt kallar "en riktig krigare inom sig", är att gratulera, men, varnar Robèrt:

> Man måste dock känna var man har honom så att han inte lägger sig som en skärm framför ens personlighet. Det manliga inom kvinnan ska fördjupa henne, ge henne inre styrka och självkänsla. Men det ska inte dominera utåt, då blir vi med tiden som Selma och lilla Fridolf.

För Robèrt är det självklart att kvinnan har en kvinnlig personlighet, som inte får ”avskärmas” av en manlig sida. Den manliga sidan av en kvinnas personlighet, den del som Robèrt kallar för ”krigaren”, bör inte leda till att kvinnan handlar utåtriktat, utan blott ge henne inre styrka. Jag är säker på att mannen vid åsynen av en sådan kvinna inte ”skulle aktiveras fysiologiskt” – vilket vi kanske bör vara tacksamma över. Om vi tvärtom är ”kvinnligt svaga” utåt kan vi kanske till och med få äran att älska med denne man, som ju, enligt Robèrt, måste få känna sig ”stark och beskyddande” för att bli kåt.

Måhända skulle Maria Borelius kalla Robèrts sorgliga slutsatser för ett ”felaktigt användande” av kunskapen om biologiska könsskillnader, men är de egentligen det? Robèrt nedvärderar inte ”det kvinnliga” – hon kämpar bara för att helt hålla isär ”det kvinnliga” och ”det manliga”, och få det att agera på två olika arenor.

”Fina flickor & stygga pojkar” lyder rubriken i ett reportage i Elle, som handlar om mäns och kvinnors skilda sexualitet. ”Lugna flickor och vilda pojkar” heter det i Illustrerad Vetenskap, och vetenskapen illustreras här med en bild där tre flickor i söta klänningar leker med tre dockor i dockvagn och fem pojkar klättrar på en ställning. En av dem står högst upp och verkar just fundera på att göra ett modigt hopp ut i det okända. Bildtexten lyder:

> Skillnaden i flickors och pojkars sätt att leka bestäms inte bara av uppfostran. Ny forskning

> visar att manliga och kvinnliga hormoner spelar en stor roll för hjärnans utveckling under fostertiden.

Jag skulle vilja fråga Maria Borelius hur denna biologiska "kunskap" skulle kunna användas på ett sätt som förändrar könsrollerna i vårt samhälle? Vilket är det "riktiga sättet" att använda denna kunskap och vilket skulle vara Bert Karlssons sätt – och hur skiljer de sätten sig åt?

I Uppsala finns det på matematisk-naturvetenskapliga fakulteten 80 professorer. Två av dem är kvinnor. Varför, frågar sig Måns Ehrenberg, professor i molekylärbiologi vid Uppsala universitet, i Upsala Nya Tidning, och säger sig vara missnöjd med de svar han brukar få:

> [...] frågan är vad denna snedfördelning beror på. De förklaringar som ges av våra jämställdhetspolitiker är ofta ideologiska och konspiratoriska förklaringar är vanliga.

Själv för Ehrenberg fram en naturlig förklaring, befriad från ideologi och konspiration:

> När våra forskarkvinnor disputerar är de vanligen kring de trettio och den biologiska driften att skaffa barn och bilda familj blir stark. Intresset för vetenskap sjunker ofta och lysande begåvningar såväl som medelmåttor lämnar universitetet och få återkommer.

> Vi får nog leva med detta problem, som tycks ha att göra med en artspecifik biologisk klocka.

Genom att Ehrenberg hävdar att de talar *ideologiskt* som förklarar kvinnors frånfälle från professorstjänster med hjälp av kulturen, medan hans egen förklaring om en ”artspecifik biologisk klocka” inte har med ideologi att göra, signalerar han en uppfattning om ordet ideologi som är vanlig hos konservativa tänkare – vilket Ehrenberg i åtminstone detta fall måste bedömas som. Den brittiske professorn i litteratur, Terry Eagleton, diskuterar i sin bok *Ideology* konservativa tänkares motvilja mot att se sina teorier som ideologiska sådana. Att säga att någon talar om världen utifrån en ideologi, blir detsamma som att hävda att denna person bedömer världen fel, inte ser saker och ting som de verkligen är, utan genom en rigid ram av förutfattade meningar. I stället för att tala om ideologi, hänvisar man till ”sunt förnuft”, till någonting som ”alla vet”. Eagleton skriver:

> Man tänker sig ofta att framgångsrika ideologier tolkar sina ståndpunkter som naturliga och självklara – att de identifierar dem med ett samhälles ”sunda förnuft” så att ingen kan föreställa sig att de någonsin skulle kunna vara några andra. Denna process, som Pierre Bourdieu kallar doxa, innebär att ideologin skapar ett så tätt samband mellan sig själv och den sociala verkligheten som möjligt, och att den

därigenom sluter det glapp genom vilket en kritik skulle kunna inskjutas.

Jag trodde inte att den bästa strategin för att kritisera modepressens kvinnobild var att hävda att den förtrycker den *sanna* kvinnan – utan att visa vilken ideologiskt skapad kvinna den leder till att vi blir/vill vara/förhåller oss till. På samma sätt tror jag inte att vi endast bör bemöta livmoderfeministerna genom att säga att de har *fel,* utan även genom att visa att det de för fram är en *ideologi.* När jag säger att män och kvinnor faktiskt skulle kunna vara människor, individer, är inte detta en absolut sanning, utan också det är en ideologi – men det är en ideologi som jag tror leder till en större frigörelse från reducerande könsidentiteter än vad livmoderfeminismens gör. För att än en gång citera Eagleton: ”Det faktum att alla synvinklar är socialt bestämda innebär inte att alla synvinklar är lika mycket värda.” Feminism handlar inte om sanningen – den handlar om politik, om makt och om möjligheten att få vara en människa mer än en kvinna eller en man.

Det finns en förrädisk självklarhet i kopplingen mellan kvinna, natur och känslor samt mellan man, kultur och intellekt. Även personer som inte skulle stå för denna koppling om man frågade dem rakt ut, uttrycker den som just en självklarhet, ett slags underliggande sunt förnuft. Ett exempel på denna självklara koppling mellan kön och förmågor finner vi hos journalisten Yrsa Stenius, när hon i sin bok *Makten och kvinnligheten* skriver om Simone de

Beauvoir. Hon hävdar där att Beauvoir föddes med ”en pojkes hjärna” – och hon avser då att Beauvoir tidigt var intellektuellt nyfiken och snabbt lärde sig att läsa och skriva. Stenius uttalande är tämligen oskyldigt. Jag tror inte att hon skulle skriva under vare sig på de konkreta resultat som livmoderfeminismen leder till – att kvinnor bör vara hemma med barn och att män bör arbeta i det offentliga – eller på den filosofi den vilar på – att de två könen har varsina talanger vilka grundas i biologiska skillnader – men likväl ryms hennes uttalande inom livmoderfeminismens vokabulär, en vokabulär som de senaste åren har blivit allmängods. Hur ofta hör vi inte orden ”kvinnligt” och ”manligt” nämnas i media och i samtal människor emellan som vore de givna storheter? Insikten att vi lever i ett patriarkat som grundas på skillnader mellan män och kvinnor kan enbart leda till ett konserverande av nuvarande könsroller om vi inte ser dessa skillnader som just en *konsekvens* av att vi lever i ett patriarkat. Att en person som Yrsa Stenius kan göra en oreflekterad koppling mellan ”intellekt” och ”manlig” visar hur stark livmoderfeminismen har blivit i det allmänna medvetandet och hur den feminism som vill förändra könens positioner – och inte bara tala om dem som ett ”kvinnligt” respektive ett ”manligt” perspektiv – därmed riskerar att avväpnas. Många människor jag pratar med är, liksom Yrsa Stenius, livmoderfeministiskt inspirerade i dessa dagar, utan att de för den skull löper hela linan ut. De menar inte att kunskapen om att könen har vissa biologiska olikheter bör användas som argument för att kvinnor ska utföra vissa uppgifter och män andra – utan blott att det är en kunskap vi bör vara ”medvetna om”, som vi bör ”ta med i beräkningen”. Vad ska en sådan medvetenhet innebära? Om det som livmoderfeministerna kallar en ”ny biologisk kunskap” – och som helt sammanfaller med dagens könsroller – *inte* bör få några konsekvenser för hur könens roller och positioner ska se ut, så är den väl en helt ointressant ”kunskap”? Och om den *ska* få konsekvenser så måste väl dessa vara att bekräfta könsidentiteter? Vad ska – på ett samhälleligt plan – en medvetenhet om biologiska skillnader mellan könen användas till? Ska vi bara gå runt och säga ”tiddelipom, vi är medvetna om att män och kvinnor är biologiskt olika, men det spelar ingen roll”?

Jag har svårt att se det frigörande i att jag som kvinna nödvändigtvis och naturligt sägs äga vissa kvinnliga egenskaper och därför vissa kvinnliga uppgifter att utföra i mitt liv – även om det vore möjligt att allt detta kvinnliga uppvärderades och blev ”högstatus”. Mitt konkreta liv och vara *begränsas* likväl. Redan från min födsel blir jag puttad i en viss riktning. Livmoderfeminismen säger att jag bör begränsas, jag bör puttas på, jag bör få en knuff i ”naturlig riktning”. Den som knuffar och begränsar kallas nu inte längre för Fader Kultur utan för Moder Natur – och därmed blir begränsningen än mer permanent och oföränderlig. Därför är livmoderfeminismen ett faktiskt hot mot alla som vill en förändring av könsroller och kvinnobilder. Därför är den *inte* ett hot mot det samhälle som vi kallar ett patriarkat. Och därför har den alla chanser att bli den segrande varianten av samtida feminismer.

Livmoderfeminismen äger en lockelse; den gör det lättare att vara feminist i ett samhälle där min kropp och mitt jag ännu vid 28 års ålder bär ett rosa täcke; där jag, där varje kvinna, känner krav på att vara kvinnlig, att leva upp till bilden av Kvinnan. Min första och mest grundläggande identitet är att jag är kvinna. Naturligtvis vill jag få min identitet, det vill säga min kvinnlighet, bekräftad – även om jag inser att denna "kvinnlighet" är någonting kulturellt skapat. Jag vill vara vacker, sexig, öm, förstående etc. Att bryta med en inlärd roll, som inte är blott en *roll* vi kan gå in i och ut ur, utan en stor del av vår *identitet,* är svårt och kräver, som jag tidigare talade om, att vi avstår från vissa könsbestämda privilegier. Om jag är feminist innehåller min identitet även ett plan som vill bryta med denna min "kvinnliga identitet" som den ser ut i vårt samhälle, och det kräver på ett personligt plan en del kompromisser. Ett banalt exempel: när jag rakar mina ben skäms jag. Kvinnor *har* hår på benen, men på bilden av Kvinnan lyser benen släta – och jag väljer att leva upp till Bilden. Jag säger till mig själv att det är okey: att jag är feminist innebär inte att jag måste "höja mig över" min kultur och bli "martyr" för min åsikts skull. Jag erkänner att min feminism och min kultur är två skilda saker – vilket är uppenbart om vi lever som feminister i ett patriarkat. Men om någon säger "att bejaka din könsroll är den rätta feministiska vägen", om min kultur och min feminism på ett sådant sätt sammanfaller, så blir naturligtvis allt lättare. Allt det jag gör och är som individ som försöker leva upp till bilden av Kvinnan blir då rätt och fint, blir det mest frigörande. Samma handlingar som alltid har definierat ”det kvinnliga” kan utföras – men nu görs de av ”rätt feministisk anledning”. Jag behöver inte bryta min könsroll, min identitet, min position – bara kämpa för att ge den ”högstatus”. Det är en feministisk strategi som inte kräver att jag problematiserar mitt jag, min identitet – och därför en mycket lugnande och trösterik strategi; ett slags ”det är bra som det är”-filosofi.

> Är männen bättre på att meka med bilar och kvinnan hellre lagar mat tycker Ann att det ska få vara så utan att någon skall skämmas för att de trivs med det. (Intervju med Ann Zacharias i Hertha nr 6 -86)

> – Jag tror inte att vi någonsin kommer att få 50 procent kvinnliga ingenjörer. Flickorna är inte tillräckligt intresserade. Det bara är så. (Kerstin Uvnäs Moberg i Hertha nr 6 -86)

Vi behöver inte skämmas för att vi lever som Mannen och Kvinnan, säger Ann Zacharias. Vi behöver inte anstränga oss för att få fler kvinnliga ingenjörer, säger Kerstin Uvnäs Moberg. Det finns en tröstande tro på det bestående i bägge uttalandena, och är det inte just detta livmoderfeminismen leder till: en feminismens laissez-fairestrategi. Det som är är givet av Naturen, och vi kulturens varelser kan slappna av – det som är är av nödvändighet. Efter ett seminarium som Fredrika Bremer-förbundet anordnade 1993 på temat den glömda kvinnligheten, skriver Annika Dopping i Aftonbladet om åhörarnas reaktioner:

> Det intressanta var att åtskilliga av åhörarna kände sig så upplyfta och harmoniska efter dagen. En 22-åring vittnade om att hon äntligen kände sin rätt till en befriande könsidentitet som kvinna, och inte ett tvång att axla en trång manskostym.

Den ”vittnande” kvinnans identitet hade välsignats från feministiskt håll – naturligtvis uppstod en känsla av lättnad. När Elle uppmanar oss att vara ”kvinnliga” upplevs det som en sak och när Fredrika Bremer-förbundet gör det som en annan. Att vara feminist blir lättare om detta inte står i motsättning till kulturens krav på en kvinnlig identitet; om bilden av Kvinnan och jag själv som feminist sammanfaller till en enhet. Men då står kvinnan också kvar där hon har placerats i ett patriarkalt samhälle: i sin kroppslighet, bunden i sitt evigt kvinnliga väsen. Ska feminismens främsta mål vara att denna position upplevs som en lättnad, som någonting man inte ska skämmas för?

Särartsteorier i historien

Jag sa tidigare att livmoderfeminismen inte är *falsk* så mycket som den är *ideologisk,* men på en punkt ljuger den faktiskt rakt upp och ner. Det handlar om att "det har varit tabu att tala om olikheter", som Annika Dopping skriver, om att det länge "varit förbjudet att tala om biologi i samband med mänskligt beteende", som Maria Borelius skriver, och det handlar om att denna biologiska forskning är *ny.* Om vi daterar världens uppkomst till något lite tidigare än 1970-talet finner vi en enastående mängd exempel på biologiska förklaringar till skillnader mellan könen.

Janet Sayers diskuterar i sin bok *Biological Politics* hur anatomiska skillnader mellan könen genom historien har fått förklara könens skilda talanger. Hon visar att en inomvetenskaplig diskussion ofta går hand i hand med en yttre politisk utveckling; redan i början av 1800-talet konstaterade frenologer skillnader i hjärnans storlek och vikt hos män respektive kvinnor, men inte förrän på 1860-talet uppstod en mer omfattande forskning. Plötsligt började allt fler vetenskapsmän rikta sitt intresse mot en sextio år gammal kunskap. Varför? Sayers sätter detta nya intresse i samband med sociala förändringar som inträffade i slutet av 1800-talet. När en diskussion började föras om huruvida kvinnor skulle ges tillträde till högre utbildning och till arbeten tidigare förbehållna män och när kvinnor krävde rösträtt, fick vetenskapen bråttom att undersöka könens hjärnor – och deras undersökningar blev en del av debatten om kvinnorörelsens nya krav. En antropolog vid namn James McGrigor Allan använde frenologins nygamla forskning för att argumentera mot kvinnors rätt till högre utbildning när han 1869 skrev: ”Varje försök att revolutionera kvinnors utbildning och status utifrån ett antagande om en inbillad likhet mellan könen, skulle strida mot sakers normala tillstånd.” Att antropologer använde fakta hämtade från frenologin för att diskutera sociala frågor var inte någonting nytt, skriver Sayers, men tidigare hade dessa fakta använts för att bevisa främmande rasers underlägsenhet och för att på så sätt försvara kolonialismen. Det var först när frågan om kön aktualiserades som en samhällsfråga, som samma fakta användes för att i stället bevisa kvinnors underlägsenhet.

En liknande koppling mellan politik och vetenskap gör Thomas Laqueur, amerikansk professor i historia, i sin bok *Om könens uppkomst.* Han visar där hur två skilda synsätt på mäns och kvinnors kroppar har existerat genom historien. Fram till 1700-talet var kvinnans kropp en mindre fulländad spegelbild av mannens (vetenskapsmän talade till exempel om slidan som en inåtvänd penis och om ”kvinnliga testiklar”). Under 1700- talet förändrades emellertid denna syn och kvinnans anatomi kom att ses som helt väsensskild mannens. Enkönsmodellen kom att ersättas av en tvåkönsmodell. I mitten av 1800-talet upptäckte dock vetenskapsmännen att penis och klitoris, blygdläppar och pung samt äggstockar och testiklar hade ett gemensamt ursprung i fosterstadiet; en upptäckt som skulle ha kunnat användas som ett argument för den gamla, och vid den här tiden övergivna, enkönsmodellen. Men på grund av politiska händelser var denna kunskap inte längre relevant, och den kom heller inte att användas. Laqueurs bok är full av exempel på hur vetenskapliga sanningar och upptäckter togs i bruk eller glömdes bort beroende på vad den samtida kulturella debatten kretsade kring. Inte ens den ”hårda” naturvetenskapen handlar ytterst om blotta sanningar, utan lika mycket om tidsmentaliteter. När en del av dagens feministiska debattörer tar sina utgångspunkter i nya rön om kvinnors och mäns olika hormoner och reflexer, misstänker jag att detta handlar lika mycket om politik och kultur som om revolutionerande nya vetenskapliga upptäckter (oavsett om dessa är sanna eller falska). Samtidigt som de senaste forskningsrönen konstaterar att kvinnor av naturen är bättre på att ta hand om barn, är arbetslösheten i Sverige rekordhög och lyckades Kds i riksdagen få igenom ett förslag om ett vårdnadsbidrag som kan tas ut av någon av föräldrarna under barnets tre första år. Att då se ett samband mellan forskning, feministiska trender och ekonomisk konjunktur är inte ett utslag av konspirationstänkande. Det är bara ett erkännande av att såväl forskning som feminism alltid samspelar med det samhälle de lever i (som ett bejakande av, eller som en reaktion mot, detta samhälle). Läkarna och kvinnoforskarna Annika Forssén och Katarina Hamberg ger i en artikel i Bangs temanummer om barn två exempel på hur vetenskap och samhälle samspelar:

När Sveriges riksdag på 1860-talet diskuterade kvinnors rätt att få tillträde till högre utbildning, t ex läkarutbildningen, framfördes från medicinsk vetenskap "sanningar" om att kvinnor inte fick använda hjärnan alltför intensivt. Då skulle de reproduktiva organen störas och de barn som eventuellt föddes vara skadade.

På 1970-talet när all arbetskraft behövdes ute i förvärvslivet, fick vi som läkare lära oss att det inte gick an att sjukskriva gravida kvinnor för ryggont. Varken överordnade eller försäkringskassorna godtog sådan sjukskrivning. Graviditet var ingen sjukdom och att ha ont i ryggen vid graviditet var normalt.

Biologisk vetenskap har genom historien ofta fått förklara vad som är kvinnligt och vad som är manligt – men den har även använts till att förklara skillnader mellan raser. Lyssna på Sven Lindqvists diskussion i *Utrota varenda jävel* om Robert Knox, som 1850 gav ut en bok som gav rasismen vetenskaplig legitimitet: *The Races of the man. A fragment.*

"Jag känner mig böjd att tro (I feel disposed to think) att det måste finnas en fysisk och följaktligen också psykisk underlägsenhet hos de mörka raserna i allmänhet."

Hos detta lik [av en färgad man] påstår han sig ha funnit en tredjedel färre nerver i armar och

> ben än hos en vit man av motsvarande storlek. De båda rasernas själ, instinkt och förnuft måste då, det säger sig självt, påstår han, skilja sig i motsvarande grad.

Så rasande nytt förefaller då inte ett uttalande från en av sociobiologins taleskvinnor på 1990-talet att vara – även om "själ, instinkt och förnuft" nu kallas "mjukvaran", medan "nerverna" kallas "hårdvaran":

> Män är i allmänhet större och starkare, kvinnor kan föda och amma barn. Det vore ett mycket långtgående antagande att tro att de rent kroppsliga skillnaderna inte motsvaras av mentala skillnader. Specialisering av 'hårdvaran' utnyttjas rimligen bättre om de motsvaras av specialiseringar i 'mjukvaran'! (Eva Gustavsson i Smedjan, nummer 2 -94)

Att kroppen ger psyket visste den österrikiske filosofen Otto Weininger redan 1903 i sin bok *Geschlecht und Charakter:*

> För en expert avslöjar alla kvinnor som är verkligt berömda och har en iögonfallande intellektuell förmåga, några av mannens anatomiska karakteristika, någon kroppslig likhet med mannen.

Nittio år senare förklarar Kerstin Uvnäs Moberg i Kvinna Nu varför just drottning Kristina blev en berömd kvinna;

argumentet att den extraordinära kvinnan rent fysiskt liknar en man går igen från Weininger:

> Hon beskriver själv att hon var luden och hade hes röst när hon föddes. Ser man på hennes livsöde så kanske det inte är en slump att hon var den speciella kvinna hon var. Vi vet alla att hon abdikerade, lämnade Stockholm och konverterade till katolicismen. Hon var en ganska krigisk person.

De adjektiv som Uvnäs Moberg använde för att beskriva den manliga rörelsereflexen och den kvinnliga näringsreflexen samt deras respektive ”mentala förlängningar” kan spaltas upp så här:

manlig rörelsereflex	kvinnlig näringsreflex
aktiv	vegetativ
särskiljande	inkluderande
avgränsande	självutplånande
självständig	intuitiv
individualistisk	altruistisk
unik	osjälvständig
logisk	emotionell
medveten	omedveten

Dessa två listor har en lång vetenskaplig tradition bakom sig, något som Stephanie Shields visar i en artikel i American Psychologist. Runt det förra sekelskiftet bevisade vetenskapsmän att kvinnor var mer ”instinktiva och känsliga", att deras främsta talang var "vårdande". 1901 konstaterade en tysk fysiolog vid namn Paul Mobious att kvinnor "inte är förmögna att tänka självständigt" – en oförmåga som Kerstin Uvnäs Moberg nästan hundra år senare åter spaltar som kvinnlig. Thomas Laqueur hänvisar i sin bok *Om könens uppkomst* till en professor i biologi, Patrick Geddes, som redan i slutet av 1800-talet fann att män styrdes av kataboliska celler som avgav energi, medan kvinnor styrdes av anabola celler, som samlade och bevarade energi. Genom att hänvisa till dessa vetenskapliga fakta kunde Geddes logiskt motivera varför män var "mer aktiva, energiska, ivriga, passionerade och ombytliga", medan kvinnor var "mer passiva, konservativa, tröga och stabila". Några av Geddes ordval går igen hos Kerstin Uvnäs Moberg, men den logiska ordningen på förklaringarna har nu vänts. De ord som Geddes använde för att beskriva mäns respektive kvinnors *egenskaper* använder Uvnäs Moberg för att beskriva de *reflexer* som styr vardera könet. Uvnäs Mobergs resonemang blir än mer konserverande än Geddes, eftersom hon könar naturen, medan han könade människorna. Det är inte längre männen som är "manliga", utan den reflex som styr dem, och det är inte längre kvinnorna som är "kvinnliga", utan den reflex som styr dem. slutsatsen de båda når är dock densamma: män är aktiva, kvinnor är passiva.

Även idéhistorikern Hertha Hanson har i en uppsats i idéhistorisk årsbok från 1993 uppenbarat vissa adjektivs närhet till vissa kön. Hon citerar bland andra gynekologen Heinrich Ploss, som 1894 skriver: "Kvinnan arbetar mer med känslorna, mannen framförallt med tankarna." Författaren Ellen Key trodde, liksom vår tids livmoderfeminister, på kvinnans altruistiska väsen när hon 1896 skriver:

> Icke ensam, utan såsom med sig införlivande en annans tanke eller skapelse; såsom stående i förhållande till en annan personlighet eller såsom medkännande i de mångas lidande – så är det, som kvinnans eget individuella väsen blommar.

Både Maria Borelius och Annika Dopping menar att mannens och kvinnans olika psyke har sin grund i könens olika roll i reproduktionen. För barnets skull kompleterar mannen och kvinnan varandra. "För avkommans skull" är en särartsförespråkarnas refräng med gamla anor, sjungen redan av 1873 av socialdarwinismens fader Herbert Spencer:

> Att män och kvinnor är mentalt lika, är lika osant som att de är kroppsligt lika. Lika säkert som att de besitter fysiska skillnader som är relaterade till den respektive roll de har i bevarandet av rasen, lika säkert besitter de psykiska skillnader, som på liknande sätt är relaterade till deras respektive roll i uppfostran och skyddandet av avkomman. Att anta att de olika roller de har som föräldrar inte följs av skillnader i mentala anlag, är att

anta att endast här i hela Naturen så följer inte en anpassning av speciella förmågor till speciella funktioner.

Inte heller här kan vi hitta några belägg för att dagens biologiska forskning är ny, inte heller här hittar vi några förbud att tala om biologi i samband med mänskligt beteende. Även den jakt på hjärnan som bedrivs i dag är av gammalt ursprung. I dag kan hjärnans olika utseende hos respektive kön förklara den kvinnliga intuitionen, enligt en artikel i Illustrerad Vetenskap:

> Många talanger är könsbestämda och utvecklas redan innan vi föds. I en del områden av hjärnan finns det till och med en synlig skillnad mellan män och kvinnor, till exempel en anatomisk detalj som kan förklara den kvinnliga intuitionen.

Runt det förra sekelskiftet skulle hjärnornas olika utseende, form och vikt i stället förklara kvinnors mindre intelligens. Ivriga vetenskapsmän mätte, vägde och jämförde. För att hitta den avgörande skillnaden fick jakten förflyttas lite hit och dit. Först trodde tidens vetenskapsmän att det var hjärnans absoluta storlek som var avgörande för intelligensen, men då elefanter och valar i så fall skulle vara mer intelligenta än människor fick den teorin överges. Då ersatte man den absoluta hjärnans vikt med hjärnans vikt i förhållande till kroppens vikt, men då kvinnor i så fall skulle vara mer intelligenta än män övergavs även denna teori. Intresset fokuserades då kring hur olika delar av hjärnan såg ut: först var det den främre delen av hjärnan som kunde förklara intelligens, och denna antogs då vara mindre hos kvinnor. När det senare visade sig att det främre hjärnpartiet faktiskt inte var mindre hos kvinnor, flyttades intresset snabbt bakåt. Det blev nu i stället i den bakre delen som hemligheten låg: denna bakre del sades då vara mindre hos kvinnor – och samtidigt med denna upptäckt förflyttades av en ren slump graden av intelligens hit. Janet Sayers citerar en artikel ur en psykologisk tidskrift från 1895, som nästan komiskt tydligt uttrycker vetenskapens samband med åsikter om kön:

> Pannregionen är inte, som det har antagits, mindre hos kvinnan, utan relativt större... Men hjässloben är något mindre. Det antas emellertid numera att en övervikt i pannregionen inte implicerar intellektuell överlägsenhet, såsom tidigare antogs, utan att hjässloben faktiskt är den viktigare.

Skilda kroppar/hjärnor/hormoner ger skilda psyken/uppgifter/talanger. Tidigare användes denna kunskap för att förklara att kvinnor var mindre intelligenta än män, men i dag talar vi inte längre på det sättet, utan nu ska kunskapen bara bevisa att kvinnor och män är olika och att samhället bör ta hänsyn till denna olikhet. Den biologiska ”kunskapen” är definitivt inte ny, och det kan heller inte sägas ha varit förbjudet att tala om den, såsom dagens livmoderfeminister hävdar (om det varit det hade nog vår västerländska historia sett annorlunda ut) – vilket naturligtvis inte behöver betyda att kunskapen är osann. Att dagens biologiska argument, där kropp ger psyke, liknar gårdagens betyder inte heller att deras syften skulle vara desamma. Inga av dagens svenska biologer eller livmoderfeminister vill använda sina argument för att hävda negrers, judars eller kvinnors mindre intelligens eller värde. (För jag vågar faktiskt inte tro att Kerstin Uvnäs Moberg menar vad hon säger när hon i en intervju i Kvinna Nu hävdar att kvinnor är i avsaknad av begåvning: "När jag läser om karaktärsdrag så är det som om det är testosteronet som gör män begåvade och starka, det som kvinnor är i avsaknad av.") Att den västerländska imperialismen byggde på ett biologiskt rastänkande är inte heller tillräckliga skäl för att dagens biologiska könstänkande bör avfärdas. (Jag vet att det är fel att argumentera enligt "guilty by association", men när man fördjupar sig i den sociobiologiska kunskapens historia är det svårt att förstå hur denna kunskap någonsin skulle kunna användas i något som helst samhällsförändrande syfte. Tvärtom har denna kunskap ofta varit en del av både rasismens och kvinnoförtryckets historia.)

Det är hur som helst omöjligt, och det har alltid varit omöjligt, att mäta en vuxen människas färdigheter och sedan säga att dessa färdigheter beror på biologi. Jag växer upp som en människa i ett samhälle – och min roll, eller position, i detta samhälle påverkar vem jag är, vad jag kan, hur jag reagerar. Att vara kvinna i vårt samhälle innebär bland annat att tränas i relationer, att lära sig behaga, att lyssna och stämma av. Att kvinnor då får ”ett väl utvecklat sinne för att avläsa känslor i andra människors ansiktsuttryck”, som det utifrån intelligenstester hävdades i Illustrerad Vetenskap, är föga förvånande. Och att, som i artikeln, förklara det här med biologi är inte logiskt. Det går inte att gå från natur till kultur utan att låtsas om att man tar steget.

Och dessutom glömmer livmoderfeminismen ständigt sina politiska, det vill säga kulturella, anspråk. Om vi antar att det faktiskt vore möjligt att konstatera biologiska skillnader mellan könen, så betyder likväl dessa ingenting annat än det som vi, människor, bestämmer att de ska betyda (och det är detta som är det avgörande). Livmoderfeminismen använder de ”nya” biologiska rönen för att visa att kvinnor är predestinerade till barn och omsorg, medan män är predestinerade till ”den stora världen”, logik och handlingskraft.

Att tankar om kvinnans biologiska särart återuppstår just nu beror enligt livmoderfeministerna inte på lågkonjunkturen, utan tvärtom på att vi i dag är så stabilt jämställda. Kvinnorörelsens kamp har på många konkreta punkter lyckats: vi har rösträtt, vi är myndiga även om vi är gifta, vi får gå på universitet, vi har fått fri abort, vi kan på grund av daghemmens utbyggnad förvärvsarbeta även sedan vi har fått barn. Hur stabil jämställdheten är i en lågkonjunktur och med en ny politisk enighet om att Sverige bör lämna sin folkhemstanke kan naturligtvis diskuteras, men även om – eller speciellt om – vi verkligen tror att det vi har uppnått är bestående och inte behöver försvaras, så skulle jag önska att feminismens nästa steg vore ett försök till upplösning av traditionella föreställningar om vad som är manligt och kvinnligt, ett försök att se könen som ”tillhörande metafysiken”, som Julia Kristeva uttryckte det. Men nej, enligt livmoderfeminismen bör då nästa steg vara att erkänna biologiska könsskillnader.

> Men med den mer stabila plattformen vi kvinnor i dag står på och med de här nya forskningsrönen tycker vi att det är helt rätt att som nästa steg sätta fokus på forskningen om könens likheter och olikheter. (Fredrika Bremer-förbundets vice ordförande Ann Falkinger i Svenska Dagbladet 3/2 -94)

> Men kanske är tiden ändå kommen att mer offentligt formulera att vissa grundläggande biologiska könsskillnader påverkar våra liv. Att det inte nödvändigtvis är genom att påstå att vi alla är ett enda kön som rättvisa uppnås. (Annika Dopping i Dagens Nyheter 14/4 -94)

Tiden är mogen att tala om biologi, och rädslan för att cementera kulturella berättelser om vad jag är när jag är kvinnlig, eller vad han är när han är manlig, är obefogad.

> Skräcken för att denna nya kunskap om kvinnan automatiskt skulle förpassa henne tillbaka till den historiskt korta tid då hon varit hemmafru verkar lite absurd. (Annika Dopping i Aftonbladet 1/12 -93)

Tack vare en feminism som har hävdat kvinnors likhet med män, menar livmoderfeministerna att tiden nu är mogen för att tala om biologiska könsskillnader – för kvinnors skull. Tiden var dock mogen för detta även vid förra sekelskiftet – och även då för kvinnors skull:

> Kvinnan är på intet sätt likvärdig männen, utan fullständigt annorlunda. [...] För kvinnornas skull måste därför vi män kraftfullt bekämpa emancipationen.

Så skriver gynekologen Max Runge 1896 i *Das Weib in seiner Geschlechtsindividualität.* Annika Dopping tar i en artikel i Aftonbladet knappt hundra år senare upp tanken om att vetenskapen bör befria kvinnan från en ödesdiger och falsk emancipation:

> Och ändå. Trots all denna nya kunskap finns förstås alltid möjligheten kvar att bortse från hormonella signaler, om man så önskar. Vill man återgå till karriären som om inget hade hänt efter barnafödandet ligger världen lika öppen för det som förr. Valet är varje kvinnas.

> Men för alla dem som känt sig pressade och otillfredsställda och nedvärderade av att undertrycka starka sidor av sig själva – kanske för att blidka systrar med mansideal – finns det plötsligt en öppning. För dem kan vetskapen om naturens visdom bli en glädjefylld och livsbejakande möjlighet att leva ett fullt och värdigt liv.

Kvinnor blir olyckliga över att leva ett ”manligt” yrkesliv. Och inte bara kvinnor, utan hela kulturen, förlorar på detta upphävande av könsidentiteter, hävdade Ellen Key 1896 och hävdar Maria Borelius 1993:

> Men låt kvinnans offentliga arbete alltjämt ökas, låt det pågå under fem, sex generationer och – kvinnorna skola visa sig själsligt modifierade. Deras insikt om att 2 x 2 = 4 skall vara manligt klar och fast. Men det torde hända att kulturens och lyckans summa då blir endast en addition av samma slags värden, icke ett organiskt alster av olika väsenarters förening och harmoni. (Key i Missbrukad kvinnokraft)

> För det tredje, varför tror ni att vi har två kön? För att dubblera varandra? Eller komplettera varandra? (Borelius iAftonbladet 30/7 -93)

Tanken att könen kompletterar varandra i sina av naturen givna skillnader och att detta leder till bådas bästa är även den en gammal insikt. Stephanie Shields skriver om det förra sekelskiftets komplementaritetstankar: ”Vilka kvinnans tillkortakommanden än var, så var de nödvändiga för att fullborda hennes natur, vilken i sig var nödvändig för att fullborda mannens.”

Det tycks alltså finnas en åtminstone hundraårig överensstämmelse om vilka adjektiv som är blå och vilka som är rosa. Det manliga utmärks av medvetenhet, originalitet och förnuft. Det kvinnliga av känslighet, altruism, självutplåning och osjälvständighet. Om själva tiden är ett argument för de könade adjektivens *sanning,* så måste vi fråga oss vilka andra sanningar som därmed bevisas. Att kvinnor inte hör hemma inom universitet, politik och ekonomi och att män inte hör hemma inom hemmets, de nära relationernas och barnens värld? Vid det förra sekelskiftet argumenterade man just för dessa åsikter genom att hänvisa till de rosa respektive blåa adjektivens sanning. Då handlade diskussionen bland annat om det förödande i att låta flickor gå i skola. En forskare som Stephanie Shields citerar hävdade att om flickor i puberteten använde sina hjärnor så skulle de förbruka det blod som de senare skulle behöva för sina menstruationer. En annan forskare, Stanley Hall, fruktade att kvinnors tävlan med män i det offentliga skulle göra att de förnekade sina moderliga drifter och att resultatet kunde bli ett ”ras-självmord”. Shields summerar gårdagens diskussion: 1) Genialitet är en märklig manlig egenskap. 2) Genialiska män når genom sina naturliga talanger positioner av makt och prestige. 3) En lika hög förmåga till intellektuella framgångar är inte att vänta hos kvinnor. 4) Kvinnors utbildning bör därför stå i samklang med deras speciella talanger och deras speciella plats i samhället som hustrur och mödrar. Biologen Patrick Geddes, citerad av Thomas Laqueur, motsatte sig kvinnorörelsens krav genom att hänvisa till de naturliga könsskillnaderna. Han skriver 1889 att skillnaderna visserligen kunde överdrivas eller förringas, men för att utplåna dem "skulle det vara nödvändigt att börja om evolutionen från början med nya förutsättningar. Det som avgjordes bland förhistoriska protozoer kan inte upphävas genom parlaments beslut".

Och om vi i stället läser tiden som bevis för de blåa respektive de rosa ordens *naturlighet,* så måste vi fråga oss hur länge vi har levt i ett samhälle. Att kvinnor var mjuka, känsliga varelser i slutet av 1800-talet – var inte det, då, följden av en kultur, ett samhälle, utan följden av en naturlig ordning?

Livmoderfeminismen anser alltså att den feministiska strategin i slutet av 1900-talet bör byta inriktning. Jag vill inte förneka att situationen för kvinnor har ändrats sedan 1800-talet, eller hävda att feminismen bör vara något för alltid definierat och bestämt. Kvinnorörelsen har i mycket varit framgångsrik, men den har inte lyckats skapa en möjlighet för vare sig kvinnor eller män att *välja livsinriktning oavsett kön.* Varje varelse som föds med bröst och slida i vårt land måste fortfarande förhålla sig till det rosa täcket på BB: jag är kvinna och jag formas därför till en kvinnlig roll, till att ta en kvinnlig position. Denna roll, och denna position, är betydligt mer variationsrik i dag än för hundra år sedan, men vetskapen om att *jag är kvinna* fortsätter att forma mig och mitt liv, fortsätter att bilda den tolkningsram utifrån vilken mina handlingar bedöms. Vi är fortfarande mer kvinnor än människor – och här har en framtida feminism sin uppgift: låt oss slippa de outtalade önskningarna från det rosa täcket, låt oss slippa ett livsmanus skrivet utifrån kön. Att som livmoderfeministerna hävda att det verkligt frigörande i stället är att befästa dessa önskningar, att få oss att bejaka dem och stolt bära vår avgränsade roll är absolut att reducera vår valfrihet och att än en gång klart bestämma vilka talanger vi bör utveckla: vi måste ju bli ”naturliga kvinnor”.

När vi ser hur gamla de biologiska argumenten är, och hur gårdagens liknar dagens, måste vi oroligt undra: vad hade hänt om flertalet feminister hade funnit tiden mogen att hävda biologiskt bestämda könsskillnader redan vid det förra sekelskiftet – för ”kvinnans skull”? Då handlade diskussionen om riskerna med att låta kvinnor få rösträtt och gå på universitetet. Deras reproduktiva organ skulle skadas om de ”överanvände intellektet”. Politiken skulle inte längre förbli en arena där man talade med logiska och övertänkta repliker, utan känslornas argumentation skulle helt ta över. Livet skulle förlora sin sälta om kvinnor blev som män. Både kommande släkten, kärleken och kvinnorna riskerade att gå förlorade om man inte erkände de anatomiska skillnaderna mellan könen, och dessa skillnaders konsekvenser vad gällde manlighet och kvinnlighet, hävdades det i gårdagens debatt. Det är samma biologiska argument, samma omsorg om barnet; samma syn på kvinnan som känslig och vårdande som används då som nu.

Om tiden hade ansetts mogen för livmoderfeminismens argumentation redan vid det förra sekelskiftet, så skulle det ha varit mycket svårt att nå det vi har nått i dag. Hade kvinnor haft rösträtt, skulle vi ha fått gå på universitet, sitta i riksdagen? Skulle vi ha haft rätt att utföra vilka arbeten som helst? Hade vi byggt en kommunal barnomsorg så att kvinnor både kunde vara mödrar och yrkesarbetande, byggt en offentlig sektor som gav kvinnor lön för det arbete vårt ”naturliga” omsorgsbeteende disponerar oss för? Skulle inte en föräldraledig fader ha setts som ett absurt brott mot naturliga lagar?

Den tid vi lever i nu kommer om hundra år att vara historia. Vilken feminism vi driver i dag avgör vilken utgångspunkt våra dotterdöttrar kommer att ha när de föds till kvinnor. Låt oss hoppas att våra döttrar inte får läsa i historieböckerna att vid slutet av 1900-talet bedömde feminismen tiden som mogen för att föra upp den biologiska kvinnliga särarten som främsta punkt på den politiska dagordningen.

Moderskap och modernitet

> Kvinnors vilja att vårda är en förutsättning för släktets överlevnad men i vår kultur är denna vilja underskattad. (Kerstin Uvnäs Moberg i Hertha)

> Det är kvinnliga ideal som måste få börja dominera över de manliga. Vårdande instinkter, som är typiskt kvinnliga, ska ersätta det manliga karriär- och makttänkandet. (Ann Zacharias i Hertha)

Det var en gång i början av 1990-talet en intervju med en författarinna i Dagens Nyheter, där följande meningar stod att läsa:

> Sitt liv som kvinna har hon avstått från, inte av misstag utan medvetet. Hon har valt att göra abort, två gånger.

Jag fastnade för meningen eftersom den så tveklöst förklarade vad det är att vara kvinna. Att göra abort är att välja bort ett kvinnoliv. Att föda barn är att välja ett kvinnoliv. Tydligare kan det inte sägas: *att vara kvinna är att vara mor.*

Det var en gång i slutet av 1940-talet en fransk kvinna som skrev en bok, där det stod:

> Det sägs gärna om en kvinna att hon är kokett, eller förälskad, eller lesbisk, därför att hon 'inte har något barn', att hennes sexualliv, mål, värderingar, allt hon eftersträvar skulle vara surrogat för barn. Men det finns faktiskt ingen ursprunglig bestämmelse, man kan lika gärna säga att hon är utan kärlek, utan yrke eller utan möjligheter att följa sina homosexuella böjelser och därför önskar sig ett barn. Det är samhällets konstlade moral som döljer sig bakom denna pseudo-naturalism. Att kvinnans yppersta mål i livet skulle vara att ha barn är ett påstående lika mycket värt som en reklamslogan.

Här sägs den kvinnliga identitet som är synonym med moderns vara blott en "reklamslogan". Vad har en identitet med en reklamslogan att göra?

Blott den som självklart kan äta sig mätt varje dag drömmer om en mikrovågsugn att värma maten i. Blott den som äger ett hem drömmer om en Volvo att åka bort från hemmet i. Vår tid skapar våra behov. Det samhälle, den kultur och den ekonomi som skapar oss skapar också vår vilja, våra drömmar, vår längtan.

Vår tid brukar kallas modernistisk: en teknologisk, rationell, sekulariserad och förklarad tid – en tid där alla värden är utbytbara och kan jämföras på en och samma måttstock: penningens. Du kan välja att köpa en höftledsoperation eller en segelbåt; operationens eller båtens värde är inte inskrivna i dem, utan kan mätas och jämföras i kronor och ören. Det är en tid då vår identitet inte är oss given från födseln; bondens son behöver inte bli bonde, sömmerskans dotter behöver inte bli sömmerska. Allt som är fast förflyktigas, allt flyter – och allt ska vara dig möjligt. Vår tid är modernitetens tid. Var ryms här moderskapet?

Jag tror att vi närmar oss ett svar om vi vänder på relationen mellan tid och behov, genom att anta att tiden inte bara föder de behov som är *anpassade* till denna tid, utan även de behov som är en *protest* mot tiden – om vi läser moderskapet som en protest mot moderniteten.

Men först: om vår identitet som kvinnor är synonym med vår identitet som mödrar, så hyllar vi i själva verket kvinnan när vi hyllar moderskapet. Det upphöjda moderskapet kan på så vis bli en lockelse för de feminister som vill uppvärdera ”det kvinnliga” – och därför äger dagens dröm om, och upphöjelse av, moderskapet en förbindelse med den livmoderfeminism som med Maria Borelius vill bejaka den kvinnliga särarten och kämpa för att ge den högstatus.

Och om ”påståendet om att kvinnans yppersta mål i livet skulle vara att ha barn är lika mycket värt som en reklamslogan”, så är det – i vår tid – faktiskt riktigt mycket värt. Vi erbjuds en ”naturlig” identitet i en tid där dessa egentligen är avskaffade. Kom och få din naturliga identitet – gratis. Vem kan motstå det reklamens absoluta urerbjudande? Här behöver vi inte ens hålla reda på Hennes & Mauritz öppettider för att få ”rätten att vara kvinnliga” – det är bara att fylla oss med det vi är till för att bli fyllda av: ett barn i vår alldeles egen livmoder. Här rör vi oss utanför kapitalismens frustrerande marker där allt har ett pris; vår livmoder kostade oss ingenting. ”Det sant kvinnliga” går inte att köpa, är inte till salu – och kvinnan går fri från en beräknande kultur och placeras i den vackra natur som vårt ekonomiska system inte förmår att uppskatta. Kvinnan som moder tycks vara en riktig höjdaridentitet. Vi slår två flugor i en smäll, två lyckor i en livmoder: en naturlig identitet och en möjlighet till protest mot den ”manliga” kulturen.

Jag har läst ett antal kvinnor (och några män) som på olika sätt hyllar och beskriver moderskapet. Alla deras uttalanden kan ses som en reaktion på något eller några av de tidsdrag som jag kallade modernistiska. Låt oss följa längtan efter moderskap som en protest mot moderniteten och låt oss börja i begynnelsen, i födandet:

> JAG SKA FÖDA STÅENDE!
> Om jag så dör på kuppen ska jag föda stående. Det var det sista hon sa till mig innan hon försvann in i sin grotta.
> Lägg dig inte ner. Låt dig inte luras, sa hon. Låt dig inte luras såsom alla de andra kvinnorna har

blivit lurade genom tiderna för läkarvetenskapens skull.
Du är frisk. Du är inte sjuk. Din kropp är gjord för att föda barn.
Din livmoder är stor och stark och röd. Den bär alla svaren med sig. Den vet allt. Lyssna på den.
Låt dig inte luras.

Så skriver Susanne Hobohm i antologin *Födda – berättelser om att föda*. Citatet ställer en födande kvinna mot en rationell vetenskap, som hon uppmanas att inte ”luras av”. Vi får veta att det finns en Absolut Kunskap, som egentligen inte är en kunskap (i betydelsen någonting inlärt) utan en vishet (en medfödd visdom): livmodern, som ”stor och stark och röd” bär ”alla svaren med sig”, som ”vet allt”.

I ett land med över tio procents arbetslöshet lär du dig att det enda som kan hindra *dig* från att bli en av *dem* är att du skaffar dig utbildning och kompetens; en kompetens som inte handlar om livserfarenhet utan om att veta vilken knapp man ska använda på Macintoshs plastiga tangentbord. Med denna efterfrågan på modern kunskap föds en längtan efter naturlig visdom, efter eviga svar, efter att någon ska säga: just *du* behövs – du är inte utbytbar. Vår tid nonchalerar gamla människor med svunna tiders kunskaper – ändå vill vi alla så förtvivlat gärna att vi faktiskt ska lära oss någonting av att leva, av att ha upplevt kärlek, glädje, smärta, sorg. Var kan i dag livets lärdom härbärgeras – om inte hos den födande kvinnan, modern, som har hela livets historiska visdom samlad i sin kropp? Hon/den är något mycket omodernt – och just därför något mycket efterlängtat.

En man berättar i Elle om ett besök på en förlossningssal:

> Vrål av smärta ljöd genom väggarna. En kör av kvinnoröster som förbannade, skrek och stönade tungt. [...] Jag kände kroppen pressas mot en orkan, en virvelstorm av kvinnlig urkraft, som ändå inte var skrämmande. Det var vrål från kvinnomunnar genom alla tider...
>
> Hon gjorde allting rätt utan att ens tänka på det.
>
> Det bara fanns där, en kod i generna, en ärvd erfarenhet från mor till dotter från den första kvinnans första födsel.
>
> Hon visade tänderna och vrålade med sträckt hals mot månen.

”Hon gjorde allting rätt utan att ens tänka på det”; om man inte behöver tänka för att göra rätt kan inte heller ens tankar bli fel eller föråldrade. Den som ingenting har lärt kan inte ha lärt fel. Hon kan inte få sparken i morgon. Den födande kvinnan kan inte bytas ut: hennes ”kunskap” sträcker sig över och bortom tiden.

I moderskapets lovsånger sjunger man om någonting annat än kompetens. I dag ska vi inte läsa böcker om hur vi bör uppfostra våra barn: denna ”kunskap” är inte någonting yttre, utan finns i ditt inre. En mor gör alltid rätt (så länge hon är just mor och inte yrkesarbetande kvinna med småbarn, för en sådan varelse får utstå en del kritik). En mor har semester från prestationskraven.

Jag är hemma hos min familj. Min syster har fått en son, som ivrigt leker med oss alla när vi dricker kaffe i vardagsrummet. Han skrattar mot alla, sitter i allas knä. Den som för tillfället orkar sjunga en barnsång får hans odelade uppmärksamhet. Så frågar min syster honom ”vill du ha bröstet?” och börjar dra upp sin vita tröja över en brun mage. Inga barnsånger i världen kan tävla mot detta och sonen vilar snart i hennes famn. Hon blir Unik i rummet, behövd och outbytbar. (Medan min katt stryker sig mot vem som helst som skramlar med Friskies hårda bitar, köpta på ett alltid öppet Konsum, där ute i köket…) Kvinnan som mor är en betydligt mer ”säker” identitet än kvinnan som skönt objekt – kvinnlighetens andra alternativa mask. Om min man sitter djupt försjunken i samtal med en nyfunnen vän på en fest, vad kan jag locka honom med? ”Vad sägs om ett knull på toaletten?” Jo, men han kan älska med ett antal andra kvinnor där på festen. En kärlek i den fria sexualitetens tidsålder skuggas också den av utbytbarhetens hot. Om vi vill vara tryggt unika, absolut oersättliga, bör vi amma ett nyfött barn, ett barn vi kan bära med oss, på tåg, på fest, till vänner – ständigt blir vår unicitet närvarande. Aldrig kan vi ersättas. Vår tid är den rationella vetenskapens och den utbytbara individens. Moderskapet är evig vishet och unicitet. Tiden föder protesten.

Låt oss återvända till födelsen:

> Detta är mystik, jo. Att bära och ge liv är en mystisk upplevelse, berövad sina mystiska dimensioner såsom allt annat bestulits på ande i ett samhälle fullt med stålsaxar,

skriver Maria Gummesson i antologin *Födda* och ställer ”ande” mot ”stålsaxar”.

> Det var fullmånen som drog, för egentligen var det två veckor kvar till beräknad nedkomst och Anton var nog inte helt beredd på att födas, av den senare motståndskampen att döma,

skriver Eva X Moberg och ställer ”fullmåne” mot ”beräknad”.

> Kalendertiden och den biologiska tiden har inget med varandra att göra och våra liv här är en enda misslyckad kamp: kalendern vill vinna över biologin, djuret bara ler åt alltihop,

skriver Gummesson vidare och ställer ”biologin” mot ”kalendern”.

Ur dessa födelseberättelser skapas två motsatta ordkedjor: den ena lyder ”moder, andlighet, fullmåne och biologi” – den andra lyder ”vetenskap, stålsax, beräkning och kalender". I moderskapets lovsånger står inte kvinnan som kulturell människa i centrum, utan kvinnan som mystiskt väsen, som helighet, hona, gudinna, urkvinna – som natur. Den "kvinnliga naturen" i form av den allvetande modern blir en protest mot den "manliga kulturen" i form av en lurande teknik.

När Ebba Grön för ett antal år sedan lockade oss till en viss handling med sången Häng gud, får nog detta ses som en något försenad uppmaning. Gud störtades från sin tron redan då Darwins läror presenterades på 1850- talet och hans situation bara förvärrades av Marx, Freud och Nietzsche. Vårt svenska 1900-tal är sekulariserat, upp- och genomlyst av förnuft, vetenskap och hundra watts lysrör. Mot slutet av detta århundrade uppstår dock ett behov av en mer dämpad belysning; den heliga modern får tända nya små värmeljus. En nyandlighet sprider sig via New Age-rörelsen: Gud behöver inte vara den stränge Fadern, utan kan vara indianens, samens, hinduens vishet, kan vara kristaller, stjärnor och djupaste själsbottnar. Mystiken sprider sig och hittar sin kvinnliga representant: Madonnan, som Maria Bergom Larsson längtansfullt skriver om i en artikel i Aftonbladet:

> Och ändå, under denna rationella strävan mot jämställdhet, kvinnofrigörelse och samhälleligt ansvar för barnen finns något irrationellt, något mörkt och oförklarligt som inte går att bortförklara eller rationalisera bort. Den heliga modern. Moderskapets helighet, den väldiga kraft som

utgår från dyaden mor–barn. Arketypen för de livgivande kvinnliga energier som ständigt skapar nytt.

Även Kerstin Uvnäs Moberg och Rigmor Robèrt för i sin bok *Hon och han – födda olika* fram bilden av Maria och Jesus. De kallar den en ”tidlös illustration av en ammande kvinna”, en ”’urtidskvinna’ anpassad till modersrollen”, en vägvisare till ”det kvinnliga”:

> När Maria interagerar med barnet ökar genomblödningen i huden så att den blir varmare och skön att beröra för barnet. Inte bara mjölk (under amningsperioden) utan också värme och närhet förmedlas via huden. Att vara ”tunnhudad, känslig och varm” blir därför kvinnligt.

Den något äldre livmoderfeministen Ellen Key för fram Maria som världens frälsning:

> Det är samma kvinnliga kraft, som mänskligheten, fast omedveten om hela innebörden av sin dyrkan, var jul tillbeder under gestalten av en ung mor med sin förstfödde son i sin famn.
>
> När moderlighetens kraft en gång framträder på jorden i sin fulla självhärlighet, då skall den, i en djupare mening än hittills, åt världen giva frälsningen.

Madonna = kvinnlighet = den mystik vår tid behöver; så lyder moderskapets evangelium. ”Den unika kvinnliga biologin döljer ingenting farligt. Bara mirakel”, som Maria Borelius uttrycker det i en artikel i Aftonbladet. Djävulen är avskaffad, men Gud lever – och hon heter Livmoder.

Både i livmoderfeminismens insisterande på naturliga, eviga skillnader mellan könen och i dagens hyllande av moderskapet kan vi se uttryck för behov födda ur en reaktion mot moderniteten. Vi behöver visdom och eviga svar i en tid av instrumentell, inlärd och snabb kunskap. Vi behöver en naturlig ”kompetens” i en tid av prestationer. Vi behöver få vara oersättliga i ett samhälle där alla individer är utbytbara. Vi behöver återkoda vår identitet i en tid där ”alla” kan bli ”vad som helst”. Vi behöver någonting heligt och mystiskt i en sekulariserad värld. Vi behöver natur i kulturens triumferande tid. Vi tycks behöva Maria, Madonnan – modern.

Är då dessa behov ”bra”? Bör feminismen bejaka svaren på dessa behov? Är Madonnan kvinnors räddning undan modernitetens rationella krav? Vi väntar lite med att diskutera detta, och ser först på varför just kvinnor i vårt samhälle attraheras av Madonnabilden. Hur hänger hyllandet av moderskapet ihop med *kvinnorollen* – och inte bara med *tiden?* Är hyllningarna av moderskapet inte en protest bara mot moderniteten, utan även mot just kvinnans roll i dag?

Moderskap som protest mot den sköna kroppens ideal

Att vara kvinna är att vara kropp. Att vara kvinnlig är att vara kroppslig. Vi såg tidigare hur denna ”naturliga” kroppslighet måste förpackas i feminiter för att passera som ”sann kvinnlighet”. När vi uppmanas att ”bejaka vår kvinnlighet” uppmanas vi egentligen att bejaka vår ”rätt att vara sköna objekt”. Även när kvinnlighet ses som detsamma som moderskap får kvinnan en identitet som ytterst handlar om att vara kropp, men moderns kropp är inte en smal, sexig, förförisk och lockande kropp – den är i stället stor, svällande och självtillräcklig. Kvinnan är inte längre den vackra horan – hon är den heliga Madonnan. Även om kvinnan som sexobjekt har rest sig ur askan från sjuttiotalets brinnande kvinnorörelse, och snabbt hittat vägen tillbaka till Hennes & Mauritz behåavdelning, så *har* hon en gång brunnit – och jag tror att den feministiska kritiken av henne faktiskt har trängt in under hennes nu parfymerade skinn. (Därav modemagasinens behov att tala om det stora *mod* som krävs av den kvinna som *vågar* vara sexig.) Men kvinnans roll som moderskropp står än i dag ideologiskt intakt. Moderskapet är ett mer respekterat sätt att vara kropp på (och behöver därför inte heller utmålas som någonting modigt).

Kvinnan som sexobjekt är ett arbetsamt ideal att leva upp till, som kräver ständig kroppslig disciplinering. Diet, smink, kläder, workout, cellulitbekämpande, nagelförstärkning, hårinpackningar, ansiktskrämer, ögonbrynsplockande: kvinnliga ritualer som i våra kroppar ristar en upplevelse av brist, av otillräcklighet. Kanske kan en växande kvinnomage och svällande bröst ge oss tillfällig respit från en bristfällig kropps rop på att bli omgjord efter skönhetens modell? Den gravida och ammande kvinnokroppen är funktionell; den mer än duger – den är nödvändig. Maria Borelius säger i en intervju i Kvinna Nu:

> – Många kvinnor får en annorlunda bild av sig själva när de fått barn, de förändras från att ha varit objekt till subjekt.
> – De inser sitt fullständigt självklara värde, de har fött barn, då är det inte längre så viktigt att vara "piffig".

Kanske kan hyllandet av moderskapet ses som en protest mot hyllandet av sexobjektet – även om båda hyllningssångerna antar samma grundackord: att vara kvinnlig är att vara kropp(slig)?

Maria Borelius bok *Sedan du fött* illustrerar denna motsättning – och detta samspel – mellan två kroppsliga kvinnoideal. Texten är en hyllning till den gravida och ammande kvinnan, som bara har att följa vad naturen lagt i hennes hormoner för att bli den bästa av kvinnor: den goda modern. Samtidigt illustreras denna text med bilder av kvinnomagar där det i bildtexterna anges hur lång tid efter förlossningen som fotografiet är taget och hur kvinnan på bilden känner inför sin ännu mer eller mindre putande mage. Borelius ger tips på gympa för nyförlösta mammor: den svällande kvinnokroppens tid är sedan du fött förbi, och nu väntar åter den sexiga kvinnokroppen på behandling. Det är dags att gå till gymet igen – vilket urtidskvinnan, den av Borelius annars så ivrigt framlyfta, förmodligen inte hade möjlighet att uppsöka. Den gravida kvinnokroppen kan möjligen vara en tillfällig paus från ett ständigt krav på skönhet – men pausen bör inte vara längre än nio månader. Många män och kvinnor talar om den gravida kvinnomagen som någonting av det vackraste de kan tänka sig, men när barnet försvinner därifrån är det inte tillåtet för denna mage att fortsätta att bära spår av att någonting någonsin funnits däri.

Under det 1980-tal som i sitt sköte bar arbete åt oss alla lanserades ett nytt kvinnomode: karriärkvinnan klädde sig ”manligt” i strikt kavaj, dräkt, knytblus och ibland till och med i slips. Hon var smal, rationell och effektiv; hennes bröst fick ingen framträdande roll under den högt knäppta skjortan. Den amerikanska filosofen Susan Bordo diskuterar i sin bok *Unbearable Weight* den smala kvinnokroppens associationer till ”manliga värden”. Hon menar att den magra karriärkvinnan klädd i strikt kostym kan symbolisera lydnad inför den professionella manliga världen; avklädd alla psykiska associationer till moderlig makt blir hon ofarlig och icke-hotande. Inte heller ”som man” konkurrerar hon på allvar med arbetsplatsens ”riktiga karlar” eftersom hon enbart *spelar* man. Hon bär ofta en ”mjuk” modedetalj för att visa att hon inte ensidigt prioriterar framgång före utseende, utan fortfarande lyder den traditionella kvinnliga dekorationens lag. Men, säger Susan Bordo, ”för många kvinnor symboliserar emellertid avståndstagandet från en moderlig kroppsidentitet inte alls maktlöshet, utan i stället (som det gjorde på 1890- och 1920-talet) frihet från reproduktionens öde och från en konstruktion av kvinnlighet som ses som någonting tvingande och kvävande”. Att ta på sig den manliga världens mundering kan av kvinnor upplevas som någonting som gör det tillåtet för dem att få förkroppsliga denna munderings kvaliteter av objektivitet, självbehärskning och självkontroll – alla högt värderade i vår kultur. Bordo menar att den slanka kvinnokroppen kan symbolisera just dessa egenskaper.

Så står den kvinnliga kroppen mitt i slagfältet för en kamp mellan olika värden. I våra kroppars linjer mäts de samtida ekonomiska konjunkturerna. ”Nu är det tillåtet att vara kvinna igen”, utropar modepressen på nittiotalet – och samtidigt visar det sig vara alltmer otillåtet att få ett arbete. Vad ska vi med åttiotalets magra karriärkvinna i strikt mundering till i en tid när inte ens männen har möjlighet att göra karriär? Antalet platsannonser i DN tycks stå i direkt proportion till det antal kvadratcentimetrar visad byst som kvinnomodet förespråkar. I dag ska kvinnan alltså inte vara anorektiskt smal *överallt* (som var ett ideal som åtminstone de kvinnor som föds med späd fysiologi kunde uppnå): hon ska ha smal midja och smala lår – men stora bröst och rund stjärt. Hon ska varken vara enbart mor eller enbart man. Det idealet är fysiologiskt synnerligen svårt att leva upp till – men det går att fixa på kirurgisk väg. Vi vet att det faktiskt går att köpa sig den perfekta kroppen i dag; människan har blivit en gud med rätt att skulptera sig efter behag. Friheten skrämmer, hybris skuggar den gudomliga människans steg – och vi får en längtan efter en kroppslig gräns. Är talet om den funktionella och vackra gravida kvinnokroppen, om den naturliga förlossningen och om den långa amningstiden uttryck för en sådan längtan efter gränser? Mot den trimmade sexiga kvinnokroppen står den naturliga svällande moderskroppen. Mot en kropp som signalerar "på dina villkor", en kropp utställd till bedömning, en tillgänglig trofé för mannens erövring, står en kropp som är kvinnans och barnets egen – ett barn som inte är någon domare med makt att räkna på de skulpterade kvinnonaglarna "duger, duger inte". Men hur länge duger för kvinnan ett barn? Hur länge kan moderskroppen stå emot kvinnokroppen som skönhetens objekt?

När designern Mia Murray-Lindgren i Elle definierar "kvinnlig styrka" talar hon enbart om detta enda: kvinnans kropp. Hon ställer en "moderlig" kropp mot "militant feministisk styrka":

> Lejonet är symbolen för hennes företag. För henne står det för kvinnlig styrka.
>
> – Men definitivt inte för en militant feministisk styrka. Utan för ett bejakande av kvinnligheten.
>
> – Det är ju så att nästan alla snygga kvinnor är trådsmala. Men för mig är någonting av det vack-

raste jag vet det urkvinnliga. Med bröst, stjärt och midja. En kvinna som ser ut så och bejakar hela sin kvinnlighet är så otroligt vacker.

Murray-Lindgren tar avstånd från ”en militant feministisk styrka” till förmån för en ”otroligt vacker” kvinna. Det tycks vara svårt att smita ut ur skönhetens rum; den anti-militära feministen skapas genom sina former. Den magra karriärkvinnan måste dekorera sig själv. Den kvinna som vill leva upp till dagens kvinnoideal måste närmast ta till en skalpell. Och inte ens Maria Borelius hyllade moder slapp att gå till gymet. Är alltså sexobjektets och moderskroppens mål trots allt detsamma: skönheten? Att vara vacker, eller snarare att bli vacker (att ”välja att vara vacker”, att välja det arbete som skönheten innebär, som Åsa Crona-Leandoer skriver om i sin bok *Bakom spegeln),* är en stor del i varje flickas socialisation, i hennes träning inför kvinnorollen, men denna träning rymmer flera andra rum – rum som bildar kvinnlighetens slott. Yrsa Stenius uttrycker i *Makten och kvinnligheten* två viktiga rum, det första av dem har vi redan beträtt:

> Inte heller med drömmarna, som låter som en kvinnas drömmar: Jag har alltid innerst inne drömt om att få barn, om att få ”tillhöra” en man. Drömt om det halvmedvetet men så starkt att jag instinktivt vände mig mot sjuttiotalsfeministernas predikningar om oberoendet.

En kvinnas drömmar: att få barn, det vill säga att få vara sin kropp, och att tillhöra en man, det vill säga få vara inriktad på någon annan. På livmoderfeminismens lista över typiskt kvinnliga egenskaper fann vi adjektiv som "självutplånande", "altruistisk" och "emotionell". Det är just en sådan kvinna moderskapets lovsångare sjunger fram: en subjektiv, emotionell varelse med svaga jaggränser. Susan Bordo hittar i sin bok *Unbearable Weight* delvis samma kvinnliga egenskaper, men hon lägger inte dess grund i naturen, utan i kulturens formande av kvinnors identitet:

> Å ena sidan så lanserar vår kultur fortfarande kvinnligheten i hem- och familjetermer, enligt en ideologisk längtan efter en rigoröst dualistisk uppdelning av arbete efter kön som placerar kvinnan som första känslomässiga och fysiska vårdare. Reglerna för denna konstruktion av kvinnlighet (och jag talar här både ett symboliskt och ett bokstavligt språk) kräver att kvinnor lär sig att föda andra, inte sig själva, och att se alla sina önskningar om att vårda sig själva och äta själva som giriga och överdrivna. På detta sätt tvingas kvinnor att utveckla ett känslomässigt register som är helt orienterat mot andra.

Om vi för en stund bortser från ursprunget till kvinnors sätt att vara, så kan vi i alla fall konstatera: i dag är kvinnor ena riktiga baddare på känslor och relationer

– en ”kunskap” eller en ”egenskap” som firar de största triumferna i moderskapet. Lyssna på Maria Borelius brev i antologin *Till min dotter:*

> Genom dig flyttades jag ut ur mitt livs centrum. Där hamnade i stället du. Och så småningom två bröder till.
>
> Detta kallas för kvinnoförtryck. Att en kvinna som blir mamma ändrar fokus och blir villig att så totalt offra sig för någon annan.

Som förälder (även om livmoderfeministerna ogärna tar detta ord i sin mun utan hellre talar om modern) gäller det att kunna offra sig, att vara altruistisk och självutplånande: vårt ”kvinnliga” sätt att vara visar sig vara det rätta. Kvinnan är plötsligt normen! Den franska filosofen Elisabeth Badinter sätter ord på denna kvinnors triumf i en intervju i Svenska Dagbladet: ”Ingen människa kan överleva om hon inte från födelsen är omgiven av människor som mobiliserar allt de har av kvinnlighet.”

Carin Holmberg, doktor i sociologi efter en avhandling med titeln *Det kallas kärlek,* menar att grunden i den sociala konstruktionen av kön innehåller två aspekter; dels att olikhet upprätthålls mellan män och kvinnor, dels att våra föreställningar om manligt och kvinnligt är hierarkiskt ordnade, där det manliga är högre värderat än det kvinnliga. Den sistnämnda aspekten medför att kvinnor väljer att på olika sätt handla så att de ställer sig i en underordnad position i förhållande till män och att de just genom denna underordning blir bekräftade som kvinnor. "Kvinnor har internaliserat den könsliga hierarkin som en del i sin könsidentitet", skriver Holmberg. Att vara kvinnlig blir alltså synonymt med att vara underordnad.

På ett plan som inbegriper både å ena sidan arbete, politik och ekonomi och å andra sidan familj, hem och barn, så tror jag att Holmberg har rätt i sin analys. "Det manliga" sättet att vara är det rätta sättet i den offentliga sfären och denna sfär har högre status än den privata. Men vad händer med kvinnligheten när den förs fram som överordnad manligheten, såsom den görs i hemmets och i de nära relationernas värld? För *inom* den privata sfären är faktiskt det "kvinnliga" högre värderat än det "manliga". En man som en söndagsmorgon vaknar i ett svenskt hem med fru och barn vet att han borde kunna tala om och visa känslor, att han borde vara generös och inriktad på andras behov – åtminstone under denna lediga dag i familjens sköte. Genom att lyfta fram den privata sfären, lyfter man alltså samtidigt fram det "kvinnliga" sättet att vara. På ett maktpolitiskt plan behålls den hierarkiska ordningen mellan könen, men i "den lilla världen" får kvinnor plötsligt chansen att "ha rätt". Samtidigt hotas vi inte i vår könsidentitet, för vår överordning i hemmet motsvaras av en underordning på arbetet – och det är detta arbete, denna offentliga sfär, som är den viktiga. Mannen kan gentilt påstå att han har något att lära av kvinnan, men samtidigt veta att denna lärdom är mindre viktig än hans egentliga kompetens. Kvinnan kan få en chans att räknas, men samtidigt inte hota mannen på det plan som är det verkligt viktiga.

Eftersom ”man” och ”kvinna” bara kan existera som två poler i en intern motsättning, har det skapats en mängd ord som är ”manliga” och som står i motsättning till ”kvinnliga”. Två sådana motsatta ord är ”objektiv” och ”subjektiv” och dessa står i varsin relation till den ”stora” och den ”lilla” världen; mannen hör, med sin objektivitet, hemma i den stora världen och kvinnan med sin subjektivitet i den lilla. Feminismen har inte alltid verkat för att bryta ned denna motsättning, utan ofta just hävdat vikten av kvinnors subjektiva upplevelse av den lilla världen. Den hierarkiska ordningen kan behållas – män förblir manliga och kvinnor förblir kvinnliga. Så varför skulle inte kvinnan hylla moderskapet? I detta får hon fortsätta att vara ”kvinnlig”, men nu uppleva denna sin kvinnlighet som någonting (begränsat) överordnat. Dessutom: ju mer vi uppfyller normen om den goda modern, ju mer älskade blir vi av dem som, trots allt, äger största delen av den politiska och ekonomiska makten i vårt samhälle – männen.

Filosofie doktorn i medicinsk antropologi och psykologi Hedi Bel Habib för i en artikel på DN-debatt fram hemmamodern som yttersta garant mot ökade våldstendenser i samhället:

> Detta gör att legitima men överdrivna jämställdhetskrav dominerar samhällsplaneringen på bekostnad av barnens behov av närhet och

ömhet.[...] Den offentliga barnomsorgen medför stora skador i socialisationsförloppet och försvårar starkt för ungdomar att fullfölja tonårsutvecklingen fram till ett socialt integrerat tillstånd. Skadorna i socialisationsförloppen kan beskrivas på tre nivåer med motsvarande störningar: 1) Inom ramen för moder-barnrelationen där känsloförlust uppstår. 2) Inom ramen för individuation, där psykopatologi uppstår. 3) Inom ramen för social integration där bland annat våld uppstår. [...]

En ledande princip i familjepolitiken borde vara att ge barnen en absolut rättighet att inte separeras från sina föräldrar (särskilt modern) under de första levnadsåren.

Det är sällan en kvinna får vara så viktig. Även före detta domprosten och kvinnoprästmotståndaren Gustaf Adolf Danell gör kvinnan till någonting för hela mänskligheten omistligt, när han i Nya Väktaren skriver:

De många tusen skilsmässorna och de därigenom mer eller mindre övergivna barnen, de många tusen årliga aborterna – alltsammans hör ihop med vår tids allmänna uppror mot Guds skapelseordningar. Kvinnans helt unika och för hela mänskligheten omistliga uppgift – det heliga av Gud förordnade moderskapet, som i dag är föraktat och motarbetat av en mer eller mindre gudlös överhet, borde i dag vara föremål för kvinnans befrielsekamp – i stället för tvärtom. Inte som om det vore kvinnans enda uppgift men utan tvivel den främsta, viktigaste och mest omistliga.

Här fick vi så ett förslag från ingen mindre än herr biskopen till vad vi bör ägna våra feministiska krafter åt. Som moder är kvinnan mäktig och ovärderlig. Hon är det viktigaste för barnet, hon är omnipotent. Utan henne klarar ingen människa sig – utan henne faller den framtida kulturen samman. Kvinnan som natur får genom moderskapet en chans antingen att bidra till den ”manliga” kulturen – eller att protestera mot den. Allt jag som kvinna behöver göra för att få stå för detta är att föda barn, stanna hemma hos barnet – och kanske baka några kanelbullar ibland. *Hur* jag är tillsammans med barnet är mindre viktigt; om jag lyssnar på det, talar med det, kramar det – jag är i alla fall Mor och det tycks automatiskt innebära att jag är en god förmedlare av oersättliga värden. Den kvinnliga kroppens natur, mening och essens är dess förmåga att föda barn. Här ges en unik möjlighet till en positiv självbild. Alla kvinnor kan bli Maria, hyllad av en hel katolsk värld – och naturligtvis av livmoderfeministen Kerstin Uvnäs Moberg, som i en intervju i Hertha säger:

> – Kvinnors vilja att vårda är en förutsättning för släktets överlevnad men i vår kultur är denna vilja underskattad. Den starka kroppsliga och känslo-

mässiga bindningen mor–barn uttrycks kanske bäst i madonnabilderna.

Moderskapet: en protest mot en kall samtid och ett sätt för kvinnor att bli högt värderade.

Gör förtrycket slaven till en bättre människa än herren?

Jag ska låta musikern Kajsa Grytt sjunga en av sina texter:

Jag vill inte leva för rikedom och makt
Jag vill inte se på svaghet med förakt
Om jag ska hinna leva då har jag inte tid
att hålla färgen isblå och tävla bort mitt liv

För det är min tur nu
att leva här
Ja, det är min tur nu
jag gör min egen värld

Ni som lärt er spelets regler
ni lever i övertag
men ni måste svika livets kärlekslag
För den som måste vinna får inte vara svag
men den som orkar känna
hon lever varje dag

Här målas två livssätt upp: ett liv inriktat på rikedom, makt och tävlan, där man i isblått övertag föraktar svaghet, och ett liv som tar avstånd från detta och i stället vill livet, kärleken, känslan, svagheten. Isblått förakt mot känslans röda liv: en motsättning som hos särartsfeministerna kallas manligt mot kvinnligt. 1896 gav Ellen Key uttryck för de här två skilda världarna:

> Då kvinnan liksom mannen bokstavligen och andligen stänger dörren om sig, gör sig blind och döv för de livets fina nyanser och halvtoner, dem hon nu har så vaket sinne för; då hon liksom mannen ger livsförhållandena andra rummet och livsgärningen första rummet i sitt hjärta – då har denna modifikation ägt rum, som man fann otrolig när den förutsades av ens morfar, men nu visar sig som en följdriktig och oroande psykologisk företeelse.

1993 uttryckte Maria Borelius det så här:

> Nu känns det som det är här, i den lilla världen, som livets verkliga mening och innehåll finns. Och frågan är om inte många av dagens karriärinriktade kvinnor håller på att missa tåget. Tåget från den stora världen in i den lilla… Själv hann jag med i sista stund.

Det finns värden som håller på att gå förlorade i dag; livets fina nyanser och halvtoner riskerar att dränkas i buller från Jasplan och motorvägar, den lilla världens mening offras på karriärens altare. Ett tänkande baserat på relationer, omsorg, helhet, värnande om natur och svaghet dör i samma takt som karriärkvinnan rustar sig i manlig dräkt:

> Knytblusvärldens yta är hård och blänkande. Här är alla vackra och starka och framgångsrika. Vem ska nu ta de svagas parti, de misslyckades och brokigas? De maktlösas parti? [...]
>
> Risken finns att den ”moderliga” hållningen som odlades i hemmen går förlorad när den görs till lönearbete och att vi alla står som förlorare i ett kyligare och mer cyniskt samhälle där människor blir utbytbara varor.

Så skriver Maria Bergom Larsson i en artikel i Aftonbladet. Kvinnan kopplas ihop med en fråga som inte längre ställs på den politiska arenan: ”Vad är meningen med livet?” Vi har i dag sju riksdagspartier – alla (möjligtvis med undantag av Miljöpartiet) har den ekonomiska tillväxten högst upp på dagordningen. Samtidigt är Sverige ett land där de allra, allra flesta människors magar är mätta. Mikrovågsugn i köket, bil i garaget, chips och bingolotto framför tv:n; att någon försiktigt frågar sig ”är det här min lycka bor?” är inte konstigt – men vart ska den frågan ta vägen? Det i dag så populära talet om

”kvinnliga värden” kan ses som en protest mot ekonomismen, effektiviteten, konkurrensen:

> Det är kvinnliga ideal som måste få börja dominera över de manliga. Vårdande instinkter, som är typiskt kvinnliga, ska ersätta det manliga karriär- och makttänkandet, säger Ann Zacharias i en intervju i Hertha.

När kvinnor formulerar sina drömmar om framtiden blir det ofta drömmar om ett mänskligare samhälle, säger Jeanette Olsson, ansvarig för jämställdheten inom LO, i en artikel i Aftonbladet.

Kvinnor ser andra meningar i livet än en fyrhjulsdriven Volvo, en fet plånbok och en chefstitel. De värnar om de små och svaga, de är mjukare och mänskligare. För livmoderfeministerna har kvinnor naturligt dessa värderingar: de är en ”mental förlängning”, för att tala med Kerstin Uvnäs Moberg, av kvinnliga hormoner och reflexer. Svårigheterna med ett sådant resonemang har jag talat om tidigare, liksom priset varje kvinna som saknar denna ”mentala förlängning” får betala när hon stämplas som ”okvinnlig”. Men vågar vi tala om ”kvinnliga värden” om vi inte påstår att de följer av kvinnliga hormoner, utan av att kvinnor historiskt sett har haft, och än i dag har, en speciell position i samhället, en speciell livssituation? Finns det några risker med ett sådant tal?

Låt oss prova: de ”kvinnliga värdena” beror på kvinnans position i samhället i dag. Hon är underordnad mannen på en mängd olika sätt: hon får lägre lön, sämre pension, hon har svårare att göra karriär både beroende på att hon har huvudansvaret för hem och barn och på att hon inte ses som kompetent av dem, oftast män, som bedömer henne. Hon är inte lika representerad som mannen i församlingar som fattar ekonomiska och politiska beslut, hon bedöms i högre grad än mannen efter hur hon ser ut, klär sig, rör sig etc, än efter vad hon säger. Hennes sociala träning är en annan än mannens: hon lär sig relationer där han lär sig tävling, hon lär sig längta efter kärlek där han lär sig oberoende, hon lär sig att lyssna där han lär sig att tala, hon lär sig empati där han lär sig självförverkligande etc. Genom att kvinnor dessutom ofta är mödrar som har det största ansvaret för barn lär de sig den altruism och den omsorg som är nödvändig för att ta hand om en ny människa. Om vi nu säger att både denna underordning vad gäller makt, denna sociala träning och detta moderskap ger "kvinnliga värden" som vi bör värna om – säger vi då samtidigt att kvinnan ska förbli utanför makten, och att kvinnor ska fortsätta att uppfostras till beroende, empati och tystnad? Om vissa goda egenskaper odlas i underordnade positioner – bör vi då alltid bevara dessa underordnade positioner? Gör förtrycket slaven till en bättre människa än herren? Den svarta bättre än den vita?

Vi kan naturligtvis svara som de gör i Vi i 5:an: på a) säger vi nej, kvinnor bör ha lika stor ekonomisk och politisk makt som män, och på b) säger vi ja, kvinnor bör fortsätta att få lära sig empati, lyssnande och beroende, eftersom vår tid faktiskt behöver dessa värden. Men det kniviga är att a) och b) hänger ihop. Vi lever i ett konkurrens- och tävlingssamhälle, där det de facto är ett handikapp att inte ha tränats till att hävda sig själv, till att tala för sig själv, till att vara oberoende. (Med ”en kvinnas uppfostran” är det till exempel inte lika lätt att höja sin lön i en individuell löneförhandling, eller sälja en artikel via telefon till en tidning, eller få pengar till ett ännu osett forskningsprojekt.) Könsroll och makttillägnelse går hand i hand.

Om vi säger att kvinnor bör fortsätta att odla sin fina uppfostran – men ändå få äga makt, så säger vi egentligen att vi måste ändra samhällets belöningssystem, ja hela dess sätt att vara – ett demokratiskt samhälle där män har största makten. Det blir svårt. Det är inte omöjligt. Men frågan är om det är en uppgift för feminismen. Jag vet inte. För några år sedan skulle jag utan tvekan ha svarat ja på frågan; kvinnor har av kulturella och politiska orsaker andra värderingar än de i dag rådande och feminismen bör kämpa för ett samhälle där dessa värderingar får styra. I dag är jag mer tveksam – vilket säkert till en del beror på livmoderfeminismens framgångar. När man inte kommer längre än till bokstaven -n- i ordet k-v-i-n-n-l-i-g-t innan man avbryts av en biologisk utläggning om kvinnliga hormoner och ett glatt ”leve skillnaden!” vet man inte riktigt om man verkligen ska ta sig till det avslutande -t:et. Jag har suttit i ett antal universitetssalar och efterlyst kvinnliga författare i kurslitteraturen och fått förvånat höjda ögonbryn till svar: oj då, den manliga läraren har inte ens noterat att han har gjort modernismen till en till 99 procent manlig angelägenhet. I dag skulle han troligen ha varit medveten om bristen, men jag vet inte om jag hade velat ställa kravet på något ”kvinnligt perspektiv” efter att just ha läst Kerstin Uvnäs Mobergs artikel i Läkartidningen:

> Om det nu är så, som ovanstående resonemang kan tyda på, att näringsreflexen är starkare uttryckt hos kvinnor och att rörelsereflexen dominerar hos män – och därmed också dessa reflexers mentala och psykiska förlängning – borde man inte förvänta sig att kvinnors och mäns tänkande skiljer sig åt?
>
> Det finns faktiskt observationer som tyder på det: t ex olika moraluppfattning hos kvinnor och män och skillnader i kvinnligt och manligt litterärt skrivande. Detta kan ses som uttryck för en mental förlängning av närings- och rörelsereflexen.

Om alla skillnader uppfattas som biologiskt givna kanske det inte är strategiskt möjligt att överhuvudtaget tala om dem? Då förstärker varje påpekande som innehåller ordet ”skillnad” blott en evig polaritet mellan manligt och kvinnligt. På just detta sätt hotar livmoderfeminismen att tysta den politiskt krävande feminismen. Feminismens mest grundläggande uppgift måste vara att visa hur kön konstrueras kulturellt och att öppna möjligheter för individens frigörelse från dessa identiteter – men *samtidigt* vägra – och visa – de orättvisor som finns mellan könen i dag, det vill säga behålla kön som politisk kategori. Det här kräver ett dubbelt medvetande: kvinnan både finns och finns inte.

Risken med livmoderfeminismen är att kvinnorörelsen nöjer sig med att säga att "kvinnliga värderingar" behövs och bör bevaras – hos kvinnor.

> Fåtalet kvinnor i ledande positioner i näringsliv och i styrelserum behöver ju inte uteslutande bero på att kvinnor förvägras möjligheterna. En av många tänkbara förklaringar kan vara att fullt ut kvalificerade kvinnor, när det kommer till kritan, helt enkelt inte vill ha dessa uppdrag. Att de vill behålla den privilegierade valfrihet som det de facto är att få ägna några timmar av dygnet åt andra aspekter av livet.

Så skriver Anita Ankarcrona i Svenska Dagbladet. Kvinnor ser andra värden i livet och att knö in dem bland styrelserummens ekonomiska kalkyler vore att utrota dessa värden. Den feministiska uppgiften blir då inte att sprida de "kvinnliga värdena", utan att ge dem en plats: hemmet, och ett kön: kvinnan. När Maria Borelius löser biljett på tåget till "den lilla världen" och upplever dess lycka, beklagar hon att "dagens karriärinriktade kvinnor" håller på att missa avgången. Män har överhuvudtaget inte med tåget att göra.

I protesten mot ekonomismens människosyn (allt du gör gör du för att tjäna pengar) ligger också en motvilja mot att omsorg ska kosta någonting. ”Den ’moderliga’ hållningen som odlades i hemmen” kan gå ”förlorad när den görs tilllönearbete” och vi får ett kyligt och cyniskt samhälle, varnar Maria Bergom Larsson i Aftonbladet (men hävdar samtidigt att kvinnors rätt till lönearbete faktiskt är värt detta). För att de ”kvinnliga värdena” ska vara riktigt kvinnliga och fina krävs att de är gratis. Om värdena uttrycks mot betalning korrumperas de och ingår redan i ekonomismen. Är en sjuksköterska som kräver rejält höjd lön för att uttrycka sin ”moderliga hållning” överhuvudtaget kvinnlig, är hon en garant mot ett ”kyligt och cyniskt samhälle”?

Om vi vill bevara ”kvinnliga värderingar” så måste dessa utgöra grund för det *samhälle* vi vill skapa – och inte bevaras i en ”kvinnlig sfär”. Ty om ett värnande av ”kvinnliga värderingar” inte går hand i hand med en vilja att sprida dessa värderingar ut i samhället finns risken att vi gör kvinnor till hemmens maktlösa gosedjur, där män kan söka tröst när Jasplanen trillar ner på deras huvuden.

Att längta till landet som icke är

Vi såg hur livmoderfeminismens metaforer ställde kvinnan som natur mot mannen som kultur. Moderskapet kan, liksom de ”kvinnliga värderingarna”, ses som en protest mot modernitetens kultur. Jag tror att denna längtan efter något *bortom* är grundläggande för människor i ett samhälle, vare sig ”bortom” kallas Gud, konsten, naturen, revolutionen – eller kvinnan. I en intervju med Kerstin Uvnäs Moberg i Kvinna Nu står det att:

> Hennes förhoppning är att vi erkänner vår [kvinnornas] egen fysiologi, så att den kvinnliga biten får komma fram på ett spontant sätt och inte behöver förvridas av vår kultur.

Uvnäs Moberg säger att det finns en naturlig kvinnlighet bortom vår kultur, att det finns ett ”spontant sätt” att vara kvinna och att uttrycka sin kvinnliga kropp på. Kvinnligheten *förvrids* i dag av kulturen – den *skapas* inte av den. Flera feministiska riktningar drömmer om detta bortom som någonting sant kvinnligt. Livmoderfeminismen talar om naturen, andra feminister talar om ett forntida matriarkat (som inte var en omvänd spegelbild av vårt orättvisa patriarkat, utan ett jämlikt och fredligt samhälle), delar av sjuttiotalets feminism talade om en ”äkta kvinnlighet” bortom patriarkatets förtryck, den poststrukturalistiska feminismen vill lyfta fram vår kulturs förträngda marginal och kallar detta Andra för ”kvinnlighet”. Ett ”bortom” kodas som någonting ”kvinnligt” som kan skaka den ”manliga ordningen”.

Judith Butler har, med inspiration från historikern Michel Foucault, i sin bok *Gender Trouble* diskuterat förhållandet mellan den manliga lagen och den kvinnliga protesten utifrån tesen att lagen och protesten föds *samtidigt.* Vi kan inte postulera någonting ”före” och någonting ”efter”. Hon exemplifierar med den franska lingvisten och psykoanalytikern Julia Kristevas teorier om moderskroppen:

> Kristeva förstår begäret att föda barn som en artbegäran, del av en kollektiv och arkaisk kvinnlig libidinös drift som konstituerar en alltid återvändande metafysisk verklighet. [...] Då Kristeva begreppsliggör denna moderliga instinkt som om den ägde en ontologisk status före den parriarkala lagen, så misslyckas hon att i beräkningen ta med på vilket sätt denna lag kan vara själva orsaken till just det begär den sägs förtrycka.

Butler för fram en feministisk strategi, där kvinnan och det kvinnliga inte ses som någonting utanför kulturen, utan som något som bara lever och eventuellt protesterar *inom* denna kultur. Jag tror att hennes synsätt är viktigt: feminismen har ingenting att vinna på att se någon förkulturell sfär, var vi än placerar den, som uttryck för ”äkta kvinnlighet”. Kvinnan är inte någon naturvarelse mer än vad mannen är det; vi lever båda i en kultur som formar oss, formar våra identiteter och vårt eventuella uppror. Det är denna vår kultur som har skapat en föreställning om Kvinnan som natur och det är denna vår kultur som har utestängt kvinnor från makten att forma densamma. Vi kan inte svara denna patriarkala kultur genom att anamma dess grunder, genom att tro att vi som kvinnor utgör ett ”naturligt” gott alternativ till en skenande marknadsekonomisk civilisation som dödar regnskogar och föder Jasplan. När kvinnan görs till utopi riskerar vi att se kvinnlighet som en naturligt god egenskap – ett synsätt som berövar feminismen hela dess radikalitet: ett aktivt kämpande för frigörelse från fasta könsidentiteter.

Varje förtryckt grupp innebär en möjlighet till revolt. Vill vi upproret, idealiserar vi lätt den förtryckta gruppens egenskaper – och glömmer samtidigt att det är just förtrycket som har skapat de ”revolutionära” egenskaperna hos denna grupp. Kvinnan och hennes kvinnlighet, även den kvinnlighet som kan tjäna som protest mot ett förtryckande samhälle, föds i en bestämd kultur – och lever bara där.

Du sitter i ett rum och diskuterar med fem män. Du har inte läst samma böcker som de, du har svårt att bli tagen på allvar. Du tvingas lyssna till undertoner, till vad som sägs mellan raderna, så att det du säger när du väl tar till orda kan tas för någonting som männen egentligen redan har sagt. Så föds den kvinnliga listen.

Du lever med en man som inte har lekt relationslekar de första tio åren av sitt liv. Du lever med en man som inte har tränats i att gå in i en annan människas känslor och tankar. Du förstår att han vill säga något han inte har ord för. Du lyssnar till hans tystnad, till hans kropp. Du förstår vad han vill säga trots att hans verbalitet plötsligt slaknar. Så föds den kvinnliga intuitionen.

”Kvinnliga erfarenheter” som visar det jag vill säga: visst kan kvinnan vara ett alternativ, men hon är det enbart för att hon är placerad i en viss position i ett visst samhälle – inte för att hon äger en livmoder. Igen: feminismen har inte att föra fram den ”sanna kvinnan” – hon står inte att finna. Men vi har att problematisera den bild av Kvinnan som vi alla individuella kvinnor i dag måste leva upp till för att vara ”kvinnliga”: vare sig den bilden heter Kvinnan som skönt objekt, Kvinnan som moder eller Kvinnan som natur.

En dans på feminismens spända lina

> Det råder ingen tvekan om hans kön trots det feminina utseende som den tidens unga män eftersträvade. (Inledningsord i filmen Orlando)
>
> Hon, för det kan inte råda något tvivel om hennes kön, trots det androgyna utseende som den tidens kvinnor eftersträvade. (Avslutningsord i filmen Orlando)

I en grön labyrint av välklippta häckar springer en kvinna i silverperuk och enorm ljusblå krinolin. Stigarna i labyrinten är redan upptrampade; kvinnan har bara att följa dem och svänga när de svänger, gå rakt fram när de leder rakt fram. Häcken är hög, går inte att se över, bildar mur. I rasande fart springer kvinnan runt i den.

En brittisk lady stiger i mitten av 1700-talet upp på soldäcket till Den förälskade damen, ett segelfartyg som ska föra henne från Turkiet till England. Runt hennes ben böljar kjolfållarna och båtens kapten spänner artigt upp ett soltält åt henne. Hon niger till tack.

Kvinnan i labyrinten och kvinnan på soldäcket äger ett namn: hon heter Orlando. Hon föds som pojke, växer upp som man och förvandlas i mitten av sin långa levnad till kvinna. 1928 skrev Virginia Woolf romanen *Orlando*. 1993 filmatiserade Sally Potter den. 1949 skrev Simone de Beauvoir ”Man föds inte till kvinna, man blir det”. Sällan har hennes ord varit mer bokstavligt sanna än för mannen Orlando som blir kvinnan Orlando.

Orlando rusar i en labyrint av uppgjorda vägar – Orlando niger i böljande kjolar för en artig man: Orlando har en kvinnlighet att följa. Men både Potters film och Woolfs roman berättar om en kvinnlighet som inte är ett biologiskt faktum, utan en social erfarenhet. Orlandos kvinnlighet är en punkt i ett koordinatsystem, där de två axlarna heter språk och kläder.

I Potters film ser vi Orlando vandra i sitt hems korridorer bland övertäckta möbler, dränkta i vitt tyg som omformar deras forna linjer till någonting annat, någonting nytt. Orlando är just hemkommen till England i sin nya kvinnogestalt; hårt snörd i spökvit jättekrinolin kan hon nu knappt ta sig fram i den trånga korridoren. Hennes gång blir till en kvinnlighetens dans när hon ständigt måste väja till höger och till vänster, snurra runt och hålla utkik. Hennes korsett äger många hål för en lina att löpa i; ett sicksackmönster över Orlandos rygg håller henne på hennes nya plats: kvinnans.

I Woolfs roman möter Orlando sin kvinnlighet först på Den förälskade damens soldäck. Det har då visserligen gått en tid sedan hon blev bärare av kvinnans kön, men under denna tid har hon levt bland turkiska zigenare, iklädd ”denna turkiska byxdräkt som kan bäras av båda könen”. Nu böljar i stället kjolarna kring hennes ben, nu ska hon för första gången möta sin kultur som kvinna, och det är först nu, då

> hon kände kjolarna bölja kring benen och märkte hur kaptenen synnerligen artigt erbjöd sig att spänna upp ett soltält åt henne på däck som hon med en stöt av bestörtning insåg vilka handikapp och privilegier hennes nuvarande roll förde med sig.

Om tyget i Orlandos kjol inte hade böljat så vackert kring vaderna, om tyget hade varit något snävare skuret, om kjolen helt enkelt hade varit en byxa, skulle inte denne artige kapten ha fällt upp något soltält åt dess ägare, skulle inte denna kvinna ha nigit till tack. Några centimeter av tyg avgör våra handlingar, några centimeter av tyg gör oss till kvinna eller man? Orlando erfar sin kvinnlighet som en föreställning, närmare släkt med en spegel än med en naken kropp.

> Hon erinrade sig nu hur hon som ung man hävdat att kvinnor bör vara lydiga, kyska, parfymerade och utsökt klädda. ’Nu måste jag i egen hög person böta för dessa önskningar’, tänkte hon, ’för kvinnor är inte (om jag får döma av min egen korta erfarenhet) vare sig lydiga, kyska, parfymerade eller utsökt klädda av naturen. Dessa

tilltalande egenskaper, utan vilka de inte kan smaka livets sanna nöjen, kan de bara skaffa sig genom den ledsammaste självdisciplin. Bara frisyren kommer att ta en timme av min morgon. Sen att titta sig i spegeln, ytterligare en timme. Och så korsetten och spetsarna. Tvättandet och pudrandet. Att byta från silke till spets och från spets till paduasiden.'

Den kvinnlighetens skapelseberättelse som modepressens reportage utförde i tystnad, mellan rader som försäkrade att kvinnligheten finns i ditt inre, blir för Orlando, en nykomling i kvinnlighetens rum, helt uppenbar. För henne finns ingen kvinnlighet att "maskera" – det är i stället maskeraden som skapar den. I hennes tankar blir avståndet mellan en kvinnas "tilltalande egenskaper" och hennes "självdisciplin" inte större än sexton ord. Det en kvinna ska vara för att vara kvinnlig är samtidigt å ena sidan *lydig* och *kysk* och å andra sidan *parfymerad* och *utsökt klädd*. De kvinnliga egenskaperna kräver den kvinnliga maskeraden, det ena går inte att skilja från det andra. Och maskeraden har makt att styra din hands rörelser: den vackra sidenschalen runt dina axlar bör hållas på plats, din kvinnohand är där och svärdet ligger orört vid din sida:

Mannen kan använda sin fria hand till att gripa svärdet; kvinnan måste använda sin för att hålla ihop sidenschalen så den inte faller från hennes

> axlar. Mannen ser världen rakt i ansiktet, som om den var gjord att nyttjas av honom och till hans behag. Kvinnan sneglar på världen från sidan, med finess, men också med misstro. Hade båda burit samma slags kläder är det möjligt att deras syn på världen skulle varit densamma.

Så bär vi inte våra kläder, så bär våra kläder oss, så formar de "våra hjärtan, vår hjärna och vår tunga som de vill". Så är Orlando i all sin glans den kulturellt skapade kvinna som är den enda vi kan tala om, den enda vi känner. Aldrig står hon naken, aldrig talar Woolf om livmödrar, hormoner eller äggstockar – blott om mänskligt skapade tecken, om *kläder* och om *språk*. När Orlando blir kvinna skriver Woolf: "Hans minne – men i fortsättningen måste vi av konventionella skäl säga 'hennes' i stället för 'hans' och 'hon' i stället för 'han'." Aldrig talar Woolf om någon naturlag – blott om den mänskliga lagen: om de domstolar som i sista hand dömer Orlando till att vara "odiskutabelt, utan varje skymt av tvivel" kvinna. Orlando är det kvinnliga resultatet av kulturella tecken; av kläder och av språk – slutligen av en mänsklig lag.

När vi först möter Orlando i Sally Potters film vandrar han som ung man under en ek, läsande, skrivande.

> Det råder ingen tvekan om hans kön, trots det feminina utseende som den tidens unga män eftersträvade. Det råder ingen tvekan om hans

uppfostran: bra mat, utbildning, en dadda, isolering, ensamhet. Och eftersom detta är England, tycktes Orlando förutbestämd att ha sitt porträtt på väggarna och sitt namn i historieböckerna.

På första sidan i Woolfs roman möter vi unge Orlando när han står på en gammal vind och med sitt svärd hugger ner moriska huvuden som hänger från takbjälkarna. Han är man – "även om tidens mode gjorde en del för att dölja det" – och hans framtid är en mans framtid: "från dåd till dåd, från ära till ära, från ämbete till ämbete" ska han vandra, skriver den stolte levnadstecknare som för ordet i romanen. 200 sidor senare tvingas denne dock att konstatera:

> Vi måste stjäla oss litet utrymme för att säga hur upprörande det är för hennes levnadstecknare att själva den kulmen som hela boken rört sig emot, det högtidliga tal som hela boken skulle utmynna i, bara skall viftas bort så där i förbifarten, med ett skratt; men sanningen att säga blir det så när man skriver om en kvinna, allting kommer på fel plats – kulminationer och orationer; tonvikten hamnar aldrig där den skulle ha hamnat om det gällt en man.

Det blåa täckets förväntningar infrias inte, Orlandos vandring kommer inte att gå från dåd till dåd, från ämbete till ämbete. Mitt i sin stolta karriär lägger han sig att sova i sju dagar – och när han vaknar är hon kvinna. De tre gudinnor som har vakat vid hans bädd slänger åt henne en handduk för att skyla hennes pinsamma sanning – ”men den visade sig olyckligtvis vara flera centimeter för kort”.

Orlando är för stor för ett rosa täcke, men krinolinen hon ikläder sig på båten till England visar sig vara en lika god lärarinna i kvinnlighetens skola. Soltält fälls upp, artigheter levereras, eskort till stranden erbjuds – och Orlando niger, fogar sig, smickrar ”den gode mannen på ett sätt hon aldrig skulle ha gjort om hans prydliga knäbyxor varit en kvinnokjortel och hans rock med tränsar varit en kvinnas sidenblus”.

Och när vi väl har tagit på oss det rosa täcket, krinolinen eller den spetsprydda bh:n, då kan vi också vara nakna – nakna som kvinnor. När maskeraden är antagen, lockar demaskeringen. Då börjar jakten på den nakna kvinnan, på den naturlighet som måste döljas under det som skapar drömmen om den. Vid tanken på sin nya roll som kvinna sparkar Orlando

> så otåligt med ena foten att hon visade en tum eller två av sin vad. En sjöman uppe i masten råkade i samma ögonblick titta ner och ryckte till så våldsamt att han tappade fotfästet och lyckades bara med näppe nöd rädda livhanken.

Orlando har blivit sedd, hon har blivit den sköna kvinnan, det sexiga objektet – allt till följd av böljande kjolars tyg över vaderna i stället för det snävt skurna tyget i en byxa. Orlando får lära om, får byta täcke. Krinolinen lär henne att ödmjukt niga inför uppfällda soltält, lär henne att hålla handen på plats och se på världen från sidan, lär henne framförallt detta: att vara kvinnlig är att vara passiv.

> När jag väl satt foten på engelsk mark får jag aldrig mera slå en karl i skallen eller säga att han ljuger som en borstbindare eller dra mitt svärd och genomborra honom eller sitta bland mina adelsbröder eller bära en hertigkrona eller gå i en procession eller döma en man till döden eller leda en armé eller stoltsera på en stridshingst utför Whitehall eller bära sjuttiotvå medaljer på bröstet. Det enda jag kan göra när jag väl satt foten på engelsk mark är att servera te och fråga mina herrar hur de önskar det. 'Använder ni socker? Behagas det mjölk?'

I filmen följer vi med Orlando iklädd jätteklänning på visit i litterär salong, där lärda män knäcker lustigheter inför beundrande värdinna.

> 'Kvinnor har inga begär, de bara koketterar.'
> 'Kvinnor är blott stora barn.'
> 'Men jag anser kvinnan vara ett vackert, romantiskt djur, som ska prydas med pälsverk och fjädrar, pärlor och diamanter.'

’Varje kvinna är en motsägelse. Och de flesta kvinnor saknar karaktär.’
’De närvarande undantagna, naturligtvis.’

Orlando har suttit tyst under de lärda herrarnas konversation. Hennes förväntansfulla leende har dock stelnat i takt med samtalets sanningar. ” ’Oh, damen är upprörd. Och tyst! … Perfekt!’ ”

Krinolinen lär Orlando att längta efter att bli vad Yrsa Stenius i sin bok *Makten och kvinnligheten* kallar ”en vuxen kvinna”, nämligen efter att, med Stenius ord, få ”tillhöra en man”. När Orlando kommer tillbaka till England känner hon tidens krav på en Äkta Kvinna:

> Fastän hennes besvär tycktes utgå från vänster hand, kunde hon känna hur hela hon var förgiftad, tills hon tvingades överväga det mest desperata botemedlet, nämligen att helt och hållet underkasta sig tidsandan och skaffa sig en äkta man.

Orlando köper en ring, dock utan att ännu äga någon make. Hon kämpar mellan ett avvisande och ett accepterade av sin feminitet. En dag rusar hon över hedarna, över kullarna. Hon snubblar och faller i gräset. I ett extatiskt möte med naturen förklarar sig Orlando vara dess brud.

> ’Här vill jag ligga.’ (En fjäder föll på hennes panna.) ’Jag har funnit en krans grönare än lagern.

Min panna skall alltid förbli sval. Här är vilda fåglars fjädrar – ugglans, nattskärrans. Jag skall drömma vilda drömmar. Mina händer skall inte bära någon vigselring', fortsatte hon och drog den av sitt finger. 'Rötterna skall slingra sig kring dem.'

Men när Orlando ligger där i gräset med vrickad fot kommer plötsligt en man ridande över heden:

'Madame', ropade mannen och sprang ur sadeln, 'ni är skadad!'

'Jag är död', svarade hon.

Några minuter senare var de förlovade.

Orlando *förlovar* sig, "tillhör en man", och *dör* med bara sju ords mellanrum. Strax efter hennes förlovning är också den utdragna rättegångsprocess som ska avgöra Orlandos kön färdig för dom – och det är som denna förlovade, med Stenius ord "vuxna kvinna", som Orlando döms till att vara "odiskutabelt, utan varje skymt av tvivel", kvinna. Det är först den Orlando som har en äkta man vid sin sida som av samhället godkänns som äkta vara. Förlovning och död, tillhörande och passivitet, skapar tillsammans den Sanna Kvinnan.

Virginia Woolfs roman *Orlando* är en feministisk bok där kvinnlighet är en förvärvad egenskap och en social erfarenhet, grundad i mänskliga teckensystem, i kläder och i språk. Att vara kvinnlig är att vara behagfull, passiv, klädd i sköna klänningar sydda för att kunna tas av. Romanen blev film i början av nittiotalet, samtidigt som livmoderfeminismens tal om hormoner började bli alltmer högljutt. Filmen är en balansgång på en feministisk lina. Kvinnlighetens biologiska grund dekonstrueras – samtidigt som dess politiska relevans framhävs; kvinnan existerar i sin krinolin och inte i sin livmoder. Kvinnan i krinolinen hade 1928 till uppgift att fråga mannen: "Använder ni socker? Behagas det mjölk?" Kvinnan i Hennes & Mauritz bodies har i dag uppgiften att för en låg lön vårda barn och gamla, att bevara vackra värden i en hård värld, att vara sexig, tillgänglig, att vara moderligt öm. Den i flera betydelser klädda kvinnan existerar – och är än i dag underordnad mannen. Att förneka kvinnan i ett politiskt-feministiskt sammanhang är att vara reaktionär. Att förneka henne som biologiskt bestämd könsvarelse är att vara radikal. Just på detta sätt balanserar Virginia Woolfs Orlando skickligt på feminismens spända lina.

Orlando i postmodernismens garn

Livmoderfeminismens motsats kan sägas vara den poststrukturalistiska "feminism" som varit stark i framförallt Frankrike de senaste åren (de franska teoretikerna vill ofta själva inte kalla sig feminister eftersom ordet där förknippas med ett liberal-borgerligt politiskt synsätt).

Denna feministiska riktning har sett sin främsta uppgift i att upplösa alla begrepp om kvinnlighet. Det är en feminism vars grund varken finns i kvinnors identitet eller i kvinnors erfarenheter. Man har i mindre grad intresserat sig för vad Kvinnan *är* än för vad hon *betyder:* det finns ingen kvinna utanför tolkningarna av henne. Psykoanalytikern och lingvisten Julia Kristevas vägran att överhuvudtaget säga vad en kvinna kan tänkas vara är typisk.

> Att tro att man 'är en kvinna' är nästan lika absurt och obskyrt som att tro att man 'är en man'.
>
> 'Kvinna' förstår jag som någonting som inte kan representeras, någonting som inte sägs, någonting som är bortom begrepp och ideologier.

Den feminism som vill upplösa motsatsen mellan män/manligt och kvinnor/kvinnligt frestas att helt vägra definiera "kvinna", att sätta henne inom citationstecken. Det radikala i ett sådant projekt är uppenbart: vi kan då ta steget bort från allt tal om en evig och naturlig "kvinnlighet", vi kan skaka av oss rosa täcken.

I denna dekonstruktion, upplösning, av "kvinna" och "kvinnlighet" fann den teoretiska feminismen under åttiotalet en bundsförvant i en av decenniets filosofiska strömningar, postmodernismen. En del av postmodernismens kritik riktades mot den syn på subjektet som har varit förhärskande i västerlandet alltsedan upplysningstiden; mot en individ som rationellt och neutralt tror sig vara förmögen att ställa sig i en position bortom makt och språk för att på så sätt logiskt kunna avgöra vad som är sant och falskt; mot ett subjekt som trodde sig till fullo kunna behärska både sig själv och världen. Postmodernismens teoretiker talade om ”ett subjekt i kris”, och feminister påpekade då att detta självklara västerländska ”man” som har styrt världen utifrån en herreposition över sig själv och över andra är just en man, att ”subjektet i kris” är ett manligt sådant.

Med kritiken mot upplysningstänkandet följde ett intresse för det som har undertryckts i denna tradition, det som har marginaliserats och förträngts – och detta fält ”bortom ordningen” kom att kodas som ”kvinnligt”. Men det var inte kvinnor av kött och blod som de postmoderna tänkarna efterlyste, utan ”det kvinnliga” sågs snarare som synonymt med just detta ”undertryckta”, ”frånvarande” och ”marginaliserade”. Så talar till exempel en av postmodernismens förgrundsgestalter, den franske socialfilosofen Jean-François Lyotard, om en ny filosofi, ”en älvornas och kvinnornas filosofi”, karakteriserad av anonymitet, passivitet och masker. Och så talar Jean Baudrillard om kvinnlighet som ”osäkerhetens princip”, om kvinnlighet som ”förförelse” – en förförelse han ser som en närmast revolutionär kraft mot en förtryckande ordning. Kvinnor som kräver självständighet, makt eller erkännande av de politiskt verksamma könsskillnaderna förlorar dock, enligt Baudrillard, denna ”förförelsens makt” genom att de då kommer att agera som upplysnings-män. Så frågan är vad den filosofiska riktning som kunde göra gemensam sak med feminismens vilja att tänka bortom reducerande könsidentiteter hade att göra med ”verkliga” kvinnor, och vad den överhuvudtaget hade med feminism att göra.

Frågan aktualiserar den balansgång som vi finner hos Orlando: det dubbla medvetande som krävs av feminismen för att den på samma gång ska kunna rikta sig mot en önskad framtid, och vara praktiskt nyttig för här och nu levande kvinnor. Vi rör oss på två plan; dels ett *filosofiskt* plan, där Kristevas vägran att överhuvudtaget definiera vad ”kvinna” kan tänkas vara är symptomatisk, dels ett *politiskt* plan, där kvinnor måste leva i den definition som patriarkatet har givit dem, en definition som slingrar sig från tal om en naturlig kvinnlighet till erfarenheter av lägre lön, sämre pension, färre möjligheter till politisk och ekonomisk makt.

På det politiska planet måste det osynliga ”man” som ryms i upplysningsarvets ”människa” bli synligt. Ett sådant synliggörande *förstärker* därmed könsidentiteter – just de låsta identiteter vi ville undkomma. Feminismen blir då en reaktion på upplysningens outtalade syn på människan som man, men det är en reaktion *inom* ett tänkande där människans identitet bestäms av hennes kön. Samtidigt tror vi – i alla fall vissa av oss – att en verklig frigörelse inte ligger i att kvinnor får samma makt som män, utan att könen som namn på förväntningar om egenskaper, beteenden, utseenden etc försvinner, att kön upphör att vara den tolkningsram inom vilken en människa bedöms (en tolkningsram som gäller även då en kvinna inte agerar "kvinnligt" eller en man inte agerar "manligt", vilket blir tydligt i uttryck som "det är stake i henne", eller "han är en riktig kärring", vilket Carin Holmberg noterar i sin avhandling *Det kallas kärlek).*

Om vi då vänder oss till det filosofiska plan som vill en sådan könsupplösning, men samtidigt lever i ett patriarkat, så riskerar vi att ordet "människa" behåller sin nuvarande betydelse av "man". Risken är att vissa av postmodernismens radikala tänkare tänker bort en biologiskt bestämd könsidentitet som enbart metafysik – samtidigt som samhället varje dag lever i enlighet med denna "metafysik". Tänkandet lösgörs från en politisk nivå. Att *inte* definiera kvinnan utifrån en feministisk ståndpunkt innebär då risken att den definition som patriarkatet har givit henne bevaras. Men samtidigt: om det filosofiska planet *inte* frigör sig från det politiska, så blir vi aldrig någonting annat än man *eller* kvinna.

Vi måste alltså försöka leva i det dubbla medvetande som Orlando synliggör: som biologisk varelse behöver jag inte på ett filosofiskt plan vara "kvinnlig" – min biologi gör mig inte till detta – men som politisk samhällsvarelse är jag det likväl: jag får lägre lön, svårare att göra karriär, mina uttalanden bedöms som mindre tungt vägande än mäns etc. Romanen om Orlando visar att det går att definiera kvinnan utan att essentialisera henne, att det går att tro på kvinnoförtryck utan att tro på Kvinnan. Låt vara att Orlandos livmoder inte får några sociala konsekvenser – hennes klänning får det. Låt vara att det inte finns någon naturlig, en gång för alla given kvinnlighet – här och nu finns en sådan, en politisk sådan. Orlando är både lyckad litteratur och finurlig feminism – en verklig dansös med förmåga att vandra även på dagens feministiska lina.

Läppstiftet som blev en pistol

> Upplevelsen av inskränkt frihet är ständigt aktuell för kvinnor. Vi låter bli att vandra ensamma i natten, slår ner blicken och undviker att reta upp män. Det vi kallar feminint beteende är rotat i rädsla. (Helen Zahavi i Tidningen Boken)

> Jägaren blir till byte. Bytet blir jägare. Bödeln döms. Den dömde blir bödel. (Ur Helen Zahavis En jävla helg)

Det ligger en död man nedanför kofångaren på en bil. Skjuten i hjärtat. Rött blod färgar vit skjorta. Han hette Farlan och han sköts av en kvinna som heter Louise. Det sista han gjorde i livet var att försöka våldta en kvinna som heter Thelma. De sista ord han yttrade var: ”Sug min kuk.”

Det ligger en död chefredaktör i en himmelssäng på ett hotellrum. Knullad till döds av en kvinna som heter Susan Street. Han hette Charles Anstey och de sista ord han yttrade i livet var: ”Jag kommer, din slyna.” De första ord hon möter hans död med lyder: ”Jag heter Susan Street och jag är världens yngsta kvinnliga chefredaktör.”

Det ligger en död man på en mörk bakgård. Skjuten i magen av en kvinna som heter Bella. Det sista han gjorde i livet var att tillsammans med två kolleger försöka våldta denna kvinna. De sista ord han yttrade var: "Nu ska du få tre börshajar innanför trosorna." Men alldeles, alldeles innan han dog lärde han sig någonting nytt: "De såg på varandra, den lille och den lugna. En sådan allvetande blick de utväxlade. En blick full av förvåning över hur det kan gå. Jägaren blir till byte. Bytet blir jägare. Bödeln döms. Den dömde blir bödel."

Dödade män, dödande kvinnor; när åttiotal blev nittiotal började dessa nya huvudpersoner dyka upp i kvinnliga författares romaner och filmer. De fyllde vita boksidor och filmdukar med vapen, blod och hämnd. De lärde sig att skjuta skarpt utan att darra på hand. De blev vinnare i en värld som dömt dem till att vara förlorare. De var kvinnor som rustade sig – och rustade sig hårt. Vi möter dem i filmen *Thelma & Louise,* regisserad av Ridley Scott och med manus av Callie Khouri, i romaner som Julie Burchills *Ambition,* Helen Zahavis *En jävla helg,* och Louise Boije af Gennäs *Ta vad man vill ha.*

Ibland har denna nya litterära och filmiska våldstendens kallats ninjafeminism, och feminister är dessa kvinnor om vi med det menar en medvetenhet om att kvinnor är förtryckta och en vilja att förändra detta. Men om vi med feminism menar en vilja att förändra inte bara vem som är förtryckt av vem, utan även själva den ordning som är uppbyggd av förtryckare och förtryckta, så kan inte dessa våldsamma kvinnor överhuvudtaget kallas för feminister.

I *Thelma & Louise,* i *En jävla helg,* i *Ambition* och i *Ta vad man vill ha* finns mellan raderna en grundläggande misstro mot det moderna samhället, målas en mycket mörk bild av vår samtid och av möjligheterna att förändra denna på något genomgripande sätt. Om vi tar fasta på kvinnornas *handlingar* i böckerna och i filmerna, så är ninjafeminism ett träffande namn, men om vi tar fasta på den *samhällssyn* och den *tankemodell* som kvinnorna utgår från, så vore *cynismfeminism* ett bättre namn. Kvinnorna vi talar om är litterära skapelser och deras feminism lever än så länge blott i illusionens värld. Likväl vill jag läsa denna ninjafeminism som en cynismfeminism som säger något både om vår tid och om könens positioner i denna tid.

I Helen Zahavis roman *Dirty Weekend,* i svensk översättning *En jävla helg,* står på sidan 50 de sex grundläggande ord som bygger denna text: ”mördare eller offer, slaktare eller lamm”. Det är denna metafor – som samtidigt är en komprimerad samhällsanalys – som motiverar romanens huvudperson Bella att handla som hon gör. Zahavi gestaltar i *En jävla helg* en hierarkisk ordning av äta eller ätas, vinna eller försvinna. Bella accepterar denna samtidens hårda moral, men hon vägrar *sin* position i den, vägrar den roll hon i egenskap av kvinna redan sägs vara tilldelad: offrets, lammets, förlorarens. Med djungelns lag som legitim vapenlicens skaffar hon sig en pistol –

och med den följer makt, följer nya mer attraktiva roller: bödelns, slaktarens, vinnarens.

I Scotts och Khouris film kör Thelma och Louise omkring i sin öppna Thunderbird på vägar som tydligt är ritade av män och där en kvinnas version av kartan definitivt inte blir hörsammad. ”Vi lever inte i en sån värld”, säger Louise när Thelma vill att de ska berätta för samhällets stöttepelare, polis och domstol, att de har skjutit en man i självförsvar. Vi lever inte i en värld där en kvinna som är ”skittrött på att vara sansad”, som Thelma uttrycker det, kan ta sig en whisky på en bar och dansa med en kille, bli för full och följa med mannen ut i friska luften – och sedan hävda att denne man sköts i självförsvar när han försökte våldta henne. ”Det kommer att heta att jag bad om det”, inser även Thelma till slut. En annan sanning saknar möjlighet att vinna gehör – och Thelma och Louise kör rakt ut över Grand Canyon med händerna tätt sammanflätade och en hord av poliser bakom sig och i luften. Så ser världen ut i denna film – och den är inte vacker.

Devisen till Julie Burchills roman *Ambition,* på baksidestexten lanserad som ”flammande nittiotalsfeminism”, lyder: ”Ingenting gör ont när man vinner.” Och vinner gör man här genom att bäst se igenom den yta som är världen och människorna – inte för att där hitta ett djup, utan blott för att på så sätt vinna fördelar genom en total illusionslöshet. Huvudpersonen i *Ambition,* journalisten Susan Street, har sett igenom allt, lämnat all oskuldsfull tro och anammat cynismen som livsstil. Hon kan inte ens uttala ordet *omoralisk:* ”Ordet låg inte riktigt rätt på tungan, det var som om hon sutte i skolbänken igen och hackade på dålig franska.”

Även i Louise Boije af Gennäs roman *Ta vad man vill ha* är världen ett konstruerat drama, där varje replik och varje handling har en undertext som strider mot ytans. Den mänskliga samvaron går ut på att läsa mellan raderna, att dechiffrera koder. Inget är vad det synes vara – och den vinner som bäst läser genom texten. Det är tillvaron som spel, som yta, som falskhet. Hjältinnan i *Ta vad man vill ha* delar moral med Bella i *En jävla helg:* ”Det var bara när man hotade eller var svåråtkomlig som folk ville lyda och behaga. Vänlighet och välvilja födde förakt. Åtminstone i nittionio fall av hundra.”

Den litterära och filmiska ninjafeminismen utspelar sig i en samtid kännetecknad av förakt för svaghet. Den skapar en polär värld av att äta eller ätas. Den målar modernitetens landskap i djungelns färger, med djungelns lag som ledstjärna. Om någon tror på rättvisa, godhet eller snällhet ljuder ständigt Louises replik som en varning mot naiviteten: ”Världen är inte sådan.” Nej, världen är inte sådan och det är inte dessa kvinnors uppgift att rädda den. Här handlar det inte om att förändra – här handlar det blott om att överleva.

Ninjafeminismen eller, om vi fokuserar på den värld den ser och utgår från, cynismfeminismen, framträder i en tid när vi hör att ideologierna är döda, när den utopi som bar sextio- och sjuttiotalens politiska rörelser definitivt har havererat, när blotta tanken på en förverkligad utopi känns farlig, visade sig kräva för många krossade ägg för att omeletten skulle vara aptitlig. Nu är inte tid att drömma, nu är tid att klara sig. Cynismfeminismen delar sin negativa syn på den moderna kulturen med bland andra livmoderfeminismen – men presenterar ingen utväg, tror inte på några kvinnliga värden, äger inga altruistiska kvinnohormoner, drömmer inte om en naturlig ordning där kvinnans speciella väsen skulle kunna blomstra.

Att skjuta sig bort från kvinnokroppen

De cynismfeministiska hjältinnorna agerar ut en manligt kodad aggressivitet, men deras historia börjar i den djupaste kvinnliga erfarenheten: att vara kvinna är att vara kropp, att vara en tillgänglig och begärd kropp, ett objekt.

Bellas historia börjar på samma sätt som kvinnan Orlandos historia gjorde, i en mans blickar: en man ”iakttog henne från sitt fönster”, en man ”besåg och begärde där han stod vid sitt fönster”. Bella är kropp, hon är begärd, hon är kvinna – ett kön som i *En jävla helg* är synonymt med ofrihet. Bella kan inte sova för öppet fönster i sin källarlägenhet i Brighton för hon är rädd för en man som ringer snuskiga samtal på telefon och talar om vad han vill använda hennes kropp till. Hon kan inte sitta i fred på en parkbänk, inte ta ensamma promenader på stranden. Hon är ”slagen i bojor” – och hennes fängelse har formen av den kvinnokropp vår kultur ser som det ultimata objektet.

När Bella på romanens första sida vaknar en morgon och har ”fått nog” är det av att vara kropp som hon har fått nog. Hon vill utplåna smärtan och Helen Zahavi försäkrar att det finns ”ett anständigt sätt” att göra detta på: att ta sitt liv, att göra slut på den kropp som smärtan bebor. ”Hon kunde ha gjort som anständigt folk gör. Hon kunde ha fyllt sin mjukt rundade mage med sömntabletter eller med frisk uppgivenhet kastat sig ut från taket på ett höghus.” När Zahavi beskriver ”det anständiga sättet” att möta smärtan på står den lockande kvinnokroppen i centrum. Hon skriver: ”Blotta tanken på att skära i blek, genomskinlig hud eller placera sina lockande former på London-Brighton-spåret eller hänga i taket med en elsladd om halsen (är hon inte elegant, frappant, dansant?) räckte nästan för att få hennes slutmuskel att tappa greppet.” Att ”hänga i taket med en elsladd om halsen” lockar Zahavis prosa till att använda samma adjektiv som Elles reportage om den sköna kvinnan: elegant och frappant i sin kroppslighet. Bella kunde ha varit anständig. Hon kunde ha varit kvinnlig. Hon kunde ha varit död.

Men just när Bella är som mest kvinnlig, just när hon är den begärda kroppen, upphör hon att vara sitt kön. Just då griper hon till vapen för att göra mannen till det yttersta objektet, det döda. Subjekt blir objekt och objekt blir subjekt i den nya grammatik som är ninjafeminismens. Bella flyr sin kvinnokropps psykiska motsvarighet, flyr de skuggor som är kvinnlighetens: passiviteten, artigheten, mjukheten. Hon rustar sig med ett manligt attribut, en hammare, som får krossa den inträngande mannens huvud. "Som att krossa ett ägg med en tesked" lyder hennes måltidsmetafor.

Även Thelmas och Louises resa har sin upprinnelse i en kvinnlig erfarenhet av kroppslighet. När Thelma dansar med en man som vet vad man gör med en kvinnokropp, knullar den och, om den säger nej, våldtar den, tar hennes väninna upp en pistol ur handväskan och skjuter mannen i hjärtat.

Ursprunget till ninjafeministernas "okvinnliga" beteende finns alltså i den kvinnliga kroppen, något som även omslagen till romanerna illustrerar. På *En jävla helg* sitter en kvinna endast iklädd en symbol för kvinnlig sexighet, genomskinliga stay-ups, och siktar på åskådaren med en liten svart pistol. På *Ambitions* omslag står en kvinna iklädd "den lilla svarta", urringad och snäv över svarta strumpbyxor, med foten på sitt byte: ett antal tidningar, hennes arbete, som hon har mördat sig fram till. *Ta vad man vill ha* har på sin framsida ett foto av en ansiktslös kvinna i tajt linne över tydligt avtecknade bröst med bokens titel påtryckt.

Även män upphör i filmen och i romanerna att vara män just när de är som manligast och den begärande kroppen tvingas plötsligt att ta offrets position. I *En jävla helg* heter det:

Om man hittar en tyst kvinna att fantisera om och man smeker sitt svällande skrev medan man viskar slippriga oanständigheter i luren. Om man följer efter henne på gatan och ser hur hon krymper ihop och det får en att känna sig som en man.

Och man ifrågasätter ingenting, tvekar inte, man tar det bara för givet. Man har en pitt och pitten är kung.

Men plötsligt, förfärande, avskyvärt, öppnar hon sin äckliga mun och viskar äckliga ord. Och det stämmer ju inte, så skulle det inte vara. Det var inte så här man hade drömt om att det skulle bli. Man är inte ens säker på att man vill vara med längre, om det ska bli så här.

När kvinnor har en pistol i stället för ett läppstift i handväskan vänds spelet ut och in, vänds hierarkier upp och ner: vem är det nu som är kung, vem är det nu som äger fallos? Vem är nu man, vem är nu kvinna? Kom ihåg Bellas och den lille våldtäktsbenägne mannens blick: "En blick full av förvåning över hur det kan gå. Jägaren blir till byte. Bytet blir jägare. Bödeln döms. Den dömde blir bödel." Bella dödar män med hammare, pistol, stilett och bil – det är manlighetens symboliska attribut som männen själva plötsligt blir skadade av.

I *Thelma & Louise* sker ett slags kastration av en manlighet som inte är häftad vid penis, utan vid dess kulturella förlängning. Framför en jättelastbil faller en man i smutsiga jeans på knä då hela hans enorma fallos brinner, skjuten sönder och samman av två kvinnor som han kallade fittor och frågade om de var ”sugna på en stor kuk”. En annan man låses in i bakluckan på sin bil. En tredje blir skjuten på en parkeringsplats och faller ned död framför en kofångare.

Vi ser hur kvinnlighet även i cynismfeminismen knyts till kroppslighet, men här är inte, som hos livmoderfeminismen, den biologiska kroppen ett givet facit till kvinnlighetens text – utan synen på kvinnan som kropp är möjlig att bryta. Könen blir då i stället namnen på två olika positioner, där kvinnlighet är synonymt med ofrihet, maktlöshet och, på grund av den mycket hårda världssynen, helt enkelt en vapenlös position – medan manlighet är frihet, makt och vapen. Helen Zahavi säger i en intervju i Tidningen Boken att ”upplevelsen av inskränkt frihet är ständigt aktuell för kvinnor. Vi låter bli att vandra ensamma i natten, slår ner blicken och undviker att reta upp män. Det vi kallar feminint beteende är rotat i rädsla”. Om kvinnlighetens rot heter rädsla och inte livmoder finns ett sätt att undkomma den; köp en pistol i stället för ett läppstift och kvinnlighet byts mot manlighet, rädsla byts mot styrka. När den kvinnliga erfarenheten av att vara tillgänglig kropp i det offentliga rummet avvisas återstår i cynismfeministernas värld blott en annan väg: den ”manliga” aggressionens. Här gives inga alternativ, här finnes inget tredje. Det är en extremt polär värld, men vem som återfinns vid vilken pol är möjligt att förändra.

Thelma och Louise, och oftast även Bella, önskar träda

ur sin påklädda kvinnlighet. När Louise på grund av Thelmas älskare har förlorat alla sina pengar och sitter ensam i deras bil plockar hon närmast mekaniskt fram ett läppstift ur handväskan, men när hon möter sin spegelbild i bilens backspegel slänger hon med en uppgiven gest bort det igen. Kvinnlighetens maskerad är över.

Hjältinnorna i *Ta vad man vill ha* och *Ambition* har dock en annan strategi: de fortsätter att anta inbjudan till maskeraden. I *Ta vad man vill ha* blir kvinnligheten som en påmålad mask uppenbar. Där förvandlas under en kväll två kvinnor till hela tio kvinnor. På krogarnas damtoaletter skulpterar de fram den kvinna som för just den krogens aktuella män bör ha störst chans att locka en penningstinn prins – målet för dessa hjältinnor. Kvinnligheten tas av och på likt den mask den är. Mascara, rouge, frisyrer och voilà: kvinnan är här, gränslös i sina uppenbarelser. Maskeraden pågår, föreställningen kan börja, allt är performance.

Så satte jag igång med Ebbs förvandlingsnummer. Det tog inte mindre än en kvart att fixa till henne, alla nervösa ryckningar, fnissanden, blinkningar och ifrågasättanden från Ebb inberäknade. Men när jag var färdig såg hon faktiskt ut som en liten prinsessa. Jag hade dragit bort en del av håret från ansiktet på henne och fäst ihop det med ett band bakpå huvudet i en sån där frissa som småflickor hade i skolan. Effekten var överraskande positiv; hela Ebbs korkade uppsyn tycktes med ens förklarad som ren och skär oskuldsfullhet. Grosshandlarna skulle få argstake av ren och oförfalskad lust att sätta tänderna i hennes renhet, göra spår i snön så att säja. Hon var perfekt för miljön.

’Ebb, titta hit’, sa jag, och hon vände sig lydigt mot mig. Jag slet av henne hårsnodden, tog hela handen full av hennes hår och fäste om det i en stor tofs på huvudet i stället för den lilla snälla hon haft förut. Så fiskade jag upp min kajalpenna och drog ett par tjocka streck under hennes ögon.

’Aj!’ pep Ebb.

’Lugn, bara lugn’, sa jag, ’du kommer att se ut som nattens drottning.’

Och det blev verkligen ganska effektfullt. Lite vitt läppstift bara, och hon såg ut som sin egen sorgtyngda lillasyster med oändligt ödsliga blå ögon som blickade fram ur allt det svarta ovanför två skidbacksvita kurvor till mun. Det låg ljusår mellan denna Ebb och hotellprinsessan, och det var precis det avstånd vi behövde.

Nu var det en klassisk look som gällde. Ett jämnt lager puder i hela ansiktet, lite mörkröd rouge på kinderna, svag men jämn eyeliner under ögat, lite ljusblå penna innanför ögonlockslinjen, och så mascara. Jag borstade igenom mitt hår noggsamt, och när jag slängde tillbaka huvudet såg jag faktiskt ut som den nya kvinna jag tänkte utge mig för.

Susans cyniska väninna i *Ambition* har ett valspråk: "Pluta med munnen – halva segern vunnen" – samma budskap som från alla spridare av kvinnlighetens lära. Kom ihåg de förförande orden i Elle: "Vi som är kvinnor på 90-talet låter det som komma skall börja redan i badrummet några timmar innan vi ska träffa vår man. En kvinna som har fått rå om sig själv kan bry sig om någon annan också. Vilken man skulle inte älska henne?" Elle stannar vid bröllopsklockors klang; en kvinna som har fått en man har fått vad hon vill ha. I *Ambition* och i *Ta vad man vill ha* är det dock ett annat ljud som lockar: det mjuka prasslet från sedlar. Maktens lockande toner. Kvinnlighetens mask fortsätter att vara fiskarinnans bete – men vad man önskar ska fastna på kroken är inte lika säkert när cynismfeminister läser veckopress.

Julie Burchills huvudperson i *Ambition,* Susan, använder samma ord som modepressen, men betydelserna är något förvridna; när hon talar om "årets modedetalj" och "ett måste för varje smart flicka" är det inte de höga lackskorna eller den lilla svarta hon åsyftar, utan en lapp med telefonnumret till "en man som drevs av sin längtan att utplåna" den chef som Susan har att lyda. Hon får dock aldrig användning för denna "årets modedetalj", utan Susan mördar själv sin chef för att på så sätt ta över hans ställning. Hon dödar honom på ett hotellrum, blott iklädd en svart teddy. Detta plagg, som lanserar kvinnan som kropp, blir här ett mordvapen, som sägs bära ”minst två tredjedelar av skulden” till herr chefen Charles Ansteys tidiga bortgång. Mode har blivit mord.

Även Bella i *En jävla helg* klär vid ett tillfälle på sig sin kvinnlighet i syfte att locka en man som inför all denna fägring erbjuds möjligheten att känna sig som en hel karl.

> Hon hade filat och smort in och masserat mjukt. Hon hade pudrat och skuggat och lyft fram. Hon hade målat sig, förvandlat sig, förnyat sig tills hon motsvarade deras brunstigaste fantasier. En mörkögd siren ur djupen. Deras drömmars Lilith.

Under denna kvinnlighetens mask döljs dock ingen kvinna: där finns Bella, Bella med nyköpt fallos i handväskan – och kvällens älskog slutar med mord. ”Reglerna har ändrats och ingen har talat om det för dig”, är kvinnans avskedsord till den begärande mannen där han sitter bunden och död på en stol i sitt hotellrum. Den maskerade kvinnligheten blir här inträdesbiljetten till modeshowen.

Den kvinnliga maskeraden blir en livsfarlig föreställning för män att beträda när kvinnornas inre inte motsvarar deras yttre hölje. Och den blir lika livsfarlig för kvinnor att beträda när de tror motsatsen, när de tror att masken motsvarar själen, när de ser sig som en mental förlängning av den kvinnliga näringsprincip som Kerstin Uvnäs Moberg talade om: altruistiska, känsliga och mjuka – ord som enligt Bella blott leder till att man utnyttjas. ”Hennes snällhet hade alltid varit ett fördärv för henne. Folk utnyttjar en om man är snäll. De slår en på munnen med klacken på skon. De tror de kan göra vad som helst eftersom de vet hur snäll man är.”

När världen ses som en kamp mellan svaga och starka, som i *En jävla helg* och i *Thelma & Louise,* blir kvinnligheten främst ett hinder som kan forceras genom att man skaffar sig vapnens makt och förvandlar andras rädsla till egen seger. När världen ses som ett cyniskt falskspel, som i *Ta vad man vill ha* och i *Ambition,* kan kvinnligheten utnyttjas för att just ta det man vill ha: den makt, de pengar och de arbeten som männen annars ockuperar.

Dessa kvinnor har dock det gemensamt att det inte finns någonting som kan kallas onaturligt för dem. Om Bella med vapen i hand heter det i *En jävla helg:* ”Hon var en naturbegåvning. Det föll sig naturligt för henne. Det var som att andas frisk luft. Hon gjorde det hon var skapt till. Det var härligt.” När Thelma har rånat en butik berättar hon efteråt för Louise: ”Du skulle ha sett mig. Det var som om jag inte hade gjort någonting annat”, och när hon har hotat en polis med pistol och fått honom inlåst i hans bils bagagelucka konstaterar hon att ”Det verkar som om jag har fallenhet för det här”. När Susan i *Ambition* har dödat sin chef ser hon sig i spegeln och är helt medveten om det kvinnligas karaktär av yta: ”Tankarna var en hallicks, men spegeln reflekterade en callgirl.” Hjältinnan i *Ta vad man vill ha* är ingenting annat än en stor aktris med möjlighet att ta på sig den kvinna hon för tillfället finner lämpligast – någon kärna äger hon inte:

> 'Rööker du?' sa Charlie förvånat och långsamt, med en tydlig, sårad underton.
>
> Han försökte bestämma sig för om jag hade lurat honom på något eller om han skulle ta cigaretten som bevis för att jag var en liten kåt jävel innerst inne, en naturbegåvning under den oskyldiga ytan. Jag beslöt åt honom, det senare.

Kön som imitation

Cynismfeminismen lanserar ingen könsidentitet bortom *uttrycken* för kön; vilket uttryck du använder, vilken handling du utför, avgör vilket kön du blir eller, rättare, vilken könad position du hamnar i, den frias eller den ofrias, den starkas eller den svagas. Könen blir inte namn på identiteter eller väsen utan just på positioner. Handlingen går alltså före den som handlar; handlingen avgör den handlades "kön" (position). Den amerikanska feministen Judith Butler har utvecklat en teori om hur kön skapas just genom att handlingar föregår handlande subjekt. Butler menar att vår identitet som kvinna eller som man skapas *performativt,* av de handlingar vi utför. Vi blir kvinnor genom att bete oss, röra oss, tala, klä oss på det sätt som kvinnor förväntas göra. Vi blir kvinnor genom att följa de koder som kulturen har skapat för kvinnlighet. I stället för att se våra handlingar som ett resultat av vår könsidentitet, ser Butler vår könsidentitet som ett resultat av våra handlingar.

Butlers tankegång tycks ha sin utgångspunkt i filosofen Paul Austins tidiga teori om *performativa yttranden*. Kännetecknet för ett performativt yttrande är att själva yttrandet skapar en handling: orden *är* handlingen, de *beskriver* inte en handling eller ett tillstånd. Så fungerar till exempel ett löfte; genom att lova någonting utför man samtidigt en handling. Vi kan jämföra det performativa yttrandet ”jag lovar att ge dig en katt” med det beskrivande yttrandet ”katten sitter på bordet”; de första orden är i sig en handling – de sistnämnda är blott en beskrivning av ett faktum. Exempel på performativa yttranden är också meningar som ”härmed förklarar jag er vara man och hustru”, och ”härmed döper jag detta skepp till Aurora”. Dessa ord är inte en beskrivning, utan de är en handling, och genom att överhuvudtaget uttala orden skapar man ett faktum. För att ett performativt yttrande ska fungera måste kontexten vara den rätta: om jag säger till mina två katter ”härmed förklarar jag er vara man och hustru”, så har jag inte skapat ett faktum – blott missförstått språket. För att det performativa yttrandet ska lyckas, ska bli en handling som skapar ett faktum, måste det vila på historiska konventioner; vem som helst kan inte var som helst förklara några för att vara man och hustru, eller döpa ett skepp.

Performativa yttranden har makt att förändra verkligheten. Om en präst i en kyrka förklarar en man och en kvinna för att vara man och hustru, *blir* dessa två människor ett gift par. De kommer att uppfatta sig själva som gifta, andra kommer att agera mot dem som vore de gifta; orden har förändrat – inte beskrivit. Men denna förändring bygger inte på själva orden, utan på hur andra tolkar dem. Om människor inte trodde på att äktenskap ingås genom att en präst uttalar vissa ord i en kyrka så skulle inte heller det vigda paret uppfattas som gift – och de skulle därför inte heller vara det. Judith Butler skriver: ”Recitationens makt bygger inte på en individs *avsikt,* utan är resultatet av historiska språkliga konventioner.” Performativa yttranden är ett slags citat, ett slags repetition av en kod som har kommit att uppfattas som giltig.

Kön kan alltså enligt Butler ses som performativa *handlingar,* som repetitioner eller imitationer av koder för kön. Genom att agera ”kvinnligt” uttrycker vi inte en kvinnlighet som finns *före* uttrycket för den, utan kvinnligheten *skapas* genom vårt sätt att agera. Men när vi blir kvinnor genom att handla ”kvinnligt” måste vi anamma en historisk förståelse för vad det är att vara ”kvinnlig” om vår handling, det vill säga vårt kön, ska tolkas rätt. Individens *avsikt* med sitt handlande är mindre viktig än den historiska *tolkningen* av den. Jag kan inte säga ”min avsikt med att snusa är att vara kvinnlig” ty ett sådant handlande uppfattas inte av andra människor som förenligt med den historiska koden för kvinnlighet. I förlängningen av Butlers tankar om kön som resultat av vissa handlingar, ligger därför ett erkännande av att könen bara lever i ett samhälle.

Om kön på detta sätt är repeterade handlingar, så blir en kvinna som repeterar en mans handlingar också den enda man som finns: den kulturellt skapade mannen med sin kulturellt skapade manlighet. En manlig identitet kommer då att utspela sig i en kvinnlig kropp – men alla dessa ord, "manlig", "identitet" och "kvinnlig", måste vi då sätta citationstecken runt och uppfatta på ett annat sätt än vad vi normalt gör. Kön blir inte en identitet och identitet blir inte ett kön. Samtidigt som kvinnlighet i *En jävla helg* och i *Thelma & Louise* blir liktydigt med utsatthet och ofrihet, blir den en könad *position* möjlig att överge. Att sådana könsbyten är möjliga beror naturligtvis på att könens respektive handlingar här utförs i ett litterärt universum. I verkligheten kan en kvinna inta en manlig position, men aldrig göra det som *vore* hon man, ty vår patriarkala tolkningsram bedömer och tolkar samma handling olika beroende på om det är en man eller en kvinna som utför den. Att skapa sitt kön performativt innebär att man citerar, och använder sig av, en kod för kön – en kod som enbart är begriplig i en historisk kontext, inom en tolkningsram.

Lika tydligt som att Louise är trött på att härma en kvinna som härmar Kvinnan när hon slänger sitt läppstift, lika tydligt härmar Thelma en man som härmar en man när hon rånar en butik med repliker som ordagrant lyder som hennes älskares har gjort när han på ett hotellrum härmade sig själv som rånare. Den äkta kvinnan med sin naturliga kvinnlighet är precis som den äkte mannen med sin naturliga manlighet en imitation av Kvinnan och Mannen – och dessa står i sin tur aldrig att finna. Kopiorna lever men originalen existerar inte. Såsom Jean-Paul Sartre en gång såg en servitör *leka* servitör genom att anamma vissa gester och ett visst beteende, *leker* kvinnan Kvinna – eller upphör att leka det för att börja en ny lek: kvinnan som leker Man. Om servitören och Sartre skriver Arne Grøn i *Vår tids filosofi:*

> Han leker *att vara* servitör, eller han leker *för* att vara det. Han kan inte oförmedlat vara servitör som detta glas framför mig är ett glas. Han föreställer sig att vara servitör, men är just därigenom åtskild från det: han är det inte rätt och slätt, utan han måste spela det. Han är vad han är på ett sådant sätt att han likväl inte är det.

Vi kan byta ut ordet servitör i citatet mot ordet kvinna eller ordet man och få en bruksanvisning till könens maskerad. Cynismfeministerna är dock kvinnor som härmar Mannen, och kanske upprör det oss mer än kvinnor som härmar Kvinnan? Maria Bergom Larsson skriver i en artikel i Aftonbladet apropå slutscenen i *Thelma & Louise:*

> För kvinnan leder den manliga vägen så uppenbart till undergång. Klämda som mellan två sköldar, det massiva manliga våldet i form av en hel poliskår med k-pistar och jeepar å den ena sidan och den frivilliga döden å den andra, väljer de

den senare och kör över stupet med sin bil. Så ser alltså frihetsresans slutstation ut. Inte liknar det en hemkomst! Då kvinnorna imiterar det manliga frihetsidealet leder det käppraktat åt helvete.

Frågan är vilket som är problemet: att kvinnor svarar patriarkatets förtryck genom att härma män, eller att män härmar en manlighet som har löpt amok. I dag uppmanas likväl män att bättre härma Mannen. Man talar om en "manlighet i kris" – männen vet inte längre om Mannen verkligen behövs. Den nya mansrörelsen, med inspiration från bland andra Robert Bly, lär män att åka ut i skogen för att finna Krigaren och Vilden inom sig. Detta är en tydlig uppmaning till män att härma Mannen – originalet som inte existerar.

När Judith Butler diskuterar könsidentiteter som en fråga om imitation, finner hon där ett frö till förändring. Vi blir kvinnor genom att härma Kvinnan, härma ett original som inte existerar, och därför finns i själva skapandet av kön ständigt en möjlighet att "göra fel", att härma fel. Vi kämpar för att vara den "naturliga Kvinnan" – men misslyckas ständigt, och själva vårt misslyckande gör att föreställningen om ett naturligt original, en naturlig Kvinna, avslöjar sig som just en föreställning, en omöjlighet. Helen Andersson, doktorand i teologi vid Lunds universitet, summerar Butlers tankar i en artikel i Aktuellt om kvinnoforskning: "Det kulturella kravet att 'bli' eller 'vara' ett givet kön skapar med nödvändighet inkonsekventa gestaltningar som utmanar och överskrider detta krav." Butler förespråkar alltså ett slags misslyckandets revolution; ju sämre vi härmar, desto tydligare blir könens karaktär av konstruktion och desto närmre står vi en upplösning av dikotomin man – kvinna.

Men glömmer inte Butler att ta hänsyn till vikten av *vad* vi härmar? När män härmar den "naturligt" aggressive Mannen blir resultaten kanske mer förödande än när kvinnor härmar den "naturligt" fredliga Kvinnan? Och när *kvinnor* i stället härmar den "naturligt" aggressive Mannen blir vi oroliga – vem ska nu ta "de svagas parti, de misslyckades och de brokigas", som Maria Bergom Larsson frågade sig? Om kvinnor härmar Mannen, som cynismfeministerna gör, blottas visserligen den "naturligt" altruistiska Kvinnan som en konstruktion utan äkta kärna – liksom om män härmar den "naturligt" fredliga Kvinnan. Detta avslöjande kan vara gott nog vad gäller upplösandet av "naturliga könsidentiteter". Men om vi har byggt en värld där bara de överlever som, oavsett anatomiska genitalier, härmar Mannen, vart tar då mjukheten vägen? Och kanske är Butler alltför optimistisk när det gäller konsekvenserna av att vi "härmar fel", ty frågan är om vi verkligen främst ser "felen" i imitationerna, eller blott förstärker bestämda könsroller. En kvinna som härmar Mannen ser vi lätt som "onaturlig", som "fel", men en kvinna som härmar Kvinnan måste nog härma med stor överdrift för att vi ska se "felet" i hennes imitation. Vem använder till exempel Lisa Ekdahl, som "bara vill sitta här med benen i kors för att du sitter bredvid förstås", som argument för att könen inte är naturliga, utan blott imitationer?

Män/manligt och kvinnor/kvinnligt är namn på de två positioner som bygger cynismfeminismens världsbild, och de är synonyma med bödel och offer. Kön blir så en politisk och kulturell tolkning av kroppen. När män ser en kvinnokropp ser de svaghet, men om denna kvinnokropp har skaffat sig en pistol hamnar den traditionellt riktiga tolkningen helt fel – och männen dör som bedragna kroppstolkare, som inkompetenta läsare av en text som bytt facit, något som de sista meningarna i *En jävla helg* varnar för:

> Om du ser en kvinna på väg hem, en som går på lätta fötter, om du ser en kvinna flyta fram längs gatan. Och du vill bryta hennes sköra ben, och höra henne hopplöst vädja. Om du vill känna svedan i det skära skinnet och smaka blodet från den spända huden.
>
> Om du, med andra ord, får syn på henne och vill ha henne.
>
> Tänk dig för. Rör henne inte. Låt henne bara gå förbi. Lägg inte din handflata över hennes mun och dra inte ner henne på marken.
>
> För utan att veta det, utan att tänka dig för, utan att ha en aning om det, kan du ha lagt din tunga hand på Bella. Och det kan hända att hon just den morgonen vaknade och visste att hon fått nog.

Bellas skapare, Helen Zahavi, säger att ”Bella gör allt det som är förbjudet”. Kanske är hennes största förbudsbrott detta att hon vägrar bli ett kulturellt läsbart tecken, att hon som anatomisk kvinna så uppenbart härmar fel (icke-existerande) original, att hon inte materialiserar sig själv i lydnad efter det rosa täckets önskningar.

Bella, Thelma och Louise upplever alla ett slags eufori vid sina våldsamma handlingar; är det lyckan över att slippa vara kvinna i en värld där detta är synonymt med offer, lyckan över att inte vara dömd till den position du föddes till? Även de förnedrade männen upptäcker att deras kön inte var evigt, men för dem är det en fruktansvärd insikt – de som tillhörde det starka könet, det otäcka könet. Detta den råa styrkans privilegium som är manlighetens yttersta livboj tas ifrån honom på ett synnerligen brutalt sätt, och med hans egna ”naturliga” medel; med aggressivitet och styrka.

För cynismfeministerna är den direkta fienden mannen, antingen på grund av hans begär efter deras kroppar, hans fysiska styrka, hans rätt att tolka lagen eller på grund av hans ”naturliga” närhet till de pengar, de jobb och den makt dessa kvinnor vill ha. Men på ett annat plan fortsätter mannen att vara hjälte, då kvinnorna använder hans traditionella metoder: våld, makthunger, utnyttjande. Manligheten är dock inget ideal, ingen förebild – den är blott en nödvändighet i en kall värld, och vid nödvändigheten stannar cynismfeminismen. Vad som skapar mannens ”ondska” – som alltså även blir kvinnans – diskuteras inte. Detta är direktfeminism på samma sätt som Greenpeaces aktioner är direktpolitik. Detta är våldets och hämndens ingenjörskonst: som nyutexaminerade kirurger dyker kvinnorna upp och snittar bort de värsta varbölderna ur samhällskroppen, utan att bry sig om vare sig symptomens härkomst eller att de själva bär smittan vidare; skräck ska med skräck mötas – men nu ska du vara rädd för mig och inte jag för dig.

Det offentliga rummets kvinnokamp

Cynismfeminismen utspelar sig i en tydlig samtid, i modernitetens landskap: i stora städer, i skyskrapor, i flygplan, på motorvägar, på diskotek, på tidningsredaktioner. Kvinnorna har tagit steget ut i det offentliga rum som är det sena 1900-talets. Kampen gäller inte längre rätten till *Ett eget rum,* som en essä av Virginia Woolf från 1925 heter, utan rätten till rörelsefrihet i det rum som var tänkt att vara allas – men som aldrig blev det. Varje kvinna som bor i, eller reser till, en större stad har erfarit känslan av utsatthet då hon vandrar ensam på gator och torg, upplevelsen av att inte kunna röra sig fritt, av att slå ner blicken för att inte ”uppmuntra” främmande män, av att inte få le mot människor hon inte känner. De cynismfeministiska hjältinnorna gör anspråk på just detta urbana rum, på att självklart få äga det rum som de tidigare har beträtt med rädsla – dessa kvinnor vill staden. Louise Boije af Gennäs hjältinna sägs ha ”asfalt i stället för blod i ådrorna”, Burchills Susan ”älskade staden, hon behövde staden, hon *tillhörde* staden”. Men staden vill inte kvinnorna, staden gör dem till villebråd: ”Lika försvarslös som en oinplastad gräddbakelse var för varenda smittbärande flugpojke i skyltfönstret, och Susan var det också på gatorna, kontoren och tunnelbanan i den stora staden.” Modernitetens scen är hård och obeveklig, dess värld är våldets och cynismens.

I *En jävla helg* och i *Thelma & Louise* gäller det att sparka eller bli sparkad på, i *Ta vad man vill ha* och i *Ambition* är ”kärlek” bara en förskönande omskrivning på eget habegär, där tycke uppstår genom att en kvinnas storlek på brösten motsvarar en mans tjocklek på plånboken. När kvinnor träder in i denna urbana värld upphör alla tankar på kvinnan som en god varelse. Mot Maria Borelius ammande kvinna i vardagsrummets fåtölj står Helen Zahavis beväpnade Bella på Brightons mörka gator. Den goda kvinnan tycks bara existera så länge hennes horisont utgörs av hemmets fyra väggar. När den ömma modern lämnar vardagsrummets fåtölj lämnar hon också sin ömhet. Livmoder- och cynismfeminismen kan båda sägas vara reaktioner på moderniteten, men där livmödrarna vill en reträtt till den lilla världen och naturliga värden, vill cynikerna den stora världen och anammar de denna världs hårda värden. Båda gestaltar dock moderniteten som ett tillstånd där kvinnor har speciellt svårt att överleva.

Maria Bergom Larsson fruktade knytblusvärldens

hårda och blänkande yta och frågade sig vem som i denna värld, där alla är ”vackra och starka och framgångsrika”, skulle ta ”de svagas parti, de misslyckades och brokigas”. Hon varnade för risken att den ” ’moderliga’ hållningen som odlades i hemmen går förlorad när den görs till lönearbete och att vi alla står som förlorare i ett kyligare och mer cyniskt samhälle där människor blir utbytbara varor”. Vid ett tillfälle tar Bella i *En jävla helg* en av dessa brokiga varelser i försvar; hon hindrar en gruppvåldtäkt på en hemlös kvinna i trasiga kläder genom att döda tre män. Men hon handlar då definitivt inte utifrån någon hållning som odlats i hemmen – utan för att hon nu äger den bästa av fallosar, den ultimata makten: en pistol. Visst har förtrycket odlat fina egenskaper hos Bella; det har givit henne en stor vänlighet och artighet, ett snällt leende och ett huvud som läggs på sned för att inte väcka andras vrede, men dessa egenskaper kan hon inte använda i det samhälle hon ser som fyllt av bödlar och offer, vinnare och förlorare. Först när hon övervinner sina fina egenskaper, blir hon fri. Först då vågar hon sova för öppet fönster. Först när kvinnan slutar att vara ”kvinnlig”, slutar hon att vara förtryckt. Men då blir hon i stället en förtryckare. Är dessa två vägar våra enda alternativ?

Samtidigt med cynismfeminismens nedmontering av alla ”kvinnliga värden” följer nedmonteringen av drömmen om en annan värld, en annan ordning. Cynismfeministerna väver inga drömmar kring kvinnliga hormoners naturliga omsorgsbeteende, inget bärande av en livmoder leder till altruism och mjuka kyssar på trötta pannor –

men då vävs heller inga drömmar kring att ett omsorgsbeteende överhuvudtaget skulle vara möjligt, att några kyssar skulle kunna vara annat än judaskyssar. Det är som om insikten om kvinnors möjlighet att härma män sammanfaller med accepterandet av en hård kall värld, där bara en spark i skrevet på någon annan kan rädda dig från att själv bli sparkad. Behöver vi tron på just kvinnans godhet för att orka tro på en god värld? Måste kvinnan förbli den Andra, den okända i vilken vi kan läsa in allt det som inte är här och nu? Om svaret på Sigmund Freuds gamla fråga ”vad vill kvinnan?” blott lyder ”hon vill klara sig” – vem ska då vilja någonting *mer*, någonting *annat*? För några år sedan skrev jag i en artikel i Dagens Nyheter:

> Kvinnan vill klara sig, vill bryta en passiv offerroll, men feministen måste vilja mer, vilja vidare. Feministen måste vilja ett annorlunda samhälle. Och om man vill nå ett fredligt ickehierarkiskt samhälle, där värnandet om det levande är satt i främsta rummet, kan man inte på vägen mot det samhället arbeta med andra medel än just dessa. Kvinnan med pistolen i hand är en kvinna med mannen som norm.

Jag tror att det är sant. Men om mannens norm är så stark att den som inte följer den går under – hur ska vi då kunna klandra kvinnan som tar till vapen? I dag frågar jag mig om jag inte anklagade fel person, och om inte den anklagelsen hängde samman med att jag, trots allt, trodde kvinnan om mer gott än mannen. För varje feminist ligger det så snubblande nära att göra kvinnan till en utopi, till en dröm. I dag vill jag inte detta. Men samtidigt: kvinnan har inte tränats till att göra den våldsamma delen av det vi kallar manlighet till sin – och i detta måste väl hennes sociala träning sägas innehålla någonting som är värt att bevara? Men om hon hotas av just denna ”värsta del”, av mannens våld? Och om just hennes sociala träning leder till att hon blir hotad?

I *En jävla helg* är alltså kvinna och man namn på två positioner i en polär värld. Att vara kvinna är att vara lamm och offer, att vara man är att vara jägare och bödel. Att hävda några ”kvinnliga värden” i en sådan värld är dömt att misslyckas. Livmoderfeminismens tanke om könens komplementaritet blir i denna värld absurd. Om mannen slår – ska då kvinnan sitta och vara den kompletterande slagna? Kvinnorna civiliserar här inte männen, står inte för den goda hälften i människan. Här är fokus i stället på det negativa i mannen: det negativa som leder till hans egen framgång och som kvinnor nu också vill ha del av – om än det betyder att de går över lik. Om världen är ond, ska ta mig fan inte jag sitta och vara god i ett hörn. Kvinnor har lika stor rätt som män att äta i stället för att ätas – om det nu är så menyn ser ut. Det är inte deras sak att ändra recepten för framgång. Det vi kallar ett ”manligt” förhållningssätt är det enda möjliga om du inte vill trampas sönder. Cynismfeminismen synliggör att patriarkatet inte handlar om könens olika status eller värden, utan om makt, och på grund av den mycket mörka grundfärgen i dessa målningar, här handlar det ytterst om ren överlevnad.

Bella accepterar alltså kylans moral, accepterar tidens förakt för svaghet – men vägrar sin, kvinnans, roll i denna ordning. Är detta en värdefull feministisk strategi? För några år sedan svarade jag nej på den frågan. Jag skrev då:

> Makt för feminismen borde vara ett alternativ, inte bara en spegelvändning av könsrollerna. Det gäller inte att vända upp och ner på en hierarkisk ordning, utan att frigöra sig ifrån en hierarkisk världsbild. [---] Att påverka bilden av kvinnor som passiva offer, möjliga att utan konsekvenser smäda och förtrycka, är att komma långt, men ännu längre är att påverka lusten till förtryck och smädelse inom varje människa. Och det anstår oss inte att nöja oss med mindre.

I dag tror jag att jag hade fel. Att det anstår oss att nöja oss med mindre. Naturligtvis är fortfarande den största uppgiften att påverka lusten till förtryck och smädelse inom varje människa, men varför skulle detta vara feminismens speciella ansvar? I en våldsam värld måste en Bella ha lika stor rätt att ta till våld som en Bell. Hennes svek mot kvinnorna är inte större än hans mot männens; bägge sviker möjligen det mänskliga. Den feministiska strategin i *En jävla helg* behöver inte läsas som ett försvar för en fascistisk moral, utan som ett synliggörande av kvinnlighet och manlighet som kulturella kategorier möjliga att förändra – och som ett synliggörande av en värld byggd på förakt för svaghet. Bellas fina kvinnliga egenskaper är en följd inte av hennes livmoder, utan av hennes rädsla. När hon byter Hennes & Mauritz röda läppstift mot vapenhandlarens blänkande pistol, byter hon samtidigt sin kvinnlighet och sin rädsla mot manlighet och styrka. Poängen är inte att säga att det ena är bättre än det andra, utan att båda är sidor av samma mynt präglat i ett visst samhälle – och enbart levande i detta samhälle. Att i dag hävda att ansvaret för att uppvärdera myntets ena sida – rädslans och kvinnlighetens – är feminismens ansvar, är en farlig strategi. Med livmoderfeminismens nuvarande triumfmarsch riskerar vi i så fall att befästa bilden av kvinnan som naturligt god och fin. Att döda utopin om den goda kvinnan är sorgligt. Men än sorgligare är ett samhälle där makt är detsamma som styrka på bekostnad av andras svaghet. Jag upprepar: om vi vill bevara ”kvinnliga värden” ska dessa värden vara utgångspunkt för det samhälle vi vill bygga – och inte bevaras i en ”kvinnlig sfär”, inte bäras av enbart ett kön. I den värld som cynismfeminismen gestaltar går kvinnor som omhuldar ”kvinnliga värden” under. En sådan värld lever vi ännu inte i, men hur ska vi undvika att den blir verklighet; genom att ge de ”kvinnliga värdena” ett kön, eller genom att ge dem en värld att leva i?

Det verkar i cynismfeminismens fall som att om kvinnor nu inte är svaga så bör svagheten utplånas från jordens yta. Naturligtvis glömmer vi någonting på vägen: att ge plats åt svaghet utan att placera den i livmodern. Att en enskild individ är trött på att tillhöra det täcka könet, och inte det otäcka, är inte någonting vi kan fördöma – men om en människa, och framförallt många människor, glömmer det täcka, det lilla och behövande då har vi glömt betydligt mer än halva mänskligheten.

Det finns en feministisk styrka i de skapelser jag läser som cynismfeministiska. Där finns ett tydliggörande av vad en uppfattning om kvinnlighet som kroppslighet leder till, av kön som en position och inte som en essens, av kön som ett härmande av ett original som själv blott är ett härmande, av hur kön alltid läses utifrån politiska och kulturella tolkningsramar. Där erbjuds en befriande protest, en njutning i att se och läsa kvinnor som möter ett förtryck jag som kvinna känner igen, och som säger nej, jag vägrar. Men där gestaltas också ett stort mänskligt misslyckande: att inte ge plats åt svagheten. På sätt och vis är det den traditionella kvinnligheten som dör under ninjafeministernas hårda händer – om än det på ytan är ett antal män som utplånas från jordens yta. Bella vill döda det som i förstone gör henne till kvinna: synen på henne som kropp. Hon dödar sig själv som kvinna genom att döda de män som gör henne till kvinna, de män som ser henne som kropp. Bella dödar också det som är "kvinnlighet" i hennes värld: ofriheten. En kvinna kan inte sova för öppet fönster i en källarlägenhet i Brighton en varm sommar. En kvinna kan inte dricka whisky och dansa med en kille på en bar någonstans i USA. En kvinna äger inte sig själv. Detta är kvinnliga erfarenheter – och de leder till död när de inte accepteras. Men med mordet på kvinnlighet som ofrihet följer mordet på kvinnlighet som gott och milt – och det är ett mord som kanske feminister har speciellt svårt att acceptera. Trots ett antal döda män går ”manligheten” med högburet huvud levande ur cynismfeminismen – en manlighet som inte är ett ideal, blott en nödvändighet.

Jag tror att en av anledningarna till att jag tidigare avvisade Bella och hennes ninjavänner är att den jag analyserade var just Bella och inte den värld som Zahavi lyfter fram, den värld som föraktar svaghet. Frågan är vad vi som feminister och som människor ska göra med ett recept på framgång som vi inte gillar: avstå framgången, anta receptet eller förändra det? Naturligtvis är det sista det önskvärda, men jag återkommer till frågan: är det kvinnors eller feministers speciella uppgift? Och i så fall varför?

Kanske är det också så att för att vi ska få kraft att förändra ett recept, en ordning, så behöver vi en vision, en utopi om någonting annat. I dag tycks dock utopier vara något av en bristvara. Visserligen ljuder i livmoderfeminismens tro på det naturliga och det biologiskt givna en ton av utopi, men det är ett slags retro-utopi, som i det ”ursprungliga” önskar en framtid, som ser morgondagen i en gårdag. För cynismfeminismen är gårdagens dörr stängd och framtidens mycket smal; här sprängs inga portar för kommande himmelriken, utan dörrkarmen består, reglerna är bestämda och de heter förakt för svaghet. I framtidens rum kan dock svaga bli starka och starka bli svaga, ”kvinnor” bli ”män” och ”män” bli ”kvinnor”. Det gäller blott för den svaga att lära sig att använda den starkes vapen. Om detta ska kallas en utopi, är det en utopi som egentligen saknar värde – förutom för den individ som då kan klara sig ett tag till. Det är i vilket fall inte någon utopi som innehåller någonting *tredje*.

Livmoderfeministerna drömmer om att de ”naturliga könsskillnaderna” ska ges lika status – cynismfeministerna om att könens positioner i en hierarki kan vändas upp och ner. I båda varianterna finns ett slags antihumanism inbyggd, ty där saknas en tro på människans medvetna vilja att tänka det tredje, tänka det som inte är. Båda dessa riktningar i samtiden kan sägas bryta med en humanistisk tradition och vara barn av ett havererat upplysningsprojekt.

Humanismens gamle fader, Giovanni Pico della Mirandola, släpper i sitt berömda tal *Om människans värdighet* från 1486 människan fri från Gud: blott i henne finns ingen bestämd form inlagd, blott hon kan själv avgöra var hennes väsen ligger. Ett ekfrö måste växa upp till en ek, men ett människobarn kan bli både änglalikt och bestialiskt. I humanismens på en gång naiva, vackra och förödande historia är detta en refräng: människan kan bli det hon ännu inte är. För den senare humanisten Jean Paul Sartre bestämdes människans existens av att hon lever genom något som inte finns, genom det imaginära. Han hade ett ideal för, som samtidigt var en beskrivning av, människan: *transcendensen,* att överskrida det givna genom det möjliga. En sådan tro på någonting tredje, på en mänsklig vilja att gå bortom det givna, saknas hos såväl livmoder- som cynismfeminister.

Kanske kan cynismfeminismen läsas som ett samtida uttryck för en rad besvikelser. Där finns en besvikelse över vad människan skapade när hon gjorde sig till Gud i modernitetens landskap – en besvikelse över en kanske alltför hoppfull humanism. Men då cynismfeminismen är en gren av feminismens gamla träd, finns här också en besvikelse över vad rörelsens tidigare årsringar egentligen gav för utdelning. Det är inte långt bara till 1480-talet eller till 1940-talet, utan även till det 1970-tal då män började en försiktig resa motsatt den de litterära cynismfeministerna gör i dag, då män närmade sig en "kvinnlig" position. Det 1960- och 70-tal som hyllade fred och kärlek och där män lät håret växa långt och rustningen bli till sammet, ersattes av ett åttiotal som premierade yta och hårda nypor – och velourmannen ersattes av en ninjafeminist. I den hierarkiska och polära värld som cynismfeminismen målar upp som vår tid har män ingenting att vinna på att närma sig en "kvinnlig" position. Här måste båda könen sky den mjukhet som blir synonym med tidens grövsta brott: svagheten.

I *En jävla helg* förekommer en man som har gjort samma könsbytande resa som Bella, fast i motsatt riktning: en feminin man, en man som inte vill binda utan bindas, som inte vill vara sadisten, utan masochisten. När Bella beskriver denne man står hans kropp i centrum – en kvinnlig kropp. Han sägs vara en man med "den mest hårlösa torso hon någonsin sett på en manlig individ som passerat puberteten", en man med så breda höfter att "han hade kunnat föda barn", och med så stora bröst att "hon kunde ha gett vad som helst för ett sådant par". Han är en man som kysser Bella med "sin mjuka rosenknoppsmun, sin veka, våta kvinnomun". Denna veka mun tystar Bella för alltid; en mun som skulle ha talat från den position hon själv flyr.

I *Ambition* och *Ta vad man vill ha,* där tiden läses som falskhet, spel och yta, andas en tyst besvikelse över att kvinnlighetens mask inte samtidigt innebar ett "kvinnligt" hjärta. När kvinnor ser sin egen kvinnlighet som blott teater och utnyttjar den för andra ändamål än vad den var tänkt att utnyttjas för, blir plötsligt hela livet en cynisk föreställning, där det gäller att ta för sig eller gå under. När min kvinnlighet, som jag har lärt mig att se som mitt jag, inte fanns i den sexiga bodyn – finns jag då överhuvudtaget? Finns någon människa? Eller finns bara yta och åter yta som det gäller att snabbt läsa sig fram genom? I dessa båda romaner har hjältinnorna blott varsin vän som de lägger bort maskerna med och där något slags äkthet kan florera mellan människor. I *Ambition* är det Susans lesbiska väninna Zero och i *Ta vad man vill ha* är det en bög vid namn Romeo. De som står utanför den heterosexuella maskeraden kan vara någonting att hålla i handen när allting rasar.

Om det en gång gällde för vänstern att hantera sin besvikelse, gäller det kanske nu för feminismen att hantera sin; både över vad som varit och inte varit och vad som komma skall och inte komma skall. Att ha fyrtio procent kvinnor i riksdagen är att redan balansera på randen till en besvikelse; vad händer om ingenting händer?

Krav på att kvinnor ska återvända till det rum där deras godhet naturligt kan komma till sin rätt: det privata? Eller en insikt om att könen i sig inte föder några egenskaper, blott könens position i en maktstruktur?

Om vi tar cynismfeminismen som ett allvarligt uttryck i samtiden, leder den egentligen inte fram till frågan om vad som är "manligt" eller "kvinnligt", utan om vilka sidor av vår mänsklighet som vår tid lyfter fram i alla människor. Uppenbart är att "de kvinnliga värdena" är hårt trängda – och lika uppenbart är att dessa värden inte kan bäras av kvinnor, utan att de blir offer. Cynismfeminismens underliggande samtidsanalys är deprimerande läsning; kanske dömer den vår tid alltför hårt, men jag tror likväl inte att detta tidsfenomen går att bortse från. Här är vi nu. "Världen är inte sådan", säger Louise när Thelma tror på rättvisa för en annan sanning – och män dör av kvinnors nyinköpta vapen.

Mannen utan kön

Landets professorer är till 93 procent män. (Ur proposition 1994/95:164)

Att vid tillsättning av tjänster inte ställa kunskaper och kompetens i första rummet är direkt stötande. (Ur Moderaternas reservation mot proposition 1994/95:164)

Den sextonde februari 1995 lägger Sveriges socialdemokratiska regering en proposition där man föreslår att kvinnor via positiv särbehandling ska få företräde till tjänster inom universiteten. Förslaget gäller 30 professurer, 90 forskarassistenttjänster och ungefär 120 nya doktorandtjänster för kvinnor. Positiv särbehandling innebär att "en tjänst tillsätts med en kompetent sökande av underrepresenterat kön, även om vederbörande är mindre kvalificerad än medsökande av det andra könet". I propositionen framhålls att "en gräns bör finnas för hur stor skillnaden i kvalifikation får vara vid positiv särbehandling". Bakgrunden till regeringens förslag är följande siffror:

Landets professorer är till 93 procent män.
Dekaner och prodekaner (fakultetschefer) är till 90 procent män.

Prefekter (institutionschefer) är till 88 procent män.
Rektorer är till 78 procent män.

Förslaget vållar en häftig debatt i riksdag, i medier och människor emellan. Jag tror att det finns främst två grundläggande orsaker till att regeringens förslag blev så hårt kritiserat. Den ena är att vår politiska demokrati vilar på en princip där rättigheter knyts till den enskilda medborgaren som individ. Den andra är att denna politiska demokrati samtidigt är ett patriarkat, där män som grupp har vissa fördelar gentemot kvinnor som grupp. För att vi ska uppleva vår patriarkala demokrati som rättvis krävs att vi inte ser mannen som ett kön, utan blott som en könlös individ, som via objektiva meriter når höga positioner i samhället. Utbildningsminister Carl Thams förslag om positiv särbehandling kränkte båda dessa principer: fördelar skulle nu ges kvinnor som grupp (den individuella fri- och rättighetsprincipen kränks) och mannen blir till som kön (det patriarkala kontraktet i en demokrati kränks).

Kvoteringsdebatten som förs under främst våren -95 i svenska medier handlar på ytan om varför kvinnor har svårt att nå höga positioner inom universiteten, vilka brister detta kan leda till vad gäller framtida forsknings kvalitet, och om vad samhället kan göra för att ändra detta förhållande, men debatten avslöjar också grundläggande åsikter om vad *kön* är, vad *politik* är och inte är, samt om hur *identitet* skapas. Det är dessa åsikter jag nu vill titta närmare på – och inte på frågan om huruvida kvinnor inom universitetet verkligen är lika ”kompetenta” som män, eller huruvida det finns ”ett kvinnligt perspektiv” i forskning som i dag inte kommer fram. Jag är alltså mindre intresserad av huruvida förslaget om positiv särbehandling verkligen skulle underlätta för kvinnor inom universitetet.

Låt oss börja med den första kränkningen i regeringens förslag: kränkningen av den individuella rättsprincipen. Sedan 1921 har Sverige varit en politisk demokrati, där rättigheter knyts till den enskilda medborgaren och där samhällets grundläggande enhet utgörs av den enskilda individen. Till alla människor i vårt land är det tänkt att ges ett identiskt paket av mänskliga fri- och rättigheter. Alla ska behandlas lika och ingen ska kunna vinna fördelar på grund av hennes sociala bakgrund, kön eller etnicitet. Detta är ett demokratiskt ideal som de flesta i Sverige värderar högt – och det är ett demokratiskt ideal som förslaget om positiv särbehandling gick emot: rättigheter skulle nu inte knytas till individer, utan till ett kön. Det socialdemokratiska arbetareparti som en gång hade kämpat för *allmän* rösträtt önskade sig nu en *särbehandling* av kvinnor. Vad hade hänt?

Kanske hade ingenting annat hänt än *tiden* – och denna tid hade uppenbarat ett problem med det liberaldemokratiska samhället: det fortsätter att existera en maktobalans mellan människor av olika börd, social bakgrund, kön och etnicitet, trots att det inte längre finns några formella skäl för att denna obalans ska fortsätta att existera. Alltså måste det finnas informella, osynliga skäl för en fortsatt obalans. Alltså bör vi, för att uppnå idealet om alla individers lika möjligheter, rättigheter och värde, hitta dessa informella skäl – och åtgärda dem. Så kunde tidens gång göra att Socialdemokraterna gick från *individens* rättigheter till *gruppens.*

Med utbildningsminister Carl Thams förslag inleds i Sverige en debatt som redan förs i många västliga demokratier och som rör just förhållandet mellan individuella och kollektiva rättigheter. I antologin *Det mångkulturella samhället och erkännandets politik* diskuterar Amy Gutmann, professor i statskunskap vid Princeton University, detta. Hon skriver:

> Det är nuförtiden svårt att finna ett demokratiskt eller demokratiserande samhälle som inte har någon betydande kontrovers om huruvida och på vilket sätt dess offentliga institutioner ska ge ett starkare erkännande åt de kulturella och missgynnade minoriteternas identiteter. Vad innebär det för medborgare med olika kulturella identiteter, som ofta bygger på etnicitet, ras, kön eller religion, att erkännas som jämlikar med avseende på hur våra barn undervisas i den allmänna skolan, eller hur högskolornas och universitetens kursplaner och sociala program är utformade?

Det är denna problematik som i samband med debatten om positiv särbehandling våren -95 börjar att diskuteras i Sverige: hur ska vi kunna upphäva fortsatta orättvisor mellan könen på universitet och högskolor när all formell orättvisa redan är upphävd? Ska kvinnor ges kollektiva rättigheter som spränger vår individualistiska demokratiska rättsprincip?

Diskussionen krävde att vi gick på jakt efter det osynliga. Att hitta orsaken till att kvinnor har drygt arton gånger svårare än män att bli professorer visade sig inte vara svårt: vi lever i ett manssamhälle. Detta var utgångspunkten för dem som försvarade Carl Thams förslag. Bland de orsaker till att kvinnor inte når lika högt som män inom universitetsvärlden nämndes i debatten bland annat dessa: redan som skolbarn får pojkar mer uppmärksamhet än flickor, de hörs och syns mer i klassrummet, de får läromedel som redovisar männens värld, de får männens historia och utveckling att identifiera sig med. När en högskolestudent söker in på doktorandutbildning är den avgörande meriten studentens C-uppsats och denna bedöms främst av män. Kvinnliga studenter och forskare väljer ofta att studera områden som är "udda" utifrån ämnets forskningstradition och som det därför är svårare för en traditionell forskare att se som centrala för ämnet. Män ansluter sig oftare än kvinnor till institutionernas etablerade forskningsprojekt och får därmed fördelen att arbeta inom en ihopsvetsad forskargrupp, vilket underlättar arbetet med avhandlingen. Kvinnor har fortfarande huvudansvaret för barn och är därmed mer beroende av fasta tjänster, vilka är få och mycket sökta inom universiteten. Efter att en person har doktorerat söker han eller hon ofta en av det fåtal attraktiva forskarassistenttjänster som finns på varje institution. Dessa bygger på meriter forskaren har uppnått under fem år efter disputationen. Om han, eller oftast hon, då är hemma med barn under denna period försvinner tid hon annars skulle ha kunnat använda till att meritera sig. När en professorstjänst utannonseras är den ofta så snävt beskriven att eventuella sökande redan vet vem tjänsten är tänkt för – oftast en man. Näringslivet kan inrätta specialprofessurer som de finansierar under tre år för någon vars forskning de tror de kan dra nytta av – och denna någon är oftast en man. De instanser som bedömer sökande till olika projektpengar och tjänster består ofta till allt övervägande del av män, och därmed får personer med ”manliga” synpunkter och intressen lättare att göra sig hörda.

Bland argumenten för regeringens förslag fanns även mer allmänna sådana: män har satt upp kvalifikationskraven; män har tolknings- och problemformuleringsföreträde; män väljer män; män är omedvetna om genusskillnader och ser därför det manliga perspektivet som allsmäktigt; meritvärderingar är insvepta i de osynliga trådar som skapats av det nuvarande, starkt manligt dominerade vetenskapssamhället.

Alla dessa argument bygger egentligen på samma antagande: att vi lever i ett patriarkat har konsekvenser även för universitetsvärlden. Motståndarna till regeringens förslag om positiv särbehandling förnekade inte att kvinnor historiskt sett varit underordnade män, eller att detta fortfarande avspeglar sig inom det hierarkiska universitetet, men de såg inte lösningen på detta historiska problem i en, vad de kallade, ”omvänd diskriminering”, där ”kön skulle gå före kompetens”. Motståndarna hävdade bland annat att orättvisan mellan könen inom universitetsvärlden redan är justerad, men att en historisk tröghet gör att detta ännu inte syns. Om ett antal år kommer vi att få lika många kvinnliga professorer som manliga, men först måste de gamla männen pensioneras.

Jag tror emellertid att motståndet mot regeringens förslag har sin djupaste grund i patriarkatets osynliga – och övergripande – ideologi: en man är inte ett kön – han är en människa. Jag tror att det som upplevdes som mest hotande i utbildningsminister Carl Thams förslag egentligen inte handlade om en oro för framtida forsknings kvalitet, eller ens i grunden handlade om att den individuella rättsprincipen kränktes. Hotet handlade om den manliga identiteten – och därmed ytterst om det patriarkala kontrakt vi alla har skrivit under på då vi samtidigt hävdar att vi lever i en demokrati *och* i ett manssamhälle.

Carl Thams förslag om positiv särbehandling medförde att professorers kompetens, som till 93 procent innehas av män, kom att diskuteras utifrån termer av kön. Genom att förslaget påtalade ett tidigare mer eller mindre osynligt samband mellan ”kön” och ”kompetens” hotade det den manliga identiteten, som i en patriarkal demokrati uppfattas som en könlös identitet. Om den ekonomiska och politiska makten till största delen innehas av män, måste detta vara orsakat av att enskilda män är kompetenta som individer, som människor, och inte att de är privilegierade *som män* – ett sådant förhållande strider alltför uppenbart mot en demokratisk princip om att ingen ska vinna fördelar genom sitt kön. Reaktionerna på förslaget om positiv särbehandling uppenbarar detta synsätt. Där hävdas att kompetens i dag går före kön. Att statistiken visar att denna kompetens till 93 procent bärs av män vederlägger inte argumentet, ty männen ses i en patriarkal demokrati som en mänsklighet utan kön. Män är kompetenta – kvinnor är kön. I dag går kompetens före kön – i dag går män före kvinnor.

Själva vårt svenska språk har i det opersonliga pronomenet "man" byggt in en föreställning om att mannen inte är ett kön utan just någonting opersonligt, någonting allmänt. Svenskan är just här ett mer tydligt patriarkalt språk än till exempel engelskan eller franskan, där "man" heter *one* respektive *on* (i franskan heter dock "de" *ils* om dessa "de" innehåller både maskulina och feminina element; *ils* som är plural av han). Kvinnan är en metonymi, där delen tas för helheten. Hennes genitalier är *hon*. Mannen är en metafor, som betyder/liknar människan, liknar "man" som betyder alla. Man är alla, kvinna är kön. Detta betyder även det omvända: kvinna ingår inte i "alla", man ingår inte i "kön".

I ett annat sammanhang avslöjar Bo Södersten, professor i nationalekonomi i Lund, denna könlösa syn på manligheten, när han på DN-debatt skriver:

> Kravet om 'hela lönen' bygger på en orimlig verklighetsuppfattning och på ett missförstånd om hur en marknadsekonomi fungerar. Att kvinnor har 85 procent av männens löner säger ingenting om lönen är rättvis eller ej. Rättvisa löner kan enbart ha en betydelse: det är löner som bestäms av vederbörandes produktivitet.

Här är det inte de meriter som bedöms enligt en objektiv måttstock som råkar utfalla till en könlös mans fördel; här är det en större produktivitet som även den råkar utfalla till en könlös mans fördel, och tynga hans pung med en högre lön. Vad som får den äran att räknas som produktivitet har naturligtvis inte med kön att göra.

Att vi lever i ett patriarkat påverkar varje människas syn på världen – den feministiska synen är ju bara möjlig som en *reaktion* på detta – och i denna patriarkala syn ingår bland annat att pojkar och män får förväntningar på att de självklart har rätt till vissa fördelar gentemot kvinnor, vilket de ju också har som grupp betraktat. Män i en patriarkal demokrati uppfattar dock inte att dessa fördelar ges till dem eftersom de är män, utan de uppfattar systemet som rättvist och de anser att den plats som de själva besitter tillkommer dem för att de är objektivt kompetenta. Detta gör att män upplever även små inskränkningar av de egna fördelarna som ytterst hotfulla.

När mannen blir till som kön, blir han hotad. Germund Herslow fattade i en artikel i Sydsvenskan detta på följande sätt: ”Slutligen skapar man ju nya orättvisor genom att man nu avser att diskriminera män.” Moderaten Hans Hjortzberg-Nordlund stämde in: ”Tyvärr innebär positiv särbehandling alltid att någon annan diskrimineras”, och Gunilla Ahrén ryckte i Sydsvenskan ut som ännu en den rättvisa demokratins försvarare: ”Båda könen ska ha samma möjligheter! Det är fel att utesluta en grupp, männen, bara för att den tidigare varit gynnad.” Det diskrimineringen handlade om var att höja andelen kvinnliga professorer från 7 procent till 8,2 procent (det vill säga låta män i fortsättningen endast utgöra 91,8 procent mot forna 93 procent). Att detta kan kallas för ”diskriminering” visar att de manliga glasögonen är slipade som förstoringsglas, men vi bör för den sakens skull inte förringa det de ser; diskrepansen mellan ”statistisk verklighet” och ”upplevd verklighet” är samtidigt ett mått på i vilken utsträckning demokrati och jämställdhet verkligen är förverkligade. Att de två ”verkligheterna” skiljer sig åt visar att män *såsom män i ett patriarkat* anser sig ha rätt till vissa könsbestämda privilegier – och att de inte ser dessa som privilegier, utan blott som ”sakernas naturliga tillstånd”, blott som den ”opolitiska verkligheten”. När de könsbestämda privilegierna hotas upplevs det som om det är den demokratiska verkligheten som hotas, ty dessa – privilegierna och verkligheten – utgör i ett demokratiskt patriarkat en enhet.

Den patriarkala demokratins slutna ögon

Bland argumenten mot Thams förslag återkommer vissa ord: "kränkande", "A- och B-lag" samt "förolämpande" och "förnedrande". Så säger till exempel den moderate riksdagsledamoten Hans Hjortzberg-Nordlund i riksdagsdebatten som förs i kammaren den sjunde juni -95: "Vi moderater anser att det är olämpligt att positivt särbehandla kvinnor vid tillsättning av doktorandtjänster. Att kvinnligt kön vid tillsättning av sådana tjänster skall vara ett kriterium innebär en nedvärdering av kvinnlig kompetens." Han ber Carl Tham att inte "förolämpa kvinnorna genom att anta att de inte kan komma fram på annat sätt än genom kvotering". Så skriver Gunilla Ahrén, vd för stiftelsen Ruter Dam, i en debattartikel i Sydsvenska Dagbladet: "Går det här förslaget igenom riskerar duktiga kvinnor att förpassas till ett B-lag. Hur ska de någonsin kunna bli tagna på allvar utifrån sin kompetens och sina meriter? Förslaget visar förakt för kvinnor och förmedlar känslan att kvinnor inte klarar att bli professorer utan hjälp." Och så hävdar Gösta Holm, professor emeritus i nordiska språk, i Sydsvenskan att "Alla de kvinnliga forskare, särskilt docenter och professorer, som jag har talat med personligen om saken, har förklarat att de skulle känna sig förnedrade av en utnämning på Carl Thams vis. I själva verket är Thams modell en förolämpning mot kvinnokönet". I Moderaternas reservation mot förslaget står bland annat: "att vid tillsättning av tjänster inte ställa kunskaper och kompetens i första rummet är direkt stötande. Regeringens synsätt är nedvärderande mot kvinnor och ger signaler om att kvinnor måste bedömas enligt särskilda regler, dvs inte klarar sig på egna meriter".

Det den här kritiken säger är att kompetens i dag går före kön vid tillsättande av professorstjänster – ett förhållande som skulle bli det omvända om kvinnor kvoterades till dem. Samtidigt visar statistiska siffror – siffror som ingen förnekar – att dessa professorstjänster i dag till 93 procent innehas av män. Om vi nu hävdar att detta samband mellan män och professorstjänster *inte* har med kön att göra, utan blott med kompetens, så innebär det att vi samtidigt hävdar att män – rent objektivt – är mer kompetenta och kunniga än kvinnor. Detta är naturligtvis en åsikt man kan hysa, och som man säkert även kan argumentera för med en viss framgång – men hur man kan hävda att *denna* åsikt inte är kränkande för kvinnor är för mig en gåta. Varför är det inte kränkande att höra att det kön man tillhör inte är kunnigt? Varför är det *mer* kränkande att, från förslagets anhängare, få höra att vårt kön visst är kompetent, men att vi av olika anledningar har färre möjligheter att utöva denna kompetens som anställda professorer? Eller att höra, som förslagets anhängare hävdar, att begreppet "kompetens" inom universitetsvärlden inte är ett absolut och objektivt begrepp, utan faktiskt ett begrepp bundet till ett visst köns perspektiv?

Att som kvinna få höra att vi lever i ett patriarkat är naturligtvis nedslående, men det är inte *kränkande*. Det är detta förslagets anhängare säger: vi lever i ett patriarkat – *därför* har kvinnor svårare att bli professorer. Förslagets kritiker däremot säger att kvinnor är mindre kompetenta än män – *därför* blir de inte professorer. Vilket av dessa två påståenden är kränkande?

Jag kan inte förstå det här på annat sätt än att talet om "kränkning" egentligen inte riktar sig mot kvinnors upplevelse av hur deras kompetens ska bedömas. I själva verket handlar diskussionen om den manliga identiteten som den är konstruerad i vårt samhälle. Könen existerar bara i ett motsättningsförhållande till varandra; eftersom det föreligger en *skillnad* mellan att vara man/manlig och att vara kvinna/kvinnlig har vi att göra med en *relation*. Att vara "manlig" är bland annat att i akademiska sammanhang många gånger oftare än en kvinna vara professor. Det är alltså "manligt" att inneha den mest prestigefyllda tjänsten inom universitetet. Eller mer enkelt uttryckt: det är "manligt" att äga makt. Om kvinnor skulle få lika stora reella möjligheter att bli professorer som män, och om kvinnor verkligen skulle *vara* professorer i lika hog utsträckning som män, skulle det helt enkelt inte längre vara "manligt" att vara professor, inte längre vara "manligt" att äga denna maktposition.

Manligheten som identitet hotas alltså på två sätt av regeringens förslag: dels genom blotta rädslan för att de rekryteringsmål som regeringens proposition ålägger universiteten skulle bli verklighet och att därmed minst fyrtio procent av alla professurer så småningom skulle innehas av kvinnor; det vill säga dels av att ett reellt innehåll i ”manligheten” (som enbart existerar i en skillnadens relation till ”kvinnligheten”) skulle gå förlorat: professorstiteln, makten. Dels av att den könlöse mannen blir till ett kön i lika hög grad som kvinnan är det (ty om kvinnan är ett kön måste mannen – för att skillnaden ska upprätthållas – synas att inte vara ett). Båda hoten handlar om att en obalans rubbas, att en hierarki hotas: det ”manliga” i att ha makt (och det ”kvinnliga” i att inte ha det) och det ”manliga” i att inte vara ett kön, utan blott ett ”man”, ett opersonligt pronomen, en människa (och det ”kvinnliga” i att primärt vara sitt kön och bli sedd som kvinna).

En ideologi vi kallar verklighet

Låt oss upprepa den statistik som ligger till grund för regeringens proposition:

> Landets professorer är till 93 procent män.
> Dekaner och prodekaner är till 90 procent män.
> Prefekter är till 88 procent män.
> Rektorer är till 78 procent män.

Dessa siffror avslöjar två saker: att kvinnor har svårare än män att uppnå höga tjänster inom universiteten – och att män har lättare än kvinnor att göra det. Argumenten som följde i debatten fokuserade främst på det första förhållandet. Om man var för positiv särbehandling talade man om de osynliga hinder och svårigheter som kvinnor möter. Om man var emot positiv särbehandling talade man om den nedvärdering av kvinnlig kompetens som förslaget stod för, om det B-lag kvinnliga professorer riskerade att bli och om den rättskränkning förslaget innebar. En andra grupp av argument mot förslaget förnekade de osynliga hindren och talade om kvinnors fria val och personliga prioriteringar. Både de som var för och de som var emot förslaget talade alltså om att vi nu via politiska beslut skulle börja styra det som händer i den fria andens högborg.

Men om vi i stället fokuserar på det andra förhållandet – att män har lättare än kvinnor att uppnå höga tjänster inom universiteten – så måste vi konstatera att andens högborg redan *är* styrd, redan *ingår* i en politisk maktsfär, redan *strider* mot en demokratisk princip om alla individers lika möjligheter – redan är indränkt i ideologi, en ideologi som är patriarkatets.

Att denna ideologi vanligtvis är det vi kallar "verklighet" blir uppenbarat i debatten när vissa kritiker hävdar att om Thams förslag går igenom, så skulle universitetsväsendet byta syfte: det skulle inte längre drivas av en längtan efter kunskap, utan det skulle drivas av politik. Och politik och universitet har, enligt dessa kritiker, inte med varandra att göra. Anita Ankarcrona skriver i Svenska Dagbladet: "Universitetens uppgift är först och främst att bedriva undervisning och forskning. Inte opportunistisk feminism." Anders Ferm skriver i en ledare i Arbetet: "Tyvärr förefaller regeringen också ha missuppfattat universitetens och forskningens främsta roll i samhället. De är inte en arena för jämlikhet eller ens jämställdhet. Det är i stället institutioner där landets främsta intellektuella elit ska odlas fram." Enligt den folkpartistiske ledamoten Conny Sandholm är regeringens förslag en absolut motsats till definitionen av en professur:

> För mig och många andra – jag tror för merparten av människor – är en professur per definition spetskompetensen inom sitt område. Mot den bakgrunden ter sig texten i propositionen och även i betänkandet att de mindre kvalificerade skall kunna få företräde om de tillhör ett underrepresenterat kön. Det blir en direkt motsats till definitionen och innebörden av en professur.

Argumenten lyder: de som med politiska beslut vill förändra den nuvarande situationen vill förändra någonting som i dag är opolitiskt och fritt. Motståndaren tänker ideologiskt – själv ser jag verkligheten utan förvanskande glasögon. Och när man på detta sätt ser verkligheten utan glasögon ser man helt enkelt att män är mer kompetenta än kvinnor, att detta enbart har med objektiv meritvärdering att göra, att universiteten i dag står fria från politik och ideologi, samt att innebörden i de professurer som till 93 procent bärs av män är "spetskompetens" och att motsatsen till en sådan är "kvoterade kvinnor". Varför ser en syn utan glasögon ut så här? Helt enkelt därför att Sverige är ett patriarkat, därför att vi alla föds till att bära en skärva i ögat – en skärva vi kallar ”verklighet”. Därför att att se världen ”som den är” är att se ett manssamhälle utan att kalla det ett sådant.

Antingen byter vi ut denna skärva mot en feministisk sådan – eller så behåller vi den, och om vi behåller den behåller vi synen på världen som den gavs oss. Då behöver vi aldrig gå till en optiker; han har redan laserbehandlat vår lins. Vi ser inte fel, vi ser blott världen som den blev oss given och i den gåvan ingick en syn där män inte som *kön* har vissa privilegier, utan blott som kompetenta könlösa *individer*. Detta är vår verklighet, vår berättelse, vår osynlighet. Detta är vår ideologi.

Den brittiske litteraturvetaren Terry Eagleton skriver i sin bok *Ideology:*

> Den rationalistiska synen på ideologier som medvetna, klart uttryckta trossystem är uppenbarligen felaktig: den missar ideologins känslomässiga, omedvetna, mytiska eller symboliska dimensioner; det sätt på vilket den skapar subjektets upplevda, till synes spontana relation till en maktstruktur, och det sätt på vilket den kommer att ge själva det dagliga livet dess osynliga färg.

Att så många så självklart kan hävda att universiteten i dag inte bedriver politik visar hur osynlig vår patriarkala ideologi är. Att i stället hävda att universiteten redan är inordnade i en politisk sfär är ett lika ideologiskt uttalande, men då det går emot vår medfödda, osynliga ideologi blir det desto tydligare synligt som just varande en ideologi, som varande ett politiskt uttalande.

Universitetens ädla syfte är alltså, enligt vissa debattörer, att bortom störande politik odla fram "landets främsta intellektuella elit" och att skapa professorer som äger "spetskompetensen inom sitt område". Ett sådant ädelt syfte har tydligen råkat leda till att denna elit och denna spetskompetens till övervägande del utgörs och bärs av det manliga könet. Inom universitetsväsendet har alltså de främsta maktpositionerna kommit att tillhöra män. Har makt – i just detta fall – inte med politik att göra? Har en maktobalans mellan könen inte med politik att göra?

Oavsett hur ädelt universitetens syfte är, så har åtminstone en bieffekt av detta syfte blivit att universiteten – faktiskt – bedriver politik i form av "patriarkalism", det vill säga *driver vår osynliga ideologi vidare just genom att inte se den som ideologi eller politik* – utan som blott oskyldig objektivitet och kompetens, vars motsats heter "opportunistisk feminism".

Thams förslag öppnade för en debatt där det visade sig att människor inte längre var överens om vad "kunskap" och "kompetens" egentligen innebar, för en debatt där dessa begrepp diskuterades som betingade av positioner och perspektiv. Thams förslag synliggjorde vår osynliga ideologi som just en ideologi – inte undra på att inläggen blev många och arga.

Bo Södersten skriver i Sydsvenska Dagbladet: "Strävan

mot jämställdhet är naturlig. Men som de flesta ideologier kan den försumpas och drivas in absurdum. Ett problem med dagens jämställdhetsdebatt är att den tenderar att drivas av radikalfeminister utan omdöme och verklighetssinne." Han ser det faktum att landets professurer till 93 procent innehas av män som ett uttryck för att "kvinnor historiskt sett knappast kunnat tävla på lika villkor", men påpekar att det vid främjande av jämställdhet är "viktigt att komma ihåg att konkurrens och kompetens är centrala begrepp inom högskolan. I detta sammanhang har Carl Tham slirat en del".

Strävan mot jämställdhet är alltså en ideologi och kan därför drivas in absurdum. Strävan efter de objektiva storheterna "kunskap" och "kompetens" är inte en ideologi och kan därför inte drivas in absurdum – trots att denna strävan har lett till att universiteten fortfarande är en högborg för vårt patriarkala samhälle. Viljan att skriva "ideologisk" på sin motståndares panna och "verklighetssinnad" på sin egen blir i praktiken en vilja att bevara det nuvarande tillståndet.

Till slut hamnar vi i denna grundläggande fråga: vad händer om vi inte tror oss äga några glasögon när vi betraktar den verklighet som blev oss given? Vi för den vidare – lika oskyldig och opolitisk – som vi fick den. Vi avsäger oss vår makt att förändra vår verklighet. En ideologis osynlighet är samtidigt måttet på dess framgång. Att peta in en feministisk skärva i ögat är att synliggöra det som annars skulle förbli fördolt – det är början till en förändring.

När kvinnor väljer att inte bli professorer

Hittills har jag berört tre paragrafer i det patriarkala kontraktet: att vara ”manlig” är att ha makt över kvinnor och att inte primärt vara definierad som kön, samt att vi kallar en osynlig patriarkal ideologi för verklighet. Men för att det patriarkala kontraktet ska kunna gälla inom en demokrati krävs ytterligare något: nämligen att kvinnors underordning såväl på det privata som på det politiska planet inte ses som ett förtryck, utan som ett resultat av privata val, som ett uttryck för en frivilligt vald position. Hur denna ”frivilliga underordning” skapas och upprätthålls mellan unga par utan barn, som betecknar sig själva som jämställda, har Carin Holmberg undersökt i sin avhandling *Det kallas kärlek*. Även den danska psykologen Eva Ethelberg har diskuterat kvinnors underordning utifrån begreppet frivillighet. Ylva Elvin-Nowak, forskare i psykologi, skriver om Ethelbergs teorier i en artikel i Expressen:

> Eva Ethelberg menar att det för varje flicka/kvinna gäller att hon måste hitta en fungerande personlighetsstrategi för att hantera motsättningen mellan den egna självkänslan och den manliga dominansen i samhället. Hon måste lösa problemet med att få ihop en någorlunda god självkänsla med en verklighet där kvinnor är könsmässigt underordnade.
>
> Dagens kvinna har störst möjlighet att få sin

kvinnlighet positivt bekräftad om hon lyckas få sin underordning att framstå som något annat än underordning, gärna ett personligt val som går i linje med hennes personliga egenskaper. Självständighet kombinerat med frivillig inordning lönar sig bäst.

Förslaget om positiv särbehandling förolämpade denna kvinnliga strategi genom att anta att kvinnor faktiskt *vill* bli professorer, men att de inte *kan* bli det. Förslaget förolämpade helt enkelt det patriarkala kontraktet genom att se kvinnors underordning som någonting annat än som ett uttryck för frivilliga prioriteringar. Dess kritiker vände dock på denna förolämpning genom att hävda att "kvinnors kompetens nedvärderades" och att kvoterade kvinnor skulle riskera att förpassas till ett universitetets B-lag, över vilket det skulle vila "ett löjets sken". Birger Bergh, professor i latin i Lund, skriver i Sydsvenskan: "Propositionen underblåser i realiteten gamla fördomar om att kvinnor inte kan (ens när de vill) och motverkar därigenom allt arbete på verklig jämställdhet."

Att kvinnliga professorer genom förslaget skulle förpassas till ett B-lag vore naturligtvis sorgligt, men än sorgligare är väl att de flesta av oss kvinnor inom universitetet faktiskt redan i dag *är* ett B-lag; än sorgligare är väl att det inte är en "fördom" att kvinnor inte kan ens om de vill – utan ett faktum. En kvinna som läser på universitetets grundnivå har 18,5 gånger svårare än en man som läser på samma nivå att nå den högsta positionen inom den hierarki hon och han nu har beträtt: professorstjänsten. Detta upplevs dock av flertalet kvinnor inte som en förolämpning, utan en sådan uppstår först när förhållandet blir synligt, när det överhuvudtaget påtalas – när det ska förändras. Inte heller män upplever det som en förolämpning eller som ett nedvärderande av deras kompetens att den "lilla stump blindtarm som männen fått som könsbestämmelse", som Moa Martinson uttrycker det, ger dem en närmare relation till professorsstolen än kvinnors brist på densamma. Varken män eller kvinnor erfar sig alltså i dag som ett B-lag; i dag existerar inget sådant – i dag existerar bara en könlös kompetens, som till övervägande del råkar bäras av män.

Många kvinnor, både utom och inom universitetet, ogillade Thams förslag. "Den näst intill samstämmiga kritik som S-förslaget om 30 professurer förbehållna kvinnor har mött från kvinnor i forskarvärlden tycker jag är värd att lyssna på", skriver Folkpartiets ledare Maria Leissner i Expressen. Birger Bergh skriver, efter att ha lyssnat på sina kvinnliga kolleger, i Sydsvenskan: "Vid Lunds universitet har åtskilliga kvinnor redan gett uttryck åt den avsky de känner inför den patroniserande och i grunden nedvärderande attityd som genomsyrar förslaget."

Om nu kvinnor inte erfar sig som ett B-lag, och om de nu inte *vill* bli utsatta för positiv särbehandling, hur kan då regeringens proposition föras fram under en täckmantel av "för kvinnors skull"? Jag menar att det inte kan det, att det är fel att försvara förslaget som vore det ett *kvinnligt* sådant. Det är det inte – det är ett *feministiskt* förslag. Det är en kvinnlig erfarenhet att ha lägre betalda arbeten än män, eller att, som i de här fallen, ha svårare att göra akademisk karriär. Men det är en feministisk åsikt att detta är fel och att detta fel inte beror på fria val, utan på strukturer i ett manssamhälle. Den *feministiska* synen är i själva verket en förolämpning mot, och en utmaning av, den *kvinnliga* strategin att få sin underordning att verka frivilligt vald och grundad i personliga intressen och prioriteringar. Att tro att man kan hämta styrka till sin argumentation om att förslaget är fel från kvinnor som säger att det är fel, beror på att man tror att det är ett kvinnligt förslag, när det i själva verket är ett feministiskt sådant. Och kvinna är inte synonymt med feminist. Åtminstone detta förstår Anita Ankarcrona när hon i Svenska Dagbladet skriver:

> Men flertalet kvinnor är inte feminister. Vi inser att gränsen mellan ont och gott inte går mellan män och kvinnor, utan inom varje människa. Vi inser att samarbete och god vilja är den enda möjliga vägen till delad makt och ömsesidig respekt. Feminismens könsbundna förföljelse av män är lika diskriminerande som kränkande. För oss alla.

Att definiera feminist som en kvinna som tycker att alla män är onda och alla kvinnor goda, måste nog betraktas som en något förhastad slutsats. Vad det innebär att vara feminist är omdiskuterat även av dem som kallar sig själva så – men i just detta fall tror jag att det har att göra med att man har fått en skärva i ögat; en skärva som gör att man ser kvinnors faktiska underordning som någonting annat än resultatet av privata val, samt att man inser att begreppet ”kvinnlighet” kan – och bör – förändras.

För att vi ska förstå varför kvinnor behåller relativt underordnade positioner gentemot män (att överhuvudtaget doktorera är naturligtvis att inta en prestigeladdad position i vårt samhälle, som många kvinnor – och män – aldrig tar, men *inom* denna maktinstitution förblir kvinnor underordnade män) krävs det att vi lägger ett historiskt perspektiv på vad ”kvinnlighet” är, krävs det att vi inser att detta är någonting som ständigt omskapas – och att vi därmed kan förändra begreppet (inte bara uppvärdera dess givna innehåll på det sätt som vissa livmoderfeminister vill). Att förändra vår ”kvinnliga identitet” är samtidigt att förstöra den – och är därmed ett steg på vägen mot det som jag ser som feminismens nuvarande utmaning: att upplösa ”kvinnan”, att skriva om, för att en dag inte skriva alls, hennes ”rätta” livsmanus. Om vi på allvar tror att ”kvinnlighet” är någonting historiskt och politiskt, så måste vi också tro att det står i vår makt – som samtida historiska och politiska varelser – att omskapa den.

Just i denna förändringsaspekt är Carl Thams förslag ett konkret feministiskt sådant. I dag är det ”okvinnligt” att vara professor, men om regeringens proposition skulle förverkligas och minst fyrtio procent av alla professurer så småningom kommer att innehas av kvinnor, så skulle det inte längre vara så. Då har vi förändrat och förskjutit "kvinnligheten" på liknande sätt som flera politiska beslut genom historien tidigare har gjort. Att på detta sätt omskapa det reella innehållet i "kvinnligheten" skulle innebära att vår "kvinnliga identitet" försvagades, att den späddes ut – i det att den mindre skulle skilja sig från den "manliga identiteten". Vägen mot det jämställda samhället har bland annat gått genom en sådan "utspädning" av både den kvinnliga och den manliga identiteten. När kvinnor fick rösträtt, när vi fick tillträde till högre utbildning, när vi fick rätt till ämbeten tidigare förbehållna män innebar detta att skillnaden mellan att vara "kvinnlig" och att vara "manlig" i någon mån minskade – i alla fall på ett konkret politiskt plan. Den "kvinnliga identitetens" innehåll har utökats och förändrats mer än den "manliga". Eftersom "kvinnlighetens" rum främst har varit hemmets och de nära relationernas rum – ett rum vi har valt att se som en privat sfär bortom politikens arena – så har det varit svårare, och ofta saknats vilja, att fatta politiska beslut som skulle innebära att män beträdde detta rum. Bengt Westerbergs förslag om en obligatorisk pappamånad var dock ett sådant politiskt förslag, ett försök att förändra den "manliga identiteten", inte genom att låta även kvinnor få del av den (vilket naturligtvis även förändrar "manligheten" genom att den mindre kommer att skilja sig från "kvinnligheten", utan genom att låta männen få del av den "kvinnliga identiteten". Detta förslag benämndes också mycket riktigt som "storebrorsaktigt"; hemmet måste enligt vissa förbli en privat, icke-politisk sfär – men till det här ska jag återkomma.

Även om den ”manliga” och den ”kvinnliga” identiteten har förändrats – till en del beroende av politiska beslut – så fortsätter vi att leva i ett manssamhälle, där män har den största makten både som grupp betraktat och även inom de flesta relationer mellan en enskild man och kvinna; där varje kvinna och varje man föds till en förväntad ”kvinnlighet” och en förväntad ”manlighet”, till ett bestämt livsmanus där den enskilda individens inställning till och ”val” av arbete, kärlek, utseende, drömmar, vänskap ser olika ut beroende på om vi föds som flicka eller pojke. Att se dessa livsmanus som naturliga och/eller som personligt valda ingår i de patriarkala glasögon som vi alla på ett osynligt sätt lär oss att bära – men som feminister i någon mån försöker byta ut mot en feministisk skärva, en feministisk lins. Därmed kommer feminister att förolämpa inte bara mäns ”verklighet” utan även kvinnors – båda könen har sina namnteckningar under det patriarkala kontraktet och båda könen har sitt ansvar för att upprätthålla det.

Bevara hierarkin – ge mer åt alla!

Män/manlighet och kvinnor/kvinnlighet skapas enbart i förhållande till varandra, där det viktiga är dels att *skillnad* upprätthålls, dels att denna skillnad, eller relation, är *hierarkisk*. De båda polerna i könsmotsättningen är beroende av varandra: män definieras i motsättning till kvinnor och kvinnor definieras i motsättning till män.

Mäns maktställning bygger på kvinnors avsaknad av makt.

Ett sätt att rädda den manlighet som kommer i kris av att plötsligt och tydligt bli definierad som kön är att likväl bevara den obalans, den hierarki, som utgör en annan av det patriarkala kontraktets paragrafer. Genom att förslaget om positiv särbehandling till en del handlar om att *ta* makt från män bryter det med traditionell svensk jämställdhetspolitik, som tack vare en god samhällsekonomi tidigare oftast har handlat om att *öka* all makt, om att ge *mer* resurser. Svenska kvinnor kunde erövra den makt som ligger i att ha ett eget arbete och en egen inkomst genom att den offentliga sektorn byggdes ut. Kvinnor fick nya arbeten, utan att män behövda avstå sina. Kvinnors löner i den offentliga sektorn blev låga i jämförelse med mäns löner inom industrin och byggbranschen. Obalansen, hierarkin, upprätthölls – och med den könen.

I universitetsvärlden har någonting liknande skett: kvinnoforskningen har fått egna fora eller centra, där kvinnor kan diskutera könsfrågor med varandra. Dessa fora saknar ofta doktorandutbildning och professorstjänster – och därmed är deras makt, prestige och ekonomi begränsade. Hierarkin har upprätthållits och samtidigt har vissa feministiska krav kunnat tillgodoses.

I debatten om positiv särbehandling vänder sig en del med längtan mot detta traditionella sätt att bedriva jämställdhetspolitik: ge universiteten *mer* pengar, låt *fler* bli professorer, inrätta *fler* doktorand- och forskarassistenttjänster, *öka* makten åt alla – då kommer även kvinnor att få del av det goda. Rubba bara inte obalansen!

Bo Rothstein, professor i statsvetenskap i Göteborg, skriver i Arbetet på internationella kvinnodagen -95 att: "grundproblemet i sammanhanget är den ovanligt hierarkiska tjänstestrukturen vid svenska universitet. Problemet är att de flesta institutioner har väldigt få professorsställningar och att de är just ställningar. Det betyder att man i princip bara kan bli professor när en tjänst utlyses." Rothstein vill i stället införa den princip för professurer som råder i USA i dag (och som redan finns här vid utnämnande av docenter): en professur ska inte vara en *tjänst,* utan en *kompetens.* Man ska helt enkelt kunna få professors titel när man är tillräckligt meriterad – oavsett om det just då råkar finnas någon ledig professorstjänst vid ens institution. "Om jag tar mitt eget ämne (statsvetenskap) skulle det på varje institution i stället för att som i dag två-tre professorer finnas ett tiotal, vilket ungefär motsvarar det antal som finns vid de flesta institutioner vid universiteten i USA", skriver Rothstein vidare. Susanne Johansson och Irene Molina, doktorander i kulturgeografi i Uppsala, ger honom i en artikel i Arbetet det svar hans förslag tycks ropa på: "Plötsligt är det inte längre frågan om varför kvinnor inte blir professorer utan varför alla inte kan bli professorer."

Bo Södersten uttrycker sin tilltro till gammal god "alla ska få mer"-jämställdhetspolitik då han i en artikel i Sydsvenskan skriver: "Ökad jämställdhet och ökade resurser hör intimt samman när det gäller högskola och forskning." Hans lösning på kvinnors underordning lyder:

fördubbla antalet forskarassistenttjänster.

I debatten om positiv särbehandling sprattlar en plötsligt ifrågasatt manlighet (där både kvinnor och män kan ingå) förtvivlat: låt oss få behålla åtminstone någon gammal god och trygg paragraf i det patriarkala kontraktet!

Om vi ser på begreppen "kompetens" och "kunskap" utifrån en feministisk skärva så avslöjar sig dessa begrepp, just genom sin påstådda könlöshet, som en del av en osynlig patriarkal ideologi – osynlig i betydelsen "tagen för att vara verkligheten". Vi kommer ihåg argumentet: om förslaget om kvotering går igenom kommer kön att gå före kompetens. Detta innebär att inget kön häftas vid begreppet så länge det bärs av män. Men även om kunskap och kompetens är besvärliga ord, som faktiskt har en nära relation till ett visst (just i detta fall osynligt) kön, så kan vi väl inte bara skrota dem? Även om vi ser hur de bär en patriarkal ideologi vidare kan vi väl inte bara säga adjöss till dem? Bör universiteten, för att behaga fröken feminist, inte kämpa för att utveckla kunskap och kompetens?

Jo, men just för att *utveckla* detta, det vill säga inse att begreppens definitioner förändras när nya grupper börjar närma sig dem, när nya grupper tolkar dem och ger dem sina betydelser. Kunskap, kompetens och meriter är inte statiska begrepp, en gång för alla definierade och fastslagna. Om jag tar mitt eget ämne, litteraturvetenskap, som exempel så kan jag konstatera att det för att få epitetet "kompetent" är mindre viktigt att kunna läsa, värdera och känna till kvinnliga författare än manliga; mindre viktigt att vara bevandrad i feministiska teorier än i nykritiska eller strukturalistiska. Jag tror att detta håller på att förändras, men en sådan förändring blir aldrig möjlig om vi inte diskuterar begreppet ”kompetent” som ett relativt begrepp, om vi inte ser att begreppet har med makt att göra och inte blott med opolitisk objektivitet. Om vi för en sådan diskussion behöver den naturligtvis inte leda till att vi når slutsatsen att kvinnliga författare eller feministiska litteraturteorier är lika intressanta som manliga författare eller strukturalistiska teorier – men för att vi överhuvudtaget ska kunna konstatera det ena eller det andra, så måste vi vara beredda att föra en diskussion om hur ”kunskap” och ”kompetens” förändras under historiens gång – förändras till följd av nya maktförhållanden i samhället.

Att vi nu överhuvudtaget börjar närma oss dessa frågor visar att det nuvarande systemet, med sin tro på absolut objektivitet, på olika sätt befinner sig i kris – en kris som ytterst är en följd av den demokratiska princip som gett tidigare utestängda kvinnor tillträde till högre utbildning. 1937 fick en kvinna för första gången en statlig professur i Sverige. Att hon skulle ha börjat ifrågasätta grundtankarna inom den byggnad hon just hade fått tillträde till var inte troligt – men knappt 60 år senare har någonting hänt. Joan Wallach Scott, professor i samhällsvetenskap i Princeton, skriver i *Beyond P.C.* om vad som sker över tid när nya grupper träder in i universitetsvärlden:

Om minoriteter under tidigare generationer anpassade sig till universitetslivet genom att acceptera rådande värderingar och se normer, som inte tidigare hade varit deras egna, som universella, så äger de nu medel att ifrågasätta själva föreställningen om universalitet och att kräva att deras egna erfarenheter ska räknas.

Siffrorna från våra svenska universitet och debatten som följde på förslaget om positiv särbehandling visar att det i dag finns en enighet om att kvinnor bör ges tillträde till ett tidigare "manligt" universitet under förutsättning att de accepterar detta systems grundläggande princip: den "objektiva kompetensen" existerar och den – och enbart den – avgör var du hamnar i hierarkin. Men om vi inte accepterar denna princip bör vi hållas utanför – ja, *måste* vi faktiskt hållas utanför åtminstone det *nuvarande* systemet, ty om kvinnor ges tillträde genom positiv särbehandling, det vill säga genom att vi erkänner att den "objektiva kompetensen" inte existerar, så ges vi ju faktiskt inte tillträde till det nuvarande systemet, då detta till stor del vilar på tron om att en sådan objektivitet verkligen existerar.

Förslagets kritiker har alltså rätt på denna punkt: positiv särbehandling hotar det nuvarande systemet. Men det innebär inte att det hotar den "objektiva" storheten kompetens – blott att det hotar *tron* på att en sådan existerar. Vill vi behålla den tron, eller är vi beredda att diskutera innehållet – och politiken – i begreppet kompetens?

Är idealet uppnått i dag, eller ska vi uppnå det i morgon?

Men hotar då inte ett förslag som ger kvinnor företräde framför män en individualistiskt utformad, och av de flesta accepterad, *rättsprincip?* Svaret på den frågan är direkt kopplat till svaret på en annan fråga: har alla individer i Sverige i dag lika stora möjligheter? Och för att precisera frågan till den aktuella debatten: har kvinnor och män i Sverige i dag lika stora möjligheter att få en professur? Hur vi besvarar den frågan avgör vilken politik vi vill bedriva.

Lyssna på några ord ur debatten om kvinnliga professorer:

> Tjänster som i dag är högre avlönade finns tillgängliga för båda könen att söka. Tyvärr väljer kvinnorna inte alltid de bäst betalda jobben utan föredrar de s k kvinnliga yrkena som är sämre betalda. [...] Sedan andra världskriget har kvinnors möjligheter att lämna de traditionella kvinnorollerna lett till en explosion av nya roller. Inga möjligheter är längre av sociala skäl stängda för kvinnor. Den enda begränsningen är fortfarande den biologiska: att föda barn. (Hans Hjortzberg-Nordlund (M) i riksdagsdebatten)

Det viktigaste argumentet mot könskvotering är att det innebär ett brott mot två utomordentligt

> viktiga principer. Den ena är att man inte skall diskriminera människor efter kön, ras eller något annat irrelevant kriterium. Den andra principen är att vetenskapliga tjänster bör tillsättas efter vetenskapliga meriter. (Germund Herslow i Sydsvenskan)

> … för mig får gärna den svenska professorskåren till etthundra procent bestå av kvinnor, under förutsättning att de utsetts efter vetenskapssamhällets prövning och inte efter politiska diktat. (Birger Bergh i Sydsvenskan)

Lägg till dessa ord de övriga argumenten mot Thams förslag: att män skulle bli diskriminerade, att kön skulle gå före kompetens och att kvinnor skulle bli ett forskningens B-lag. Tillsammans talar alla dessa argument ett tydligt språk: i dag styr ingenting annat än personliga prioriteringar människors handlingar, i dag styr blott objektiva bedömningar universitetens meritvärderingar. Argumenten mot positiv särbehandling bygger alltså på tron att utopin om alla individers lika möjligheter redan är förverkligad. Om jag hade frågat Hjortzberg-Nordlund, Herslow, Bergh och de andra rakt på sak: ”Tror ni att alla människor i Sverige, oavsett social bakgrund, etnicitet och kön, har lika möjligheter?”, så misstänker jag att de hade svarat nej – något annat hade låtit alltför naivt. Men de argument de använder, och den politik de därför vill bedriva, bygger faktiskt på ett sådant antagande: antingen styr "politiska diktat" eller så styr ingenting alls; antingen "diskriminerar vi män" eller så diskriminerar vi ingen. Antingen existerar en synlig styrning eller så existerar ingen styrning alls.

Det regeringens proposition främst erkänner är egentligen inte att kvinnliga forskare är mer kompetenta än vad deras ställningar i universitetshierarkin gör gällande, utan ytterst är den ett erkännande av *gårdagen*. Propositionen vilar på en syn på människan som en varelse bestämd av sin historia, sin tid och sin plats. Om vi erkänner gårdagen erkänner vi att det finns ett historiskt inflytande över dagen – ett inflytande som gör att alla människor inte startar från samma linje, att ett 100-meterslopp faktiskt inte är lika långt för alla tävlande. Just genom sitt erkännande av gårdagens inflytande över dagen bryter förslaget om positiv särbehandling mot ett liberalt tänkande som ser människan som en fritt svävande individ, innesluten i ett politiskt vakuum fritt från makt och ojämlikhet. Positiv särbehandling bygger på ett antagande om att vissa grupper av individer genom historien har behandlats annorlunda än andra – inte på grund av att de har varit mindre kompetenta eller kunniga utan på grund av att de har bedömts som medlemmar av en grupp med icke önskvärda karakteristika. Joan Wallach Scott skriver i *Beyond P.C.* om den positiva särbehandling som har bedrivits i USA sedan sextiotalets medborgarrättsrörelse:

> "Affirmative action" [positiv särbehandling] tog hänsyn till dessa historiska fördomar och försökte

att upphäva vissa av deras mest ödesdigra effekter – inte genom omvänd diskriminering, utan genom att låta svarta och kvinnor få tillträde till det som genom historien varit förbehållet vita eller män *som grupper.*

Den individualistiska rättsprincip där alla människor får samma paket av mänskliga rättigheter bygger på att man blundar för hur olika individer skiljer sig från varandra, hur de tävlar med olika handikapp, hur de startar från olika linjer. Om dagens kamp mot diskriminering vilar på den individualistiska rättsprincipen riskerar den därmed att befästa en historisk diskriminering.

Om vi antar att utopin om alla individers lika fri- och rättigheter och alla individers lika möjligheter redan är förverkligad, så måste vi förklara det faktum att landets professurer till 93 procent innehas av män med att kvinnor helt enkelt har valt att inte bli professorer. Vissa gör också, som vi har sett, detta; de talar om val, intresseinriktningar och prioriteringar. Men om vi däremot inte tror att utopin redan är förverkligad, så innebär det att vi måste bedriva en politik – i vid mening – som gör den möjlig att förverkliga. Då måste vi erkänna gårdagen. Då måste vi hitta de osynliga mekanismer, de informella hinder som kvarstår trots att de synliga och formella hindren är upphävda. Detta, att nu peta i det osynliga, tycker jag är en logisk utveckling mot en reell demokrati – och att vi är framme här, vid det osynliga, är i sig ett bevis för att kampen hittills varit lyckad. Naturligtvis finns det ett problem: ingen kunde blunda för en skriven lag, en tydlig paragraf, men den som inte vill se det som vi inte bör se om vi vill tro att en jämställd och jämlik demokrati redan är uppnådd, behöver heller ingenting se. Han kan fortsätta att hävda att "alla kan – om de bara vill". Med en sådan grundsyn blir alla försök att underlätta för tidigare underordnade grupper odemokratiska och orättfärdiga.

Författaren Jan Söderqvist beskriver i Svenska Dagbladet feminismens utveckling från en kamp mot synliga hinder till en kamp mot osynliga – en utveckling han beklagar:

> Ursprungligen var feminismen en del av, eller kanske snarare en utväxt på, det stora upplysningsprojektet. Det handlade inte om att störta något patriarkat, utan om att den nya, liberala demokratins välsignelser skulle omfatta även kvinnan. Här fanns konkreta mål att sträva mot: rösträtt, likhet inför lagen, skilsmässa, egendomsrätt, tillträde till utbildning och arbetsmarknad, och trots tidvis hårt motstånd gjordes under ett drygt sekel goda framsteg. Idén om könskriget föddes först när feminismen, i mitten av det kanske inte alltid fullt så glada 60-talet, drastiskt omformades under trycket av en allmän och mycket stark misstro mot allt som luktade etablissemang.
>
> Tio år senare hade man i radikala kretsar mycket litet tålamod med liberala problemlösningar,

> som ju inte sällan tenderar att vara långsamma och ofullständiga. Feminismen hade blivit något annat. Undan för undan hårdnade sedan kampviljan på de amerikanska universiteten. Man hade massor med "nya teorier och begrepp", och kände sig marginaliserad. Man formerade sina styrkor och iscensatte diverse militanta aktioner.

Även om det är roligt att höra Jan Söderqvist hylla feminismen på åtminstone en punkt, dess historiska del, så måste jag nog göra honom besviken. Det som den "ursprungliga" feminismen kämpade för var nog trots allt patriarkatets sammanbrott – möjligen trodde man att det skulle infalla när kvinnors formella jämställdhet med män hade uppnåtts. En gång var, enligt Söderqvist, feminismen fin och normal, men nu är den obstinat och jobbig. Kan det bero på att det är nu som Söderqvist möter den? Jag tror nog att de samtida män som såg kvinnor kämpa för rösträtt – en rösträtt som många män fann det horribelt att de skulle få – upplevde det som om kvinnosakskvinnorna nu ville störta patriarkatet, för vad handlar ett sådant störtande om om inte att den tidigare självklara makten – på alla plan – tas ifrån män och delas lika?

Vägen till en reell demokrati måste bestå av olika etapper, där den första naturligtvis är att upphäva tydliga, i lagar uttryckta, orättvisor. När detta har skett, måste vi ställa oss en ny fråga: hur har det gått, har vi uppnått målet? Om vi då ser oss omkring och inte upptäcker en komplett demokrati, måste vi gå vidare. Nu existerar inga synliga lagar – men tydligen finns osynliga hinder kvar. Att då bekämpa dem är att fortsätta den kamp som inleddes med bekämpandet av de synliga hindren. Så här kan vi utveckla en demokrati, skapa den till att i högre och högre grad likna det ideal vi strävar efter. Om vi inte tar steget från en kamp mot synliga hinder till en kamp mot osynliga så stannar vi på halva vägen. När en kamp mot synliga hinder övergår till en kamp mot osynliga är det inte ett brott mot ett tidigare demokratiskt ideal – det är en och samma väg som måste byta medel när den byter motståndare. Den tyske filosofen Jürgen Habermas skriver i *Det mångkulturella samhället och erkännandets politik:*

> Den liberala politiken syftade till en början till att lösgöra förvärvandet av ställning och status från könsidentiteten och tillförsäkra kvinnorna lika chanser i konkurrensen om arbetsplatser, socialt anseende, examina, politisk makt osv. Men tack vare denna delvis genomförda formella jämställdhet kom sedan den faktiskt ojämlika behandlingen av kvinnorna att framträda så mycket tydligare.

Jag är ledsen, Jan Söderqvist, men målet för åtminstone den feministiska kampen förblir detsamma: att störta patriarkatet. Vi lär inte ge oss förrän vi är framme där – men våra medel kommer med nödvändighet att byta utseende.

En politik mot skillnader genom skillnader

Nu närmar vi oss det problem som är den samtida feminismens paradox. Genom förslaget om positiv särbehandling av underrepresenterat kön knyts en enskild människas identitet till en grupp, till ett kön. Propositionen handlar om att se kvinnor *som kvinnor*. Är det verkligen en radikal syn? Är det inte en sådan syn som legat till grund för de reducerande kraven på att varje sann kvinna bör agera ”kvinnligt”? Den amerikanska professorn i filosofi vid John Hopkins University, Susan Wolf, skriver i *Det mångkulturella samhället och erkännandets politik:*

> Det dominerande problemet för kvinnor som kvinnor är inte att den större eller mäktigare sektorn av samhället inte lägger märke till eller intresserar sig för att bevara kvinnors könsidentitet, utan att denna identitet utnyttjas för förtryck och exploatering.

Wolf menar att det finns en mening ”i vilken kvinnor bara alltför länge har erkänts som kvinnor – i själva verket ’inte som något annat än kvinnor’”, och att detta har lett till en försummelse ”att erkänna kvinnorna som individer, med egna tankar, intressen och talanger, som i större eller mindre utsträckning kan vantrivas med eller känna sig likgiltiga för de roller som deras kön har tillskrivit dem”.

Jag önskar mig en feminism som just vill upplösa ”kvinnan” och ”kvinnligheten” som samlande begrepp för hur en viss grupp varelser bör vara, uppträda, klä sig, värdera, tänka, känna etc. Jag önskar mig en feminism som inte skriver människors livsmanus efter deras kön, som kämpar mot rosa och blåa täckens förväntningar på framtida ”kvinnlighet” och framtida ”manlighet”. Hur kan jag då plötsligt hävda att ett förslag som till synes gör det motsatta, som bekräftar kvinnors identitet *som kvinnor,* är ett *radikalt* förslag? Finns det inte en motsättning mellan den ”könsupplösande” feminism som jag talar om, och en feminism som vill se kvinnor som en *grupp,* för vilken vi ska kräva politiska rättigheter? Finns det inte en motsättning mellan att hävda att ”kvinnan” inte finns och att hävda att kvinnligt kön ska vara kriterium för att få vissa tjänster? Jo, absolut.

Problematiken synliggör just den paradox som är den nuvarande feminismens: det är dels en politisk rörelse för kvinnors rättigheter, dels en politisk rörelse som bör upplösa ”kvinnligheten” som grund för en människas identitet. Vår samtida feminism vilar på en paradox – vilket också vårt samtida samhälle gör; vårt land är samtidigt en demokrati och ett patriarkat.

Men feminismens paradox är en paradox blott i *medel,* och en enhet i *målet;* för att det en gång ska bli möjligt att upplösa könen måste dessa i desto högre grad göras synliga i dag. Men *inte* göras synliga som naturliga identiteter, utan som politiska och psykologiska konstruktioner som vilar på kvinnors relativa underordning under män.

Att jag kan hävda att Carl Thams förslag är radikalt, trots att det bekräftar vår identitet *som kvinnor,* beror på att en sådan bekräftelse i det här fallet leder till att "kvinnan" och den "kvinnliga identiteten" *förändras,* blir någonting annat än vad hon/den historiskt har varit. Kvinnans "egenart" erkänns i syfte att upphäva denna "egenart". Man åberopar att en historisk kvinnoidentitet har försvårat för kvinnor att nå samhälleliga maktpositioner. För att förändra detta måste kvinnoidentiteten i ett första steg erkännas – och i ett andra steg överskridas. Som Kwame Anthony Appiah skriver i *Det mångkulturella samhället och erkännandets politik:* "en identitetspolitik kommer förmodligen att förändra de identiteter för vars skull den skenbarligen strävar".

En politik som vill införa tjänster vigda för kvinnor erkänner kvinnors historiskt skapade underläge och olikhet gentemot män, men målet är inte att för alltid bibehålla denna obalans, denna skillnad, utan målet är det motsatta. Därför är det möjligt att försvara vissa politiska åtgärder som till synes stödjer tanken om könens väsensskilda identiteter – möjligt även för en feminist som i grunden motsätter sig en sådan tanke.

Att erkänna kvinnors "egenart" som en historisk egenart gör det alltså möjligt att förändra denna. Om vi vill en sådan förändring, om vi *inte* vill behålla "kvinnligheten" som den ser ut i dag, menar vi samtidigt att det är *rätt* att förändra identiteter och kulturer. Jag tycker att feminismen borde kämpa för en sådan förändring och inte behandla vår "kvinnlighet" som vore den en utrotningshotad art som vi måste skydda mot kulturens råa angrepp. Den ”kvinnliga identiteten” *kan* och *bör* förändras – och som feminister bör vi föra diskussionen om *hur* denna förändring ska se ut. Det handlar orn att erkänna att ”kvinnlighet” är någonting vi skapar här och nu, med trådar från gårdagen och med sikte mot morgondagen. Vilket innehåll vill vi, här och nu, ge detta begrepp, denna identitet?

På en sådan fråga kan man naturligtvis svara: det ska ”vi” inte bry oss om, det är upp till varje enskild kvinna att forma sin ”kvinnliga identitet”, och upp till varje man att forma sin ”manliga” – eller vilken annan identitet de nu önskar. Identiteter är personliga – inte politiska. För mig ter sig ett sådant svar som möjligen ett önsketänkande, men framförallt som en ren och skär omöjlighet. Jag kan aldrig bli till som ett ”jag” om jag inte tar andra människor till hjälp, om jag inte ingår i ett spel av mellanmänskliga relationer. Det finns inget äkta jag längst inne i mig som ropar efter uttryck och tillblivelse. Vem jag är, eller snarare blir, är beroende av var på jorden jag föds, vilka ekonomiska villkor som gäller i mitt samhälle, vilket yrke mina föräldrar har, vilket kön jag har och så vidare. Om vi inser att en flicka som föddes i Delhi 1967 omöjligt kan bli densamma som en flicka som föddes i Östersund 1967, så inser vi att identiteten är relationell – att den ingriper både andra människor och yttre samhällsvillkor, det vill säga att den är politisk. Om det någon gång ska bli möjligt för människor att forma sina identiteter utan att bygga dem på förutsättningen att ”jag är flicka” eller

”jag är pojke”, måste vi inse att identiteter är politiskt skapade. Då först kan vi föra en medveten politik med syfte just att upplösa könstillhörigheten som yttersta svar på frågan ”vem är jag?”.

Om vi på det här sättet inser att vår egen identitet är beroende av andra människor, av hur ekonomiska och politiska beslut som tidigare har fattats i mitt och andras samhälle har format detta och även kommer att forma mig, så uppstår frågan – ty då tror vi att det står i vår makt – vilka identiteter vill vi göra möjliga? Och för att precisera frågan till att handla om könsidentiteter: hur vill vi att ”kvinnligheten” respektive ”manligheten” ska se ut? Vill vi överhuvudtaget ha två kön som förutsättning för identitet? När vi har gjort det möjligt för kvinnor att i allt högre grad utföra samma handlingar och ha samma yrken som män, har vi, som jag tidigare påpekade, delvis upplöst könen som väsensskilda identiteter – visserligen på ett rent formellt plan, men då vad vi gör även påverkar vem vi är/blir upplöses också till en liten del könens psykologiska identiteter. (Fortfarande tolkas dock *samma* handling olika om den utförs av en man eller av en kvinna, och därför förändrar vi inte de psykologiska könsidentiteterna enbart genom att förändra deras konkreta innehåll.) En del människor menar att detta ”upplösande” är fel och att det skapar frustrationer inom individen eftersom det går emot en medfödd, biologisk könstillhörighet. Så debatterar vissa livmoderfeminister. Andra menar att ”upplösandet” är fel för att det har varit alltför ensidigt: kvinnor har tvingats att ”bli som män”, att göra ”den manliga normen” till sin, medan män inte har tvingats – eller haft förmånen – att göra motsvarande könsresa. Sådana kritiker menar att vi alltför ensidigt har målat lyckan i ett ”manligt” yrkesliv – vilket vi ju också fortsätter att göra om vi vill skapa möjligheter för fler kvinnor att bli anställda doktorander, forskarassistenter och professorer.

Britt Mogård, moderat landshövding, argumenterar i en artikel i Svenska Dagbladet utifrån såna här tankegångar:

> Min utgångspunkt är att män och kvinnor har var sin egenart och att män och kvinnor i lika mån bidrar till samhällets bestånd och framtid. Men kvinnor får inte låta sig luras att ställa upp på kompetenskrav som ensidigt uppställts av männen. Kvinnor måste kräva att deras åsikter och deras kvalifikationer beaktas i samhällsutvecklingen. [...] Mannen får inte vara normen, idealet.

Ann-Marie Pålsson, lektor i nationalekonomi i Lund, vill i en artikel i Svenska Dagbladet formulera en ny jämställdhetspolitik:

> Från kvinnlig synpunkt borde det vara enklare att uppnå jämställdhet om hemarbetet (dvs 70 procent av kvinnors arbete) uppvärderas och likställs med annat arbete avseende lön, trygghet

etc än att som nu definiera jämställdhet utifrån den manliga normen och att med hjälp av kraftfulla ekonomiska instrument styra kvinnor till att arbeta på männens arbetsmarknad och på männens villkor.

Här känner vi igen vissa av livmoderfeministernas tankar: jämställdhet uppnås enklast om könsrollerna behålls. Friheten ligger i att kvinnor ska göra det kvinnor "alltid" har gjort, och män göra det män "alltid" har gjort – men nu ska kvinnorna få betalt. Men om vi väljer att fokusera en annan del av argumentationen, nämligen att vår svenska jämställdhetspolitik alltför ensidigt har betonat arbetsmarknaden som lyckans marker, så kan vi föra in ytterligare en regeringsproposition i debatten. Denna gång en borgerlig sådan, nämligen före detta socialminister Bengt Westerbergs förslag om en "obligatorisk pappamånad".

Westerbergs förslag gick ut på att begränsa det antal dagar av föräldrapenningen som får överlåtas på den andra partnern. Tidigare tilldelades föräldrarna vardera sex månaders rätt till betald ledighet, men samtliga månader fick överlåtas. Förslaget gick ut på att trettio dagar i fortsättningen inte skulle få överlåtas. Om ett föräldrapar vill få ut hela föräldrapenningen, måste alltså pappan (eller mamman) stanna hemma med barnet i minst en månad.

Vissa av dem som kritiserade Carl Thams förslag om positiv särbehandling menade att det angrep fel ända av problemet. Att kvinnor inte når de högsta positionerna inom universiteten hade, sades det, inte att göra med förhållanden inom *universiteten,* utan med en ojämn fördelning av *hemmets* arbetsbördor. Robert Eriksson, professor i sociologi i Stockholm, menar att det är på grund av att kvinnor fortfarande har huvudansvaret för hem och barn som de inte klarar sig lika bra som män i universitetshierarkin. Han skriver i Svenska Dagbladet att "det knappast är inom utbildningspolitiken som åtgärder i första hand bör vidtas, utan inom familje- och socialpolitiken". Folkpartiets ledare Maria Leissner hävdar i en artikel i Expressen att: "Det som stoppar jämställdhet i arbetslivet är bristen på jämställdhet i hemmet. Så länge det främst är kvinnorna som tar ansvaret för de gemensamma barnen blir det också kvinnorna som blir bortsorterade av arbetsgivarna." Om dessa debattörer har rätt, om problemet med få kvinnliga professorer inte har sin grund i universiteten utan i hemmen, borde Westerbergs förslag om en obligatorisk pappamånad komplettera Thams förslag om positiv särbehandling. Medan män byter blöjor i hemmen bedriver kvinnor forskning på universiteten. En jämförelse mellan de siffror som låg till grund för Carl Thams förslag om positiv särbehandling och Bengt Westerbergs förslag om en obligatorisk pappamånad talar sitt tydliga språk om vad som är "manligt" respektive "kvinnligt" att göra om dagarna i vårt samhälle: 93 procent av Sveriges professorer är män – 90 procent av det totala antalet föräldrapenningsdagar togs 1992 ut av kvinnor. Både Thams och Westerbergs förslag angrep dessa siffror (och i förlängningen dessa könsidentiteter), men från varsitt håll; om lycka för Tham låg i ett betalt arbete, låg lycka för Westerberg i en samvaro med barn. Om Tham ville förändra den "kvinnliga" identiteten, ville Westerberg förändra den "manliga".

Bägge förslagen mötte kritik; i det ena fallet uttryckt som att "kön nu ska gå före kompetens", i det andra fallet som en kritik mot att staten nu ville uppträda som storebror och tala om vad som var bäst att göra för en pappa som inte själv kunde förstå detta. Så uttrycker till exempel Britt Mogård, i en artikel i Svenska Dagbladet, "förskräckelse" över att Bengt Westerberg har sagt att arbetsfördelningen i hemmen inte bara är en privatsak, och hon hävdar att hur denna arbetsfördelning sker verkligen inte får göras till någon "politisk fråga", utan att det "måste höra privatlivet till".

En del av kritiken mot Thams och mot Westerbergs förslag vilar på samma grund: i dag har siffran 93 procent manliga professorer ingenting med kön att göra och i dag har siffran 10 procent "pappadagar" blott med personliga prioriteringar att göra. Så skriver till exempel Birger Bergh i Sydsvenska Dagbladet: "Den som verkligen är intresserad av sanningen i dessa stycken och inte nöjer sig med enfaldiga slagord får också räkna med möjligheten att kvinnorna, som begåvningsmässigt självfallet inte står männen efter, av olika skäl helt enkelt prioriterar andra saker än män." Och så skriver Britt Mogård i Svenska Dagbladet: "Var finns respekten för kvinnors mogna ställningstaganden? [...] Många flickor söker inte till eller avbryter gymnasieutbildning, de flesta väljer ensidigt yrken som ger den flexibilitet de behöver. Många kvinnor avböjer erbjudanden om högre befattningar eller avstår från politiskt engagemang."

Att på det här sättet privatisera våra "kvinnliga" respektive "manliga" identiteter leder i praktiken till att vi behåller dem som de är. För att vi ska kunna förändra dagens reducerande könsidentiteter måste vi se dem som politiskt skapade; eller, med ett uttryck från sjuttiotalets kvinnorörelse, inse att "det privata är politiskt". När en sådan insikt omvandlas till konkreta politiska förslag blir motståndet stort från oroliga män och kvinnor. Trygga identiteter står på spel. För mig är både Carl Thams och Bengt Westerbergs förslag radikal feminism då de erkänner könen som politiska konstruktioner möjliga att förändra. Att en sådan feminism kan bedrivas av etablerade, manliga politiker visar att Sverige är ett land där det ibland är gott att vara feminist.

Varför gråter Simone de Beauvoir?

> Det är klart att ingen kvinna uppriktigt kan göra anspråk på att ställa sig utanför sitt kön. (Simone de Beauvoir i *Det andra könet)*

> Jag tror Simone de Beauvoir levde hårt ideologiserat på en livslögn: Att familj och barn inte var för henne, att hennes livsuppgift var en annan. (Yrsa Stenius i *Makten och kvinnligheten)*

1949 skrev en fransk filosof och författare en mening som bär hela den moderna feminismens radikalitet i sina åtta ord: ”Man föds inte till kvinna, man blir det.” Orden är Simone de Beauvoirs och de står på sidan 162 i den svenska översättningen av *Le deuxième sexe, Det andra könet.*

För de kvinnor som på sextio- och sjuttiotalen skapade den andra vågens feminism blev Simone de Beauvoir en symbol; hon sågs som en kvinna som levde ett självständigt intellektuellt liv, som kämpade för att vara en egen människa och ändå leva i kärlek med en man, hon erbjöd kvinnor en analys av hur deras situation av beroende och underordning kunde ändras, hon sprängde myten om den Sanna Kvinnan. Hennes *Det andra könet* ser jag som

1900-talets viktigaste feministiska verk. Det översattes till en mängd språk och förändrade många tusentals kvinnors liv och det ställer många av de frågor som feminister än i dag uppehåller sig vid. 1949 var det en akt av stort mod att kritisera den hemmafru som var tidens ideologiska modell, och just Beauvoirs kritik av moderskap och äktenskap upplevde många av den tidens kvinnor som en befrielse att läsa.

1986 dog Simone de Beauvoir. Just nu håller berättelsen om hennes liv på att formas – och det är hittills en berättelse fylld av besvikelse. När sextio- och sjuttiotalens feminister försökte leva som den modell och det identifikationsobjekt som de gjorde Beauvoir till blev det svåra i detta uppenbarat. Den ”fria kärleken” visade sig vara komplicerad att leva i och krävde ibland ett högt pris. ”Oberoende” och ”självständighet” innebar inte alltid lycka, eller ens frihet. Efter Beauvoirs död publicerades hennes dagböcker och Sartres brev till henne – och ”livslögnerna avslöjas nu en efter en”, som det heter i en artikel i Månadsjournalen. Beauvoir var inte lycklig, Beauvoirs förhållande med Sartre var inte det jämlika, fria förhållande som hon själv påstod, Beauvoir var svartsjuk, Beauvoir grät på krogarna i Paris, Beauvoir förnekade sin egen kvinnlighet och traditionella kvinnliga värden, Beauvoir identifierade sig med männens värld. Nu är tid att störta drottningen från tronen; hon ljög, vi kunde inte förverkliga hennes liv, hon kunde inte leva sitt liv utan lögner och tårar, hon/vi var inte lycklig/a!

Det vore sorgligt om denna läsning av Beauvoirs liv

och detta behov att ”avslöja” henne skulle bli den framtida läsningen av vårt århundrades viktigaste feminist. För oss yngre kvinnor var Beauvoir aldrig Modellen – och därför såras vi inte heller så av att hennes officiella version av den lyckliga, fria kärleken kanske inte är den sanna versionen.

När jag nu tänker läsa Simone de Beauvoir är det mindre sanningen om privatpersonen Simone jag är ute efter, och mer de ideologiska och feministiska konflikter som hennes liv, och läsningen av hennes liv, väcker. Som den norska litteraturveraren Toril Moi skriver i sin bok *Simone de Beauvoir – the making of an intellectual woman:*

> Att närma sig Simone de Beauvoir är att bli indragen i ett nät av en mängd omtvistade åsikter och ingrodda föreställningar, och därför blir ”Simone de Beauvoir” inte enbart namnet på en person som skrev romaner, essäer och memoarer utan en plats för ideologiska och estetiska konflikter.

Hur kan vi läsa denna ”Simone de Beauvoir”? Yrsa Stenius erbjuder på svensk mark ett förslag. I sin bok *Makten och kvinnligheten* ägnar hon ett kapitel åt Beauvoir, där hon tycks drivas av ett behov just att ”avslöja” denna förmoder. Stenius erkänner Simone de Beauvoir som en viktig föregångerska, som en kvinnokampens ”vägröjare”. Men likväl känner hon sig lurad av henne, ty hur viktig feminist Beauvoir än var så lockade hon inte Stenius ”att bejaka det genuint feminina” i sin natur, utan i stället använde Stenius henne till att fördriva sina "kvinnodrömmar".

Grunden i Yrsa Stenius läsning av Simone de Beauvoirs liv blir den motsättning mellan manlig kultur och kvinnlig natur som är en av patriarkatets stöttepelare. Stenius skriver mellan raderna själv under denna motsättning och hennes läsning blir ett exempel inte bara på backlashen mot Beauvoir, utan även på den samtida trenden att tro på någonting naturligt kvinnligt. Stenius läsning är naturligtvis en ideologisk sådan – liksom min kommer att vara det. Men vi närmar oss "Simone de Beauvoir" från två olika håll.

Om flickan Simone som så småningom blir författaren Beauvoir skriver Stenius:

> Allt, som hade med intellektet att göra, utvecklades osedvanligt snabbt: Att tala, förstå, kombinera, läsa, skriva, tänka... Georges de Beauvoir beundrade sin förstfödda dotter som om hon hade varit hans son. [...] Men i Georges de Beauvoirs reaktioner finns något lurt, något som i viss mening beseglade dotterns livsöde. Det var inte den lilla flickan, Simone, fadern bejakade, det var pojken i henne han uppmuntrade.
>
> Men Simone de Beauvoir var en liten flicka. Och på små flickors vis sökte hon befästa denna feminina identitet i faderns uppskattande blickar. Det visade sig dock att vägen till pappas hjärta inte gick genom den feminina utan genom den

maskulina sektorn av hennes medfött androgyna personlighet.

Simone var alltså en flicka som hade lust att tänka, att lära sig saker, att läsa och att skriva. När detta intellektuella intresse uppmuntras av en fader kan det omöjligt vara en *flicka* han uppmuntrar, utan en pojke. Resonemanget bygger på grundtanken att hjärna och intellekt med nödvändighet är någonting manligt, att det tillhör den "maskulina sektorn" av Simone de Beauvoirs "medfött androgyna personlighet". Stenius skapar en motsättning mellan känslor och intellekt och ser detta som en motsättning mellan kvinnligt och manligt. När en far ska uppskatta en dotter bör ett bestämt sinne tas i bruk, nämligen blicken: "på små flickors vis sökte hon befästa denna *feminina identitet* i faderns uppskattande *blickar*" (mina kursiveringar). Liksom Bellas historia och liksom Orlandos historia som kvinna började i en mans blickar, så borde enligt Stenius Beauvoirs historia ha börjat där. När en fader inte ger en dotter "uppskattande blickar" ger han henne inte en kvinnlig identitet – något som Stenius beklagar. Därmed befäster hon tron på den kvinnlighet som är den vi känner bäst: det sköna objektets. Beauvoir avvisade dock objektets identitet: hon blev författare och filosof, det vill säga hon blev, enligt Stenius logik, *manlig:* "Det var alltså med sin maskulint färgade personlighetshalva som Simone de Beauvoir tog sig fram i livet", skriver Stenius.

Beauvoir avvisade inte bara det sköna objektets kvinnoidentitet, utan även moderskapets och hustruns. Hon är varken sexig, moderlig eller ägd – är hon då överhuvudtaget kvinna? Nej, svarar Stenius, och definierar *en vuxen kvinna* på följande sätt: ”Men ville hon bli en vuxen kvinna? En kvinna som tillhörde en man, en man som ville föra släkten vidare?”

Vi vet svaret. Beauvoir ville inte ”tillhöra en man”; hon avvisade både Sartres och den amerikanske älskarens Nelson Algrens frieri. Av Yrsa Stenius resonemang följer att den författare som skrev *Det andra könet* varken var vuxen eller kvinna. Att hävda att 1900-talets viktigaste feministiska verk måste vara skrivet av en man eftersom det är ett verk av tanken, av intellektet, är en sorglig backlash mot den Simone de Beauvoir som i *Le deuxième sexe* så hett avvisar tanken på att det finns någonting som kan kallas naturligt manligt eller kvinnligt. Hon skriver där (stycket finns inte med i den förkortade svenska utgåvan):

> Sålunda framställer den mytiska tanken det Evigt Kvinnliga, unikt och oföränderligt, som motsatt verkliga kvinnors olikartade, slumpmässiga och mångskiftande existens. Om den definition som denna uppfattning bygger på motsägs av det sätt på vilket kvinnor av kött och blod beter sig, är det de senare som har fel: man hävdar inte att Kvinnligheten är ett falskt begrepp utan att kvinnorna inte är kvinnliga. Erfarenheten bestrider detta men står maktlös inför myten.

Mottagandet av Beauvoirs liv, som vi kan läsa oss till det i brev, dagböcker och memoarer, visar det riktiga i hennes teser: hon läses nu som en okvinnlig kvinna eftersom hon inte uppfyller det Evigt Kvinnliga – och då är det henne, kvinnan av kött och blod, som det är fel på och inte tanken om någonting Evigt Kvinnligt. Lika lite som det 1949 stod kvinnan fritt att forma sin personlighet i vilken riktning hon önskade, står det henne fritt i dag.

Stenius förklarar att ”Simone de Beauvoir levde hårt ideologiserat på en livslögn: Att familj och barn inte var för henne, att hennes livsuppgift var en annan”. Stenius tycks ställa sig frågan: hur kan en kvinna som säger sig varken vilja skaffa barn eller gifta sig göra någonting annat än att ljuga? Nu har ju Beauvoir skrivit runt tusen sidor i *Det andra könet* om sin syn på vad moderskap och äktenskap gör med en kvinnas liv i ett patriarkalt samhälle, och hon har i sina memoarer och i intervjuer försäkrat att hon inte ångrar sitt val att förbli ogift och barnlös, att det som hon redan som femtonåring främst drömde om, nämligen att bli författare, har gått i uppfyllelse och att hon skulle ha haft svårare att förverkliga den drömmen om hon hade haft barn i 1950-talets Frankrike. Vi behöver naturligtvis inte tro henne, men jag kan omöjligt förstå hur Yrsa Stenius kan påstå att Beauvoir på frågan om äktenskap och moderskap har ”svarat bitskt avfärdande och bagatelliserande” på ett sätt som får Stenius ”larmklockor att ljuda skarpt”. Tusen efter tusen sidor har Beauvoir ägnat åt att utreda frågan om den sanna kvinnans sanna öde:

moderskap och äktenskap. Är alla dessa sidor en bagatell? Ett bitskt avfärdande?

Hur skulle Beauvoir ha betett sig för att *inte* få skarpa ljud att ringa i Stenius larmklockor? Eller är det så att hon faktiskt ingenting kunde göra för att försvara sitt beslut att avstå dessa ”kvinnodrömmar”, som Stenius kallar dem? Den Beauvoir som skrev *Det andra könet* var ju en ”maskulint färgad personlighet” och kunde väl därför inte förstå det Stenius kallar ”det genuint feminina” – och den Beauvoir som var en vuxen kvinna existerade ju inte eftersom hon inte ville ”tillhöra en man”. Stenius fångar onekligen Beauvoir i en rävsax: den intellektuella kvinna som både i sitt tänkande och i sitt privatliv vägrar ”det genuint feminina” kan helt enkelt per definition inte existera. Som kvinna är hon inte *kvinna,* som tänkare är hon *man.* Det blir följden av den motsättning mellan naturligt kvinnligt och manligt som Stenius för fram. Utrymmet där en *intellektuell kvinna* kan röra sig är onekligen trångt – än i dag.

Kvinnlighetens kärna och frukt

”Man föds inte till kvinna, man blir det”, skriver Simone de Beauvoir och placerar könet i kulturen, med en kulturs förväntningar på kvinnlighet. Man blir kvinna genom att uppfylla det rosa täckets förväntningar. Men om man tidigt ser dessa förväntningar och avvisar dem, vägrar dem – kan då den biologiska kvinnokroppen bli någonting annat än kvinnlig, kan en kvinna *låta bli* att bli kvinna?

På Simone de Beauvoir, född 1908 i en fransk överklassfamilj som blivit fattigare än vad deras stånd egentligen tillät dem, vilade det rosa täcket tungt. Beauvoir visste var hennes framtid borde ligga: hon skulle gifta sig, föda barn och leva det kvinnoliv som hennes mor gjorde.

Hon skulle lära sig kvinnlighetens läxa som den såg ut vid hennes tid:

> av mamma fick jag lära mig att utplåna mig själv, tänka på vad jag sade, censurera mina önskningar, säga och göra precis vad som borde sägas och göras. Jag hade inga anspråk och jag tordes just ingenting.

Det kvinnoliv som Beauvoir såg framför sig var inte det liv hon drömde om. Hon skriver i *En familjeflickas memoarer:*

> En eftermiddag hjälpte jag mamma med disken, hon diskade och jag torkade. Genom fönstret såg jag muren kring brandstationen och andra fönster där kvinnor stod och gnuggade kastruller eller rensade grönsaker. Varje dag lunch och middag; varje dag disk; dessa timmar som i det oändliga upprepades och som inte leder någonstans: skulle jag leva på det sättet? En bild tog form i mitt huvud med en sådan förtvivlans klarhet att jag

> minns den än i dag: en rad gråa fyrkanter sträckte sig bort mot horisonten i perspektivisk förminskning, men allesammans identiskt lika och platta; det var dagar och veckor och det var år. Men jag, jag hade ända sedan jag föddes somnat varje kväll lite rikare än dagen förut; jag gick uppåt steg för steg, men om jag däruppe bara fann en dyster platå utan något mål att gå mot, vad tjänade det då till? Nej, sade jag till mig själv medan jag satte in en trave tallrikar i skåpet, mitt ska leda någonstans.

Beauvoirs livsmål blir att fly den kvinnlighet hon var föreskriven. Hon utbildar sig, blir lärare, så småningom författare, och hon kan försörja sig själv. Hon gifter sig aldrig, skaffar inga barn, äger inget hem och hon har sexuella relationer med olika män och kvinnor. På punkt efter punkt tycks hon svika det rosa täcket. Blir då Simone de Beauvoir inte kvinna, i betydelsen en kulturellt skapad kvinnlig kvinna? Är det sant som Yrsa Stenius skriver att Beauvoir ”avstår från privilegiet att faktiskt vara kvinna”?

Om detta hade varit möjligt, om en kvinna hade kunnat leva sitt liv *som om* hon inte vore kvinna, så hade Simone de Beauvoirs utopi redan varit verklighet; då hade könen inte ägt någon annan betydelse än två olikt utformade könsorgan. I en intervju med den danska journalisten Bodil Bierring säger Beauvoir: ”Enligt min mening vore det bäst[...] om man blev enkönad på det intellektuella, det sociala, det känslomässiga planet.” Kanske försökte Beauvoir verkligen leva sitt liv som om hennes drömda framtid redan var hennes samtid. I detta misslyckades hon i så fall; Beauvoir var tvungen att leva med och slåss mot den kvinna hon ofrånkomligen hade *blivit,* formats till i en kultur dränkt i ett tänkande där motsättningen mellan män och kvinnor, mellan manligt och kvinnligt, är central. Om vi föds med slida kräver vår kultur kvinnlighet av oss. Ingen kvinna kan upphöra att vara "kvinnlig" – kvinnligheten är inskriven både i henne själv och i hennes möte med andra människor. Beauvoir skriver i *Det andra könet* att "det är klart att ingen kvinna uppriktigt kan göra anspråk på att ställa sig utanför sitt kön". Detta gäller inte minst Beauvoir själv. För Stenius avstår Simone de Beauvoir från att vara kvinna eftersom hon avstår från att vara hustru och mor. Dessa roller är visserligen en grund i en patriarkal kvinnlighet, men även dem förutan är vi – obönhörligen – kvinnor, tolkas vi och bedöms vi som kvinnor. Så nej, Yrsa Stenius, Beauvoir avstod inte från "privilegiet att faktiskt vara kvinna". Om ett sådant avståndstagande hade varit henne möjligt, hade vi inte levt i ett patriarkat.

Varje krav på kvinnlighet äger dock både en kärna och en frukt, är samtidigt både krav på en psykologisk position och på ett fysiskt uttryck. Så finns till exempel bakom frukten, det fysiska uttrycket, den sexiga kvinnan i figurnära svart klänning och röda läppar en kärna, en psykologisk position av objektstatus, av att vara till för andra, av att signalera "du har rätt att bedöma mig". Beauvoir behåller i mycket kvinnlighetens kärna, de underliggande kraven på att inta en viss position, men hon bryter mot denna kärnas traditionella frukt, traditionella uttryck och handlingar. Hon kanaliserar den kvinnlighet vi inte kan undkomma – hur medvetna feminister vi än är och vill leva som – i en annan riktning än den normala. Hon flyr kvinnligheten – och hon behåller den. Hon låter dess kärna bilda en ovanlig frukt.

En morgon i Luxembourgparken i Paris diskuterar den 21-åriga Simone de Beauvoir för första gången sina egna filosofiska teorier med den tre år äldre Jean-Paul Sartre. I tre timmar talar de. Samtalet förändrar Beauvoirs självbild. För första gången ser hon sig som intellektuellt besegrad. Hon skriver om händelsen i *En familjeflickas memoarer:*

> Men ändå, efter alla dessa år av arrogant ensamhet, var det en betydelsefull händelse att upptäcka att jag varken var den enda eller den första: jag var en bland andra och plötsligt oviss om mina verkliga kapaciteter.

Beauvoir bestämmer sig: hon har funnit sin intellektuelle överman – honom kommer hon att älska under resten av sitt liv. Hon placerar sig i den kvinnliga positionen av att vara den Andra – men hon är detta bara i förhållande till en man som inte vill ha det andra könets traditionella handlingar eller uttryck. Sartre önskar inte en hustru, inte en kvinna som ska föda hans barn. Med honom kunde Beauvoir behålla en kvinnlig sekundär position –

en position hon själv villigt håller fast vid: Sartre var filosofen, nytänkaren, innovatören, betonar hon. När hon lättare än han förstår andras filosofiska teorier tolkar hon detta som uttryck för egen idéfattigdom och inte som större intelligens. Men med honom kunde hon låta denna sekundära position fyllas av ett annat innehåll än det traditionella; inte av hushållsarbete, barnuppfostran eller kvinnlig fägring, utan av skrivande, arbete, tankar. Med honom kunde hon behålla kärnan i kraven på kvinnlighet, fortsätta att vara det andra könet, men slippa dess frukt, slippa kvinnlighet i handling. Detta var hennes kompromiss med sin tid. En del feminister har svårt att låta bli att anklaga henne för den ena delen av kompromissen, att ställa en man som den Förste, och andra har svårt att acceptera den andra delen av kompromissen, att hon faktiskt ville skrivandet före moderskapet. Beauvoir blir både inte feministisk nog och alltför okvinnligt manlig och intellektuell.

Simone de Beauvoir älskade – en sysselsättning som hon i *Det andra könet* analyserade som närmast livsfarlig för kvinnor i ett patriarkat. Älskande kvinnor som är ekonomiskt beroende av män, som riktar hela sin energi på att behålla Mannen, meningen med deras liv, men som finner sig övergivna och förkastade då deras ungdom vissnar och det sköna objektet inte är skönt nog tar stora risker, varnar Beauvoir. I kärleken lurar beroendet, självutplåningen – och hotet är större för kvinnor än för män, ty kvinnor har alltsedan barnsben lärt sig att det största som kan hända dem är att bli älskade av en man och att föda hans barn, och kvinnor saknar ofta, saknade åtminstone i den tidens Frankrike ofta, ett eget projekt utanför hemmet. Hur vågade Simone de Beauvoir själv älska, hur vågade hon bli en älskande kvinna? Blott genom att älska en man som aldrig skulle älska en beroende, självutplånande kvinna:

> Jag kunde bara underkasta mig någon som gjorde allt för att hindra mig från att göra det,

skriver hon i *De bästa åren.*

Beauvoir och Sartre ingick en berömd pakt som innebar sexuell frihet och absolut uppriktighet. De tänkte sig att deras kärlek var av en grundläggande natur, och att den skulle bestå livet ut, men att de likväl inte skulle avstå från den njutning och de erfarenheter som förälskelser i och erotik med andra människor innebar. Beauvoir fick alltså inte vara Den Enda Kvinnan på det erotiska planet, men den kvinnlighetens önskan efter exklusivitet i en mans liv som hon var uppfödd till att nära kunde hon likväl erfara på det intellektuella planet. Som kritiker och som samtalspartner kunde ingen kvinna konkurrera med Beauvoir. Åter fick hon anledning att upphöja den tankens värld som hon ville göra till sin till det väsentliga i livet. Om Sartres ständiga kvinnoaffärer säger hon i en intervju, som Claude Francis och Fernande Gontier citerar i sin biografi:

> Jag accepterade detta faktum utan svårigheter; jag visste i hur hög grad Sartre uppslukades av det projekt som styrde hela hans existens: att få kunskap om världen och att uttrycka den. Jag var så säker på att vara intimt förknippad med denna hans viktigaste uppgift att ingen episod i hans liv kunde frustrera mig.

För att få vara Kvinnan i en mans liv valde Beauvoir en man som enbart skulle låta en intellektuell kvinna fylla denna roll. Så kryssar Beauvoir mellan den kvinnlighet hon ville fly och den existens hon ville uppnå: den intellektualitet som vår kultur har kodat som manlig. När hon intar den kvinnliga positionen försäkrar hon sig samtidigt om att denna inte ska leda till det kvinnoliv hon ville fly. Hennes problematik är en kvinnas – ingen kvinna kan ”avstå” från att vara detta i en värld där motsättningen mellan könen ses som absolut och där rosa och blåa täcken vilar tunga redan på nyfödda kroppar.

Jag framställer den älskande Simone de Beauvoir som en synnerligen oromantisk historia, som en feministisk kryssning helt i avsaknad av ”ren kärlek”. Det är avsiktligt. Dels tror jag inte att vem vi älskar är ett verk av vare sig slumpen eller naturen, dels använder jag Beauvoir som exempel på feministiska dilemman, och skär därför bort andra delar. Beauvoirs egen syn på kärlek är dock synnerligen romantisk, även om hon inte tror på ringande bröllopsklockor eller avgivande av eviga löften. Kärlek är för Beauvoir framförallt grundad i frihet: inga plikter, band, ägandebegär eller krav på den andra ska föra två människor samman – utan enbart den fria viljan att se och välja en annan individ. Svartsjuka blir då en oaccepterad känsla, grundad i felaktiga krav på äganderätt. I andra delen av sin självbiografi spårar dock Beauvoir upphovet till sin första roman, *L'invitée,* till just denna känsla. Beauvoir och Sartre hade inlett ett förhållande med en av Beauvoirs studenter, Olga Kosakiewicz. Trion ledde till en kris för Beauvoir; hon upptäckte i ett slag både sitt alltför stora beroende av Sartre, sina svartsjukekänslor och sin skräck för att bli övergiven – alla villkor för en kvinna som älskar i ett patriarkat, enligt hennes senare verk *Det andra könet.* När Beauvoir tvivlar på om hon är begärd, när hon intar en kvinnlig kärleksposition, skriver hon sin första roman, hittar hon en annan frukt åt den kvinnliga kärnan. Beauvoir blir älskad – som författare:

> Min berömmelse har gett mig det jag önskade: *att mina böcker skulle bli älskade och jag själv tack vare dem;* att människor skulle lyssna på mig genom dem och att jag *skulle vara till nytta för dem genom att visa världen såsom jag såg den.*

Det bundna köttet och den fria tanken

Lyssna på hur Beauvoir i *Le deuxième sexe* beskriver en kvinna som får orgasm (avsnittet finns inte med i den svenska utgåvan):

> Hon badar i matthetens svaghet; med slutna ögon anonym, förlorad, känner hon sig som buren av vågor, bortsvept av en storm, svept i mörker: köttets mörker, livmoderns, gravens. Tillintetgjord blir hon ett med Alltet, hennes jag är utplånat.

Tre ord binds här samman genom ordet mörker: kött, livmoder och grav. Om det är farligt för en kvinna att älska verkar det vara rena självmordet att få orgasm. Det "den lilla döden" mördar är framförallt den medvetna *viljan;* den hänryckta kvinnan är passiv, anonym, förlorad, bortsvept – tillintetgjord. För Beauvoir är kvinnans egen kropp en av hennes värsta fiender, något som flera kritiker har påpekat. Så skriver till exempel Mary Evans i en artikel i Women's Studies International Quarterly:

> Det verkar, både i hennes romaner och i hennes icke-fiktiva verk, finnas ett ständigt hot mot alla de kvinnor som tillåter sig köttets lusta: hotet att störtas ned i en moralisk och intellektuell avgrund. [...]
>
> Åter möter vi idén att det för kvinnan finns en risk att sinnligt liv, njutning och begärsstyrda handlingar också innebär en förlust av hennes rationella och medvetna jag. Det handlar mindre om att kärleken skapar kvinnans själva existens än om att fysisk attraktion och dess uttryck hotar kvinnor genom att få dem att mista all kontroll över sina livs riktningar.

I *De bästa åren* beskriver Beauvoir hur hon genom sina egna kroppsliga begär upptäckte ”att mänskligheten inte vilar i det godas lugna ljus utan känner samma stumma, meningslösa och obarmhärtiga plågor som de värnlösa djuren”. För feministen Beauvoir är kvinnokroppen av ondo – ett omedvetet kött som måste hållas i schack av tankens själ. Hur ska vi läsa Beauvoirs flykt från kroppen och hennes vilja att göra enbart medvetandet till människans mål och verktyg? Är det patriarkala tankerester som lurar henne att i kvinnokroppen blott se den fördärvande förförerskan?

Jag tror att Beauvoirs motvilja mot kroppen, känslolivet och det irrationella hänger samman med hennes vilja att fly en kvinnlighet hon inte önskade, en kvinnoroll hon såg som förtryckande – vilket *inte* betyder att kvinnlighet skulle vara detsamma som kroppslighet i någon naturlig mening. Tvärtom har kulturen kroppen i ett järngrepp, och just i det kroppsliga blir individens medvetna vilja att slå sig fri från en icke önskad kultur som svårast att förverkliga. Till mig ställer Beauvoir här frågan: var är kraven på kvinnlighet djupast ristade? Var har det rosa täckets förväntningar bildat sitt säkraste bo?

Det Frankrike som Simone de Beauvoir blev en vuxen kvinna i var ett samhälle där kvinnor inte hade rösträtt, där abort var olagligt och rubricerades som ett brott mot staten, där gifta kvinnor inte ägde rätt att öppna egna bankkonton eller vara förmyndare för sina barn. Det var ett samhälle där en någotsånär välbärgad kvinna självklart skulle gifta sig, fostra barn och ägna sitt liv åt hem och make. Beauvoir ställde sig och sitt liv i opposition mot sin samtid och sin bakgrund; det hon ville var *någonting annat.*

> Flickan måste sålunda för att vinna sin frihet som kvinna, sin frihet som människa, övervinna sin omgivning och dess konventioner. Hon måste övertyga andra (först och främst sina föräldrar, sedan sina vänner och slutligen sin läsekrets) att hon *förmådde att vara* annorlunda det som vanligtvis krävs av en kvinna.

Så skriver Jacques Ehrmann i en artikel i Yale French Studies temanummer om kvinnliga författare. När Beauvoir hade tagit sin examen i filosofi och kunde tjäna sitt eget uppehälle som lärare, skriver hon: ”För mig kändes det fantastiskt att ha lyckats frigöra mig från mitt förflutna, att klara mig själv och bestämma över mig själv: sedan jag väl erövrat denna rätt skulle ingenting få ta den ifrån mig.” Hur hade detta ”fantastiska” kunnat ges Beauvoir om inte med hjälp av en synnerligen bestämd vilja? Beauvoirs liv var, var tvunget att vara, ett *medvetet* projekt i en annan riktning än den förutbestämda. Hon var i sitt liv synnerligen rationell. Hon höll fast vid sin rationalitet som en drunknande vid en livboj; denna livboj var det enda som kunde rädda henne från att bli den kvinna hon inte ville bli, från den kvinnlighet som var henne föreskriven.

Om vi ställer oss i opposition mot det samhälle, den

familj eller den kultur i vidare mening som har fostrat oss, försöker vi förstå denna kulturs fällor, förtryck och fördomar, försöker vi undvika att låta allt detta styra oss. Då kämpar vi för att bli våra egna överjag med vår egen moral. Kate Millett anar hos Beauvoir ett sådant projekt: ”Det är ett liv av logik och ett liv som styrs av sina egna ideal.” Men ingen kan undvika att ingå i ett större sammanhang, ingen kan undgå sin värld, sin tid, sina medmänniskor – och dessa ristar sina spår i oss, just i de rum i oss som vi inte själva förmår styra över med vår medvetna vilja.

Om det är sant att man inte föds till kvinna, utan *blir* det, krävs det en enorm medvetenhet, en enorm vilja att för den med slida född bli någonting annat. Och om det är sant som den amerikanska sociologen Mary Evans skriver om Beauvoir, att hon ”identifierar sig – för att tala med Freud – så gott som enbart med överjaget på bekostnad av detet”, så förstår vi att det är just i detta ”det”, detta omedvetna och irrationella, som Beauvoir placerar ett hot mot det hon ville med sitt liv. Att *leva* feministiskt, i våra kroppar, i vår kärlek, i vår sexualitet: en oerhört svår uppgift. Det vet vi i dag, när kvinnor har rösträtt, när kvinnor oftast är självförsörjande även om de är gifta, när preventivmedel och abort är legalt. Det visste Simone de Beauvoir kanske än tydligare i ett samhälle före den andra vågens feminism.

Att leva i opposition mot sitt samhälle och sin tids kvinnlighet blev för Beauvoir att leva i viljan och i medvetandet. Hon lokaliserade ett hot mot sin vilja i sin egen kropp, i sina egna begär, i sin kärlek. När hon har inlett sitt förhållande med Sartre skriver hon: ”Jag var tvungen att acceptera ett faktum som jag alltsedan uppväxttiden gjort mitt bästa för att dölja: mina kroppsliga begär kunde jag inte kontrollera med viljan.” När hon förälskade sig i den amerikanske författaren Nelson Algren skrämdes hon av att hennes lycka nu låg i någon annans händer. Hon skriver till honom i ett brev som Claude Francis och Fernande Gontier citerar i sin biografi: ”Jag skulle ha föredragit att få behålla den under kontroll.” Kärlek hotar henne: ”Det är därför kärlek skrämmer mig; den gör mig tämligen fånig.”

Kvinnan som försöker låta bli att bli kvinna, då detta kön är att vara det Andra, vill fly kroppen, blir stressad av att ha sitt inre ockuperat. Den feminitet som Beauvoir avvisar besitter hennes egen kropp, hennes egen sexualitet. Vi kan beklaga att en kvinna som vill fly kvinnligheten såsom den föreskrevs i Frankrike under mitten av vårt århundrade tvingas göra uppror mot en stor del av det som blivit hennes jag. Vi kan naturligtvis fråga oss om det var värt priset, men vi kan också se att detta var en handling som för Beauvoir var nödvändig: det var enbart med den medvetna viljan hon kunde fly sin föreskrivna kvinnoroll.

Uppdelningen av människan i kropp och själ har en lång västerländsk historia, som ofta sammanfaller med en lång patriarkal historia, där kvinnan ses som kropp och mannen som själ. Att upptäcka att denna bodelning mellan kropp och själ är central för vårt sekels viktigaste feminist är en besvikelse – och Simone de Beauvoir har ofta kritiserats på just denna punkt. Mary Evans skriver att en av de största svagheterna i Beauvoirs syn på världen är hennes antagande

> att personliga och viktiga känslomässiga relationer alltid är möjliga att rationellt kontrollera och organisera och att människor är förmögna att helt och hållet skilja sina emotionella och intellektuella världar åt.

Carol Ascher skriver i ett brev som ingår i hennes biografi om Beauvoir:

> Alltför ofta inser jag att din uppfattning om frihet baserar sig på en rationalism som förnekar den dunkla inre värld över vilken vi har lika lite, eller lika mycket kontroll, som över världen utanför oss.

Toril Moi hävdar att Beauvoirs tendens ”att låta medvetandet stå för hela människan är källan till mycket av ’kroppsproblematiken’ i *Det andra könet*”. Moi menar också att valet mellan ”att vara” sin kropp eller sin själ är speciellt laddat för just intellektuella kvinnor. Genom att skapa en bild av fula rödstrumpor och förtorkade nuckor, så har den patriarkala ideologin förstärkt klyftan mellan kropp och själ med speciell emfas när det gäller intellektuella kvinnor – kvinnor som, enligt Moi, i högre utsträckning än andra har tvingats att välja mellan sitt intellekt och sina önskningar om känslomässig och sexuell glädje.

Går Beauvoir patriarkatets ärende när hon befäster kroppen och själen som skilda storheter? Eller är det så sorgligt att för att slippa leva efter patriarkatets uppfattning om vad kvinnlighet är så måste Beauvoir fly sin kropp? Är det så sorgligt att det verkligen föreligger ett slags val här; att där kroppen är ockuperad av kulturen kan hjärnan och viljan bättre fly den?

Jag tänker på samtalen med mina väninnor; över köksbord, på krogar, i kvällars sena timmar. Så snabbt vi pratar, så lätt orden flyger när vi diskuterar kurslistors och tentafrågors uppläggning, politik, filmer vi sett, lärare och arbetskamrater vi har talat med – så möjligt det ändå är att ta med sig sin feministiska analys ut i samhället. Men när kärleken smyger sig in i samtalen, våra män och våra kvinnor, vår sexualitet, våra kroppar; orden kommer långsammare, hoppar från tuva till tuva – här lurar farliga vatten. Att inte tro att nittio procent av all litteratur som kallas klassisk råkar vara skriven av manliga författare är en sak, att förlora tron på det Evigt Sköna är inte skakande för självidentiteten. Men att lära mig själv att inte tända på det min kultur har lärt mig att tända på, att inte finna det upphetsande att vara det sexiga objektet, är en annan sak. Att börja förhandla med min sexualitet skrämmer – i vilka sammanhang kan jag vara både konsekvent feminist och riktigt kåt?

Vad är det som händer när Simone de Beauvoir låter kärnan i kraven på kvinnlighet bilda en annan frukt än den traditionella? När hon placerar sig i en sekundär position i förhållande till en man – men bara till en man som önskar en intellektuell kvinna, när hon omvandlar sin svartsjuka och övergivenhetsrädsla till litterärt skrivande, när hennes vägran att vara kvinnlig kroppslighet blir till ett livsprojekt styrt av vilja, medvetande och rationalitet? När hon försöker att bli en kvinna som inte är sanktionerad av sin kultur?

På engelska finns det två ord för kön som ofta används av feminister: ”sex”, som betyder det biologiska könet, och ”gender” som är den socialt skapade könsrollen. På svenska brukar man översätta ”sex” med kön och ”gender” med genus. Judith Butler diskuterar denna distinktion i en uppsats om Beauvoir:

> Per definition är alla genus onaturliga. Dessutom blir det, om distinktionen används konsekvent, oklart huruvida det faktum att man har ett visst kön med nödvändighet innebär att man får ett visst genus. Antagandet om en kausal eller mimetisk relation mellan kön och genus undergrävs. Om detta att vara en kvinna är en kulturell tolkning av att vara kvinnlig, och om den tolkningen inte på något sätt följer av detta att vara kvinnlig, då verkar det som om den kvinnliga kroppen är den godtyckliga platsen för genuset ’kvinna’ och det finns ingen anledning att utesluta möjlighe-

> ten att den kroppen skulle kunna vara platsen för andra genuskonstruktioner. Dragen till sin spets innebär följaktligen kön/genus distinktionen att man radikalt blandar samman naturliga kroppar och konstruerade genus, vilket får till följd detta att 'vara' kvinnlig och detta att 'vara' kvinna är två helt skilda existensformer. Denna sistnämnda insikt menar jag är det speciella bidrag Simone de Beauvoir ger i sin formulering "Man föds inte till kvinna, man blir det".

Simone de Beauvoir försökte bli en kvinna som inte förväntas utifrån vår kulturella tolkning av den kvinnliga kroppen, hon ville inte materialisera sig i lydnad efter det rosa täckets önskningar. Hennes eget liv, och andras läsning av detta liv, visar hur svårt ett sådant projekt med nödvändighet är eftersom vi läser kön före genus och förutsätter en naturlig förbindelse dem emellan. Beauvoir var ju född till anatomisk kvinna – ville hon då verkligen inte leva i livslång, trogen kärlek till en man? Ville hon verkligen inte ha barn? För att citera Yrsa Stenius:

> det mest förbjudna som fanns i Beauvoirs liv var att vidkännas moderskänslor eller genuint kvinnliga behov av det slag hon hade gjort rent hus med redan som ung. Jag tror Simone de Beauvoir levde hårt ideologiserat på en livslögn: Att familj och barn inte var för henne, att hennes livsuppgift var en annan.

Den kvinna som inte vill det genus som följer på hennes kön måste väl ändå ljuga? Eller åtminstone vara djupt missnöjd?

> Simone de Beauvoir var ofta olycklig – drack mycket och grät berusad om nätterna på caféerna. Fyllegråt ska inte alltid bagatelliseras, särskilt inte när det gäller en så kontrollerad person som Beauvoir,

skriver Stenius vidare. Så länge vi antar en naturlig förbindelse mellan kön och genus kommer dessa frågor att ställas inför en kvinna som inte intar en traditionell kvinnoroll. Och så länge kommer det också att vara en förolämpning för en man att få höra att han är omanlig eller för en kvinna att hon är okvinnlig. Det sociala trycket på att anta ett givet genus utifrån ens kön är så starkt att de flesta människor blir djupt sårade om de inte ses som "manliga" eller "kvinnliga", om de inte lyckas att förverkliga sin manlighet eller sin kvinnlighet såsom dessa är tänkta att förverkligas. I receptionen av Beauvoirs verk och person är en vanlig kommentar att hon är manlig – och den kommentaren används alltid som en kritik.

De många sidor Beauvoir själv skrev om moderskap och om mor-barnrelationer och de många sidor andra har skrivit om Beauvoir och moderskap visar också de hur genus ses som en naturlig följd av kön. En kvinna kan inte avstå från barn utan att för sig själv och för andra om och om igen försvara sitt beslut: ett kvinnogenus innehåller ju denna roll. Sartre skrev inte om faderskap och som Beauvoir själv påpekar så frågade ingen någonsin honom om han kände sig ofullkomlig eftersom han aldrig blev far. Ett mansgenus innehåller ju inte den rollen. *Samma* handling, att förbli barnlös, tolkas *olika* om det är en man eller en kvinna som utför den. Där har vi könsrollsproblematiken i ett nötskal. I dag kan kvinnor i mångt och mycket utföra samma handlingar som män, men det frigörande i detta kan diskuteras då handlingen ännu inte tolkas likadant oavsett kön. Nedslående? Jo, men som feminister kan vi i alla fall trösta oss med att vi har en stor uppgift kvar att förverkliga. Vi har bara kommit till del ett i feminismens historia: kvinnors – och mäns – möjligheter att i högre grad än tidigare få utföra samma handlingar. Det återstår att ge handlingarna samma tolkningsram oavsett kön.

Simone de Beauvoir kunde lika lite som någon kvinna i dag skapa sig ett genus frikopplat från kön, men hon kunde tänja lite på gränserna, gora vägen från kön till genus något mindre spikrak. Och hon kunde, genom *Det andra könet,* bereda väg för senare feministers radikala uppfattning om kvinnlighet som en helt igenom kulturell konstruktion. Butler skriver: ”Genom att avslöja den naturliga kroppen som redan klädd, och naturens yta som kulturens påfund, ger Simone de Beauvoir oss en möjlighet till en grundläggande förståelse av genus.” Att inte ta upp denna tråd hos Beauvoir, utan knuffa henne tillbaka till en kvinnlighet som är absolut och given, är att utsätta henne för en feministisk backlash. Simone de Beauvoir begick ett ”könsbrott” när hon vägrade leva sitt liv enligt förväntningarna på hur en kvinna ska leva sitt liv. För detta brott straffas hon nu; hon avslöjas som en ”bluff”, som en ”lögnerska”. Straffet för den man eller kvinna som inte fyller sin roll, inte intar sin position, heter på ett verbalt plan: ”han är omanlig” eller ”hon är okvinnlig”. Både brottet och straffet återfinns i Beauvoirs liv.

Så nej, Simone de Beauvoir kunde omöjligt avstå från ”privilegiet att faktiskt vara kvinna”, hon kunde inte skapa sig en identitet bortom sitt biologiska kön – detta kön hemsöker både henne själv och läsningen av henne. När hon likväl med sin medvetna vilja motsatte sig en värld och en verklighet som förväntade sig den kvinnoroll hon tidigt avvisade, blev resultatet en stundtals ”schizofren” position där verkligheten kom i andra hand: ”När jag hade ett projekt kunde ingenting hindra mig. Sartre brukade säga till mig: ’Du föredrar dina projekt framför världens realiteter’”, citerar Francis och Gontier Beauvoir. ”’Du är ju schizofren’, brukade Sartre säga när jag struntade i verkligheten i stället för att rätta mig efter den, och genomförde mina planer vad som än hände”, skriver Beauvoir i *De bästa åren*.

Men resultatet blev också ett skönlitterärt författarskap, där världen kunde skapas på nytt – och med den hon själv: ”Då man skriver [...] ger man världen ett berättigande genom att skapa den på nytt i fantasins renhet samtidigt som man räddar sitt eget liv”, skriver Beauvoir i *De bästa åren*. ”Att skriva en roman är på sätt och vis att rasera den verkliga världen", säger hon i en föreläsning hon håller i Japan 1966. Om inte världen ville Simone de Beauvoirs variant av "kvinnlighet", så ville Simone de Beauvoir inte världen.

Om vi tar Beauvoirs klassiska ord "Man föds inte till kvinna, man blir det" på allvar kan vi förstå att detta inte minst gällde henne själv: Beauvoir *blev* kvinna, någonting annat var – och är – omöjligt. Men samtidigt som vi ser henne som en i det andra könets led kan vi också se henne som ett eget, aktivt subjekt med en egen vilja. Balansgången är central för varje feministisk analys. Även om vi avfärdar tanken på det evigt, naturligt kvinnliga måste vi behålla en medvetenhet om att det här och nu finns en kulturellt levande kvinnlighet; vad gör den med oss – och vad gör vi med den? Vi fostras till beteenden, begär och positioner vi som feminister inte alltid önskar, men kulturen är inte en allenarådande Gud med makt att forma oss som man formar en passiv modellera. Normerna för kvinnlighet – vare sig vi anser att dessa leder till någonting gott eller till någonting ont – kan bara existera så länge vi, kvinnor av kött och blod, anammar dem och ger dem liv.

Beauvoir är en av tusentals kvinnor som genom historien har pendlat mellan en anpassning till sin tids krav på kvinnlighet och ett avvisande av dem. Hon lämnar oss ett arv att förvalta: "Man föds inte till kvinna, man blir det." Hon ställer oss en fråga: hur vill *jag* bli kvinna, vad kan jag göra med *min* tids normer för kvinnlighet? När jag vill läsa Beauvoirs kvinnlighet som både en anpassning till en kultur och ett avvisande av densamma är det inte så mycket för att göra hennes personliga liv rättvisa som för att bära vidare den feministiska uppgift hon lämnade oss. Inte för hennes skull – för vår.

Att läsa Simone de Beauvoir som Kvinnan

Om man läser Beauvoir som Kvinnan, som en representant för det Evigt Kvinnligas väsen, måste hon bli ett misslyckande. Om man läser Beauvoir som Kvinnan måste man hävda att hon levde på en livslögn, att hon förnekade sin kvinnlighet, att hon, som en fransk kritiker formulerade det 1984 och som Toril Moi citerar, är "helt i avsaknad av den trefaldiga instinkt som har givits kvinnan: modersinstinkten, den vårdande instinkten och instinkten att skapa ett hem", att hon, som Thure Stenström skriver i Svenska Dagbladet, är "beskäftig" och "en smula förnumstig", med "ett drag av kokett självgodhet" – som den kvinna kallas som inte håller sig till en kvinnlig position.

Om Beauvoir läses som Kvinnan förändras också, något överraskande, hennes kärleksliv. Då blir inte Jean-Paul Sartre hennes stora kärlek, utan den amerikanske författaren Nelson Algren. Med honom hade Beauvoir en kärlekshistoria som tog slut då Algren inte längre ville "dela" henne med Sartre och då hon inte ville flytta till hans USA. Beauvoir föreslog honom att hon skulle tillbringa vissa delar av de kommande åren med honom –

men att hon inte helt kunde lämna sitt liv i Paris. Men han ville ha en hustru och ett hem och lämnade henne för att gifta om sig med sin förra fru då Beauvoir vägrade. Hon sörjde honom i många år. De kritiker som läser Beauvoir som Kvinnan tycks också se Mannen i hennes liv som Nelson Algren. En man som vill ha en hustru och en mor till sina ofödda barn och som lämnar kvinnan då hon inte vill "tillhöra" honom enbart måste väl vara Mannen i en Kvinnas liv? Åsa Moberg utnämner i sitt "avslöjande" av Simone de Beauvoir i Månadsjournalen Nelson Algren till Beauvoirs "livs stora kärlek". Thure Stenström kallar Algren för Beauvoirs "livs största och kanske enda stora erotiska passion". Yrsa Stenius ser Algren som Beauvoirs "riktigt stora kärlek", och han får, till skillnad från den Sartre som Stenius kallar ett "evigt barn", äran att utnämnas till en vuxen man:

> den älskade bortom haven är en normal och vuxen man och när han funnit kvinnan i sitt liv, vill han att förhållandet får rota sig och växa, inte stagnera och krympa i envig med den väntande maken [sic!] i Paris. Ja, denna älskade från en annan kontinent är rent av så vuxen att drömmar om barn börjar dyka upp i hans huvud.

Jämfört med denne "vuxne man" som i ett brev, som Deirdre Bair citerar i sin biografi, frågade Beauvoir vad det var för mening med att fortsätta att offra den lycka som kunde bli hennes om hon bodde på Wabansia

Street med honom ”och lagade hans grytstek och kanske tvättade hans strumpor i diskhon”, blir Sartre för Yrsa Stenius blott ett barn, som inte tvingar Simone till att bli den kvinna hon ju uppenbarligen var född till. ”Det eviga barnet Sartre tvingade aldrig Simone de Beauvoir till klarhet om sin könsidentitet. Hon behövde inte bli en vuxen kvinna för han ville inte vara en vuxen man”, skriver Stenius.

För Toril Moi är det tvärtom Sartres sätt att inte se Beauvoir som främst könsvarelse, utan som en jämlike, som får henne att älska honom:

> Sartre beundrade Beauvoirs intellekt: genom att diskutera hennes idéer med henne i tre timmar förtjänade han att bli hennes älskare. I det här sammanhanget spelar det ingen roll att han vann deras diskussion: det viktiga är att han tog henne på tillräckligt allvar som filosof för att bruka all sin vanliga intellektuella passion och förmåga för att kunna vinna den.

Men att behandla en kvinna som en diskussionspartner bland andra är kanske barnsligare än att be henne anta lyckan att tvätta hans strumpor i diskhon… En ”vuxen man” tycks ha vissa viktiga uppgifter: att tvinga sin kvinna till klarhet om hennes könsidentitet, att vilja att hon ska föda hans barn och leva som hans hustru i hans land. Algren tolkas som Beauvoirs stora kärlek eftersom han uppträder som en Man mot en Kvinna, för att han vill att hon ska ”tillhöra” honom och honom enbart, för att han ser henne som främst en könsvarelse. Beauvoir själv såg dock Sartre som sin livslånga kärlek. Enligt Angela Carter, citerad av Moi, måste vi ställa oss frågan ”varför?”

> [Det finns] en fråga som varje tänkande kvinna i västvärlden någon gång måste ha ställt sig själv: ’Varför slösar en trevlig flicka som Simone bort sin tid på att fjäska för en tråkig gammal skit som J-P?’

För Yrsa Stenius ligger svaret dels i denne Jean-Pauls ”suddiga krav” på Simone: ”En kvinna med suddig och maskulint genombruten kvinnoidentitet av det här slaget fastnar naturligtvis för en man som ställer suddiga krav.” Dels i att Simone var en osäker förförerska: ”Jag tror hennes ambivalens var djup, att hon var osäker och bävande inför att vinna en mans uppskattning, kärlek och intresse med det genuint kvinnliga i sin personlighet. Där det manliga bröt igenom var hon på säkrare mark.”

Beauvoir älskade Sartre för att han tillät henne att vara intellektuell, det vill säga att, med Stenius terminologi, vara manlig. Att Beauvoir attraherades av en man som tände på hennes hjärna och inte på hennes bröst tycks för Stenius vara en del av Beauvoirs livslögn, en del av hennes flykt från kvinnligheten. Den yttersta boven i dramat är pappa de Beauvoir som inte via ”uppskattande blickar” hade befäst den lilla flickan Simones ”feminina identitet”, utan i stället uppmuntrat hennes intellekt, det vill säga som, enligt Stenius logik, hade uppmuntrat ”pojken i henne”. När Beauvoir inte kunde vara vacker, det vill säga kvinnlig, fick hon vara smart, det vill säga manlig. När hon senare i livet får denna intellektuella roll bekräftad, när hon träffar en man ”som inte älskade hennes kvinnlighet”, när hon inte ”tvingas till klarhet om sin könsidentitet” är det för Yrsa Stenius någonting beklagligt. Varken pappa Beauvoir eller livskamraten Sartre lyckas visa Simone var kvinnoskåpet skall stå. Algrens förutsättningar som kvinnlighetens regissör tycks ha varit bättre; han placerade Kvinnan framför diskhon.

Men för en kvinna som är på flykt från en kvinnlighet hon upplever som förminskande är det naturligtvis härligt att möta en man som kan älska henne bortom denna könsidentitet. Varför skulle Beauvoir ha *velat* förföra med det Stenius kallar det ”genuint kvinnliga i sin personlighet”? Varför skulle hon inte ha velat förföra med den identitet hon kämpade ett helt liv för att skapa: med sitt intellekt? Varför skulle hon inte ha velat förföra med det som hon upplevde som sitt jag? I detta var hon möjligen tidigt ute, men inte onormal, inte en lögnerska. Som Toril Moi skriver: ”Först och främst måste det erkännas att en intellektuell kvinna som värdesätter sin hjärna vanligtvis vill bli älskad för sin tankeförmåga i lika hög grad som för sitt trevliga temperament eller för sina sexiga ben.” Att *inte* bli sedd som en könsvarelse var Beauvoirs enda chans att uppnå det hon ville uppnå i det tidiga 1900-talets Frankrike. Men Yrsa Stenius, som följer en närmast könsfundamentalistisk tradition, läser

Simone de Beauvoir som Kvinnan och i den läsningen ingår ett drag vi känner igen från Beauvoirs egen titel på sin feministiska essä: Det *andra* könet. Kvinnan ses inte som ett eget aktivt handlande subjekt. Allt hon gör, gör hon för någon annan. I läsningen av Beauvoirs liv är detta ett återkommande tema. Allt som är kontroversiellt i hennes liv läses som om dess ursprung fanns hos två män: fadern eller älskaren.

Relationen mellan Sartre och Beauvoir formulerades enligt Yrsa Stenius av ”den Store Filosofen i abstrakta, pretentiösa och skäligen svamlande termer. Och allt svalde denna för övrigt knivskarpa och kritiska kvinna”. Beauvoir *svalde* Sartres ideer: att hon själv faktiskt ville ett förhållande byggt på andra grunder än det traditionella, borgerliga äktenskapet – en institution som hon i *Det andra könet* analyserar och kritiserar – föresvävar inte Stenius.

Att Beauvoir inte ville skaffa barn förklarar Mary Evans med att det var Sartre som inte ville skaffa barn:

> Kanske finns det i de Beauvoirs ovilja att skaffa barn en icke erkänd insikt om att någonting sådant skulle ha varit oförenligt med relationen till Sartre: själva det förhållande som skulle ha kunnat skapa en längtan efter moderskap skulle inte ha överlevt den längtans förverkligande – till skillnad från relationen med Jacques [en tidig ungdomsförälskelse], vars mera konventionella egenskaper gjorde moderskap till en attraktiv, och tänkbar, möjlighet.

Att Beauvoir blev socialist beror enligt den brittiska frilansskribenten Renee Winegarten mindre på en självständig analys än på att hon reagerade mot faderns politiska uppfattning: ”[Att hon skrev] sin självbiografi från en 'socialistisk' ståndpunkt visar inte så mycket att en karriär som lärare ledde till denna ståndpunkt, som att hennes synsätt på varje punkt blev den absoluta motsatsen till faderns.” Så depolitiseras Beauvoir som politisk tänkare och blir blott en trotsig dotter.

Mona Vincent känner i en artikel i Bonniers Litterära Magasin medlidande med denna lättledda dotter/älskarinna: ”När man möter dessa blanka sidor fylls man av medkänsla inför ord som dessa: 'Jag ser verkligheten med oförvillad blick.' De kan bara tolkas som besvärjelser. Vi inser ju att det oftast är med Sartres ögon hon ser verkligheten, trots alla frihetssträvanden.”

Beauvoirs vilja att vara en självständig människa och en stor författare var egentligen älskarens respektive faderns vilja, förklarar Birgit Munkhammar i en artikel i Dagens Nyheter: ”Simone de Beauvoir var en duktig flicka med starkt överjag, som ivrigt försökte leva upp till andras förväntningar på henne: faderns på att hon skulle bli en stor författare, Sartres på att hon skulle vara självständig, dvs inte ställa några krav på honom.”

Simone de Beauvoir fångas antingen in i en kvinnlighet kännetecknad av att vara till för andra – eller anklagas för att helt fly kvinnligheten. Damned if you do, and damned if you don't. Visst är Beauvoir kvinna – både i sitt liv och i läsningen av hennes liv. Inte kunde Beauvoir fly det rosa täcket; det hemsöker henne och det hemsöker fortfarande hennes kritiker.

Måste man älska att baka kanelbullar för att vara feminist?

När vi närmar oss "Simone de Beauvoir" som en plats för ideologiska konflikter infinner sig en rad feministiska frågeställningar: Kan en biologisk kvinnokropp bli någonting annat än kvinnlig i ett patriarkalt samhälle? Kan en kvinna låta bli att bli Kvinna? Kan vi behålla kvinnlighetens underliggande krav på att inta en viss position, men fylla denna position med ett annat innehåll än det förväntade? Är kroppen mer ockuperad av patriarkala normer än medvetandet? Kan vi läsa genus som om det inte hade med kön att göra? Hur vill en intellektuell kvinna förföra en man? Och till sist en fråga jag ännu inte har berört, men som började klinga i mitt huvud när jag läste den feministiska kritik mot Simone de Beauvoir som går ut på att det hon egentligen önskade var att kvinnor skulle bli som män; måste man älska att baka kanelbullar för att vara feminist?

Mary Evans skriver att "de Beauvoir prackade på den kvinnliga världen manliga värderingar och normer", att hon "i sin uppfattning om vad som är värdefullt speglar manliga måttstockar och antaganden" och att hon helt enkelt "ibland är väldigt nära att fråga: Varför kan inte en kvinna vara mer som en man?" Carol Ascher skriver i det brev som ingår i hennes biografi över Beauvoir: "Utifrån din misströstande synvinkel, så leder alla de kvaliteter som gör kvinnor olika män bara till vårt nederlag." Naomi Greene skriver i en artikel som Toril Moi citerar: "Beauvoirs genomträngande pragmatiska, rationella och anti-sexuella världssyn får henne att ignorera eller undervärdera den positiva sidan av många av de karakteristika som associeras med kvinnor."

När den franska tidningen Des femmes hebdo rapporterade från den tjugofemte årliga konferensen om *Le deuxième sexe* i New York 1979, avbildade de dess författare som stora stygga vargen. Artikeln illustrerades av en lättlurad feministisk Lilla Rödluvan: "O mormor, vilka fina begrepp du har!" "Desto lättare kan jag lura dig, mitt barn!" I artikeln hånade Des femmes hebdo dem de kallade Simone de Beauvoirs falliska feminisms "ambitiösa söner", och de hävdade att den uppenbara orsaken till förtrycket mot kvinnor inte var att det finns skillnader mellan könen, utan på att dessa skillnader förnekas och förhånas.

För de feminister som har valt strategin att uppvärdera det kvinnliga, att se kvinnors traditionella sätt att vara och handla som någonting positivt, för att på så sätt bekämpa patriarkatets nedvärdering av det kvinnor är och det kvinnor gör, så måste Simone de Beauvoir bli en stor stygg mormorsvarg. Hennes feministiska strategi är nämligen en helt annan, vilket beror på att hon *placerar* kvinnoförtrycket någon annanstans än vad dessa feminister gör. För Beauvoir handlar ett orättvist patriarkalt system *inte* om att kvinnor inte får betalt för det arbete de utför i hemmen eller om att traditionellt kvinnliga sysslor som barnuppfostran och hushållsarbete ses som någonting oviktigt, eller om att "kvinnliga värden" inte tas på allvar. För henne handlar den patriarkala orättvisan om att kvinnor i högre utsträckning än män berövas sina möjligheter att göra fria val, om att kvinnor har få möjligheter att handla aktivt som fria subjekt, om att de i stället ges vissa sociala roller (som hustrur, mödrar, älskarinnor) och sedan bedöms efter hur väl de uppfyller dessa roller – roller som i sig är styrda av mäns behov.

Var vi placerar förtrycket avgör vilken feministisk strategi vi väljer för att motarbeta det. Det är omöjligt att förstå Beauvoirs feminism utan att förstå hennes existentialistiska människouppfattning. I en artikel i The New York Times Magazine 25/5 -47 skriver hon:

> Människan är inte en sten eller en planta och kan inte lugnt stödja sig på det faktum att hon är närvarande mitt i världen; människan är människa bara genom att vägra vara passiv, genom driften som drar henne bort från det nuvarande mot framtiden, som driver henne mot saker med målet att dominera och forma dem; att existera är för henne att omskapa existens, att leva är att vilja leva.

När Beauvoir i *Det andra könet* frågar vad en människa är, blir hennes svar att hon ingenting är: ”En levande varelse är ingenting annat än vad den gör [...] essens föregår inte existens: i sin rena subjektivitet är människan *ingenting.*” Beauvoirs feminism vilar alltså inte på någon *identitetspolitik;* det finns ingen förtryckt ”kvinnlighet” som i feministisk kamp ska befrias och ges sitt rätta värde. Beauvoirs krav på människan är att hon ska erkänna sin frihet att bli vad hon vill bli och välja sig själv med öppna ögon. Människan äger inte ett förutbestämt innehåll, är inte en given essens, utan hon skapar sig själv genom medvetna handlingar och erkända val. ”Det finns inte något annat berättigande för en människas existens nu än hennes satsning på och utveckling mot en oändlig öppen framtid”, skriver hon i *Det andra könet.* Denna utåtgående rörelse, denna *transcendens,* riskerar dock att stagnera om individen inte erkänner sin frihet, om hon hindras i sina möjligheter att göra fria val, om hon gömmer sig bakom traditioner, doktriner, konventioner; om hon faller tillbaka till *immanenens,* oförmåga att medvetet handla så att man blir den man väljer att vara. ”Detta blir ett moraliskt felsteg om det accepteras av subjektet, om det påtvingas subjektet tar det formen av ett svek och ett förtryck. I båda fallen utgör denna degradering ett absolut ont.” Immanensen kan alltså *påtvingas* subjektet, kan ta formen av ett förtryck. Det är om detta patriarkatet handlar: kvinnor påtvingas en immanens, en oförmåga att vara sant *mänskliga,* det vill säga att kunna välja, vara fria, att skapa sig och världen.

Simone de Beauvoir laddar vissa ord med positiva värden, ord som val, självständighet, oberoende, medvetenhet, självförverkligande, frihet – ord som vår kultur har kodat som manliga. Hon avvisar moderskap och äktenskap:

> Jag menar att en kvinna inte ska tillåta sig själv att fångas i den fälla som representeras av barn och äktenskap. Även om en kvinna vill ha barn så bör hon noga tänka igenom de förhållanden i vilka hon måste uppfostra dem, för moderskapet är, i denna tid, rent slaveri. Fäder och samhället ger kvinnor, och enbart dem, ansvaret för barnen. Det är kvinnor som slutar arbeta för att fostra barn. Det är kvinnor som stannar hemma när barnen är sjuka. Det är de som hålls ansvariga då barnet misslyckas. Och om en kvinna i alla fall vill skaffa barn, så vore det bättre för henne att göra det utan att gifta sig, för äktenskap är den största fällan av alla.

Hon ser ingenting värdefullt i det hushålls- och hemarbete som kvinnor i högre utsträckning än män fyller sina liv med, då detta, som Judith Okley uttrycker det

> inte skapar ett varaktigt kreativt objekt. [...] Hemmafruns arbete är bara meningsfullt om det kopplas till samhället utanför: till produktion eller handlande. Långt ifrån att frigöra hemmafrun så

gör hemarbetet att hon hamnar i en beroende position i förhållande till sin make och sina barn. Hon ses aldrig som fullkomlig, hur mycket hon än respekteras. Hon är 'underordnad, sekundär och parasitisk'.

Ligger det då inte någonting i Mary Evans påstående att Simone de Beauvoir önskar att kvinnor vore mer som män? Jag skulle vilja svara både ja och nej på den frågan; ja, Beauvoir såg mäns sätt att leva i världen som bättre än kvinnors sätt – men nej, de ord som hon laddar med positiva värden, de ord som ledsagar ett gott liv, är för henne inte givet *manliga* ord – utan *mänskliga.* Patriarkatets brott är just att det gör det svårare för kvinnor att leva sina liv efter dessa ord.

Om Simone de Beauvoir ser traditionellt manliga levnadssätt och värderingar som någonting eftersträvansvärt och om hon ser ett traditionellt kvinnoliv som ett bortspillt liv, infinner sig nästa fråga: Gör detta Simone de Beauvoir till en sämre feminist? Måste en feminist älska kvinnorna, måste hon älska det kvinnliga? Om kvinnor i historien främst har sysslat med barn och känslor – måste då feminismen säga att barn och känslor är det viktigaste i livet?

Det finns ett slentrianmässigt tänkande kring feminism, där det sätts likhetstecken mellan feminism och uppvärderande av kvinnors traditionella arbete och värderingar – ett tänkande som går ut just på att varje feminist måste älska kvinnorna. Med ett sådant tänkande blir det automatiskt en kritik att hävda att en kvinna är ”manligt identifierad”, det vill säga att hävda att hon tror på de värderingar som vår kultur har kodat som manliga: rationalitet, effektivitet, logik etc. En feminism som motsätter sig dessa värderingar *eftersom* de är ”manliga” ser inte sitt mål i upplösandet av ”manligt” och ”kvinnligt”, utan i ett uppvärderande av det sistnämnda. Konsekvenserna av ett sådant tänkande kan, om man drar dem till sin spets, bli lätt absurda. Gerda Lerner kritiserar på en konferens med anledning av Det andra könets 30-årsdag Beauvoir för att se med manliga ögon på den kvinnliga världen, och hon hävdar att ”revolutionära tankar alltid har baserats på att man uppvärderar den förtrycktes erfarenhet”. Men om vi uppvärderar den förtrycktas erfarenhet uppvärderar vi ju även erfarenheten av att vara förtryckt. Visst kan vi tolka om kvinnliga erfarenheter på det sätt som feminister ibland har velat göra. Kvinnors smink- och klädintresse kan ses som en estetisk upplevelse, en lust till färger, former och material. Diskande, matlagning, bullbakande kan ses som kreativitet. Men var ska vi dra gränsen? Ska vi uppvärdera, eller omtolka, erfarenheten av att vara objekt? Av att vara ekonomiskt beroende av en man? Av att bli misshandlad? Toril Moi uttrycker detta dilemma så här: ”Eftersom det inte kan komma på fråga att visa solidaritet med slaveriets *villkor*, skulle Beauvoir ha argumenterat, så kan det inte heller komma på fråga att värdesätta dess konsekvenser: med denna logik så blir den patriarkala kvinnligheten själva kännetecknet på förtryck.”

Lerner hävdar också att den kvinna som verkligen kliver utanför patriarkala tankemönster litar på sin egen, kvinnliga erfarenhet. Hon tar den kvinnliga kunskapen – en kunskap som ofta har ignorerats eller trivialiserats – på allvar och erkänner den som giltig och värdefull. Men om den kvinnliga kunskapen är en kunskap om att vara vingklippt som människa, om den är en kunskap om ofrihet? Jag menar att Simone de Beauvoir verkligen tog den kvinnliga kunskapen på allvar – och att hon just därför kämpade hela sitt liv för att fly den. Hon hyllade inte den kvinnliga världen eller den kvinnliga kunskapen – men detta kan i sig inte utgöra en kritik mot henne som feministisk tänkare. Om den kvinnliga världen ska hyllas måste den väl vara en god värld. Var den det på Beauvoirs tid? Är den det i dag?

Simone de Beauvoir ville vara en intellektuell människa, en människa som i sitt arbete främst använde sin hjärna. Då intellekt och hjärna i vår kultur associeras med manlighet, hyllar alltså Beauvoir manligheten, försöker hon alltså ”bli man”. Hur ska vi kunna värdera något av det som vår kultur har kodat som ”manligt” utan att anklagas för att hylla det manliga – och därmed för att svika kvinnorna? Vägen bort från denna rävsax ligger inte i skillnadens landskap, utan i upplösandets. Låt manligt och kvinnligt bli ointressanta ord, tomma ord utan mening, och låt oss i stället diskutera hur vi vill att det *människoliv* vi alla ska få leva bör se ut. Låt oss få möjlighet att säga – få säga som feminister – att ”manligheten” innehåller en mängd bra saker, men att detta goda inte är någonting *manligt,* och att det är här patriarkatets brott ligger: det har kodat vissa handlingar, vissa uttryck och ett visst tänkande som ”manligt” och därmed försvårat för kvinnor att få tillgång till detta.

Kvinnliga erfarenheter gjorda i ett patriarkalt samhälle såg Simone de Beauvoir som negativa, som görande människan kvinna mindre förmögen att utöva sin specifika mänsklighet: valet av tillvaro, valet av existens. ”Existensen föregår essensen” – speciellt för kvinnan har detta blivit svårt att realisera, att leva efter. Kvinnan har blivit bunden till sin kropp, till sin reproduktionsförmåga.”Kvinnan stavas med stort K och blir en essens, ett väsen som kan fastslås – inte en identitet som kan väljas bland identiteter. Det fria val, som existentialismen för fram som människans raison d'être, är mer beskuret för kvinnor än för män – därför bör kvinnor ”bli som män”. Eller inte alls ”bli som män”, för varken kvinnor eller män *är* från början någonting, utan de blir vad de är genom sina handlingar. Kvinnor bör få rätt att utföra *samma handlingar* som män och att kunna leva efter de värden Beauvoir tror på som *mänskliga* – inte manliga – värden.

Vi kan naturligtvis kritisera de värden Beauvoir hyllar: oberoende, självständighet, rationalitet. Är inte detta byggstenar i den kapitalism som Beauvoir som politisk tänkare motsatte sig? Margaret Walters kritiserar i en uppsats Beauvoir för att hennes bild av den frigjorda kvinnan är en spegelbild av 1900-talets kapitalistiska hjälte, the self made man. Hon menar att Beauvoirs idealmänniska liknar den man som dominerar och utnyttjar naturen, som lever för att producera, som ser sitt eget liv som en produkt skapad av hans fria vilja; en man som undertrycker de drag i sig själv – irrationalitet och sexualitet – som kan hindra hans normala ekonomiska effektivitet. Denne man ser sitt moraliska och känslomässiga liv i kapitalistiska termer, och, menar Walters, detsamma gör Beauvoir med sitt liv. Om Walters kritik är riktig, om Beauvoirs människosyn i själva verket är kapitalismens, så kan naturligtvis detta kritiseras utifrån en socialistisk utgångspunkt – den utgångspunkt som Beauvoir själv sade sig ha. En sådan diskussion kan säkert vara intressant. Men vi kan likväl inte, om vi vill följa Beauvoirs feminism, säga att denna människosyn betyder att ”kvinnor ska bli som män”, ty för henne är inga värden, inget arbete, inga handlingar *i sig* manliga eller kvinnliga. Utgångspunkten för *Det andra könet* är att kvinnor, precis som män, är transcendenta varelser som bör få möjlighet att uttrycka sig som sådana.

Om det automatiskt är en *kritik* att hävda att en feminist är manligt identifierad, då måste detta innebära antingen två saker: att en feminist, för att överhuvudtaget vara det, inte bör uppskatta ”manlighet”, eller att ”manlighet” och ”manliga värden” alltid är av ondo. Och å andra sidan: om en ”sann feminist” alltid bör identifiera sig med kvinnovärlden och lyfta fram ”kvinnliga värden” – som nu är förtryckta – så innebär det att den världen och dessa värden alltid är av godo. Är det så? Hur till exempel moderskap, detta ”sanna kvinnliga öde”, ska värderas – som en börda och en fångenskap eller som en gåva och en befrielse – måste väl avgöras av *hur* och under vilka *sociala* och *ekonomiska* omständigheter detta moderskap utövas. Beauvoir såg moderskap, i *denna* tid, som slaveri. Yolanda Astarita Patterson skriver i sin bok *Beauvoir and the Demystification of Motherhood* att det inte är ”moderskap i sig som Beauvoir motsätter sig, utan snarare samhällets insisterande på att moderskap är den enda roll genom vilken kvinnan kan rättfärdiga sin existens”. Så länge valet att bli moder inte är ett fritt val, vare sig detta beror på att preventivmedel och abort är illegala, eller på att den lilla flickan, som Beauvoir uttrycker det

> får veta, ”Ditt öde är att bli mor”. Hon får dockor, hon hör moderskapet förhärligas, så att hon, när hon blir vuxen, enbart tänker på en sak, att bli gift och få barn. Hon har blivit övertygad om att hon inte skulle vara fullkomlig som kvinna om hon inte fick barn,

så länge är inte heller moderskap i sig någonting befriande för kvinnor.

Simone de Beauvoir såg ”kvinnlighet” som synonymt med ”ofrihet”, en koppling som även fanns hos cynismfeministerna. För dem var det en ofrihet i att kunna röra sig i det offentliga rummet, för Beauvoir är det en inskränkning i möjligheterna att göra fria val. Hon fokuserar det positiva i den ”manliga” världen och säger att kvinnan ska få tillgång till denna värld. Cynismfeministerna fokuserade det negativa i mannen och säger att kvinnan, för att överhuvudtaget överleva, måste bli likadan. Från en dröm har vi gått till en nödvändighet. Från 1949 har det blivit 1990-tal.

Vi kan alltså, om än något tillspetsat, hävda att Simone de Beauvoir föraktar kvinnovärlden. För mig gör inte det henne till en ”sämre” feminist. Boven i det patriarkala dramat är inte mannen, är inte ens i första hand nedvärderandet av kvinnan, utan tron på och kraven på en evig kvinnlighet och en evig manlighet. Så länge vi tror att man måste älska att baka kanelbullar för att vara feminist, så länge tror vi också att det måste vara kvinnor som bakar dem – och att kanelbullar just därför smakar gott.

Och likväl gråter hon

Simone de Beauvoir gråter. Hon som säger att hon i hela sitt liv aldrig mötte en annan människa med lika stor förmåga att vara lycklig som hon, gråter likväl. ”Av en eller annan anledning har jag tillbringat halva mitt liv i tårar”, skriver hon. Varför gråter Simone de Beauvoir? Hur ska vi läsa hennes tårar?

Jag har här försökt att antyda ett svar; Simone de Beauvoir gråter som den kvinna som försöker leva som om kön inte fanns, som om det rosa täckets förväntningar gick att bortse från, som en sådan kvinna gråter i ett patriarkat så gråter Simone de Beauvoir. Att inte leva efter den föreskrivna kvinnlighet som en biologisk kvinnokropp föds till är Beauvoirs projekt. Hennes tårar är patriarkatets ackompanjemang till en sådan upprorets stämma – ett ackompanjemang som ljuder mitt i Beauvoirs egen röst.

I dag är det många som vill berätta om Simone de Beauvoirs olycka, och om att hon var allra mest olycklig i sitt förhållande med Jean-Paul Sartre. Han ses som den som tjänade på deras förhållande; han visste alltid att Simone fanns vid hans sida, men han kunde ändå omge sig med andra uppoffrande älskarinnor. Han kunde både behålla kakan och äta upp den – hon kunde ingetdera. Om detta är sant eller inte är naturligtvis omöjligt att avgöra, men jag kan inte se varför det inte skulle vara det. Naturligtvis måste en pakt som går ut på sexuell frihet drabba kvinnan hårdare än mannen. Naturligtvis måste en kvinna som väljer ett intellektuellt liv utan barn och äktenskap drabbas hårdare av sitt val än en man som gör samma val. Naturligtvis "tjänade" Sartre på förhållandet mellan honom och Beauvoir. Men vad betyder det? Att Simone de Beauvoir inte skulle ha försökt, att hon skulle ha valt annorlunda, att hon skulle ha erkänt sin "kvinnliga natur", det vill säga erkänt att hon egentligen ville sexuell trohet? Eller betyder Simones tårar bara att vi lever i en värld där kvinnor inte kan vilja detsamma som män utan att betala ett högre pris? Det är på detta sistnämnda sätt jag vill läsa Beauvoirs tårar – en läsning där människans plats i en kultur står i centrum. Det är en läsning som följer Beauvoirs egen analys.

> Styrkan i hennes teori om alienation som någonting grundläggande i skillnaderna mellan könen

> är inte bara att den lyckas visa – om än inte helt perfekt – att patriarkala maktstrukturer är inblandade i själva konstruktionen av kvinnlig subjektivitet, utan också att den försöker visa exakt *hur* denna process fungerar. Här finns ett beundransvärt försök att utveckla en fullständigt *social* förståelse av subjektivitet.

Så skriver Toril Moi. Beauvoirs tårar är då tårar som rinner i ett *samhälle.*

> I över sextio år av det nittonde århundradet, så har västerländska samhällen betingat kvinnor att bli hustrur och mödrar och fått dem som avvisade dessa roller att på något sätt känna sig misslyckade och ofullkomliga,

skriver Yolanda Astarita Patterson i en artikel i Yale French Studies temanummer om Beauvoir.

Det andra sättet att läsa Simone de Beauvoirs tårar utgår från tanken att det existerar en naturlig kvinnlighet. Att en kvinna som avvisar moderskap, sexuell monogami och kroppens biologiska krav gråter blir då fullständigt logiskt, eftersom detta är hörnstenar i en naturlig kvinnlighet. Då kommer alla framtida Simonar att gråta oavsett om de kommer att leva i ett patriarkat eller inte.

Är människan natur måste tårar fällas om naturen förnekas.

Simone de Beauvoir hade en önskan: ”Ord är den enda form av odödlighet jag kan tänka mig. Det är min enda djupa önskan: att någon tyst upprepar några ord som jag har länkat samman och givit mening.” Jag skulle önska att många upprepar – och upprepar högt – 1900-talets viktigaste feminists viktigaste ord: ”Man föds inte till kvinna, man blir det.” Låt detta få bli Simone de Beauvoirs odödlighet. Blott så kan framtida kvinnor slippa fälla de tårar som var hennes.

Ett försvar

Hon finns inte, säger jag – och likväl rör hon sig. Hon skapas i dag, i går och kanske i morgon – men bortom skapelsen av henne står hon inte att finna.

Men att ta Kvinnan från feminismen – är inte det som att ta patienten från läkaren? Var ska feminismen hitta sitt existensberättigande om inte den sanna, förtryckta Kvinnan finns? Vad finns kvar av feminismen om själva dess grund bara är en fantasi, en kulturellt skapad produkt?

Det jag vill är att förskjuta tyngdpunkten i feminismens existensberättigande: från en kamp för en förtryckt Kvinna till en kamp mot kön som identitet. Försvagas feminismen av ett sådant förskjutande av tyngdpunkten?

Är det svårare att vara feminist om Kvinnan inte finns?

Om det är så, om mitt förslag till feminismen gör denna svagare, tror jag att det finns två anledningar till det. Den första har att göra med hur vi definierar begreppet ”förtryck”, vad ett förtryck ska bestå av för att kunna bli igenkänt som ett sådant. Det finns en historisk förståelse av begreppet, som gör att vi har svårt att se ett förtryck som detta om inte det som förtrycks egentligen *är* någonting annat än vad det *tvingas att bli*. Som feminister frestas vi åberopa denna historiska förståelse för att vår analys ska vinna gehör – och vi hävdar då att kvinnan av i dag är en falsk kvinna, som egentligen har ett annat ansikte än det hon tvingas visa i vår patriarkala kultur. Att i stället hävda att förtrycket inte handlar om att kvinnan tvingas bli något hon inte är, utan om att hon tvingas bli något överhuvudtaget, är svårt då vi inte känner igen ett sådant tvingande som ett förtryck.

Den andra anledningen till att feminismen skulle försvagas av att Kvinnan inte finns har att göra med att det vi då kämpar mot, kraven på "kvinnlighet", i sig är ett begrepp skapat av en parriarkal kultur, det vill säga skapat av vår fiende. Vi har i så fall inte något "eget" att föra fram, inte någon "sann Kvinna" att tala för. Det enda vi kan tala om är en kvinna som skapas av det vi motsätter oss.

Men vi behöver inte se något av detta som ett försvagande av feminismen. Vi kan i stället se vad förtryck egentligen handlar om: mänskliga överenskommelser, mänsklig moral. Om svarta människor en gång var slavar, som i Amerika, eller inte hade rösträtt, som i Sydafrika, var det möjligt att hänvisa till en humanistisk uppfattning om vad människan egentligen *är* – född fri och jämlik – för att se slaveriet eller apartheid som förtryck av en sann mänsklig natur. Men att alla människor är födda fria och lika är egentligen inte en absolut sanning, utan det är en överenskommelse som vi människor har fattat om vad det är/ska vara att vara människa. Det ligger inte i människans *natur* att vara född fri och jämlik – men det ligger i vår sociala uppfattning om vad en människa är, det ligger i vår definition av en människa. Om vi tror på en sådan humanistisk uppfattning om vad människan är, så kallar vi brott mot denna uppfattning för förtryck – ett förtryck som egentligen riktar sig mot en mänsklig konvention, en mänsklig definition av människan.

Om kvinnor i dag tvingas bli kvinnliga – och män manliga – borde vi alltså kunna motsätta oss detta förtryck genom att hänvisa till samma humanistiska överenskommelse: alla människor är födda fria och jämlika. Förtryck behöver inte innebära att någonting *är* någonting annat än vad det blir, utan ett förtryck kan handla om att ingenting *tvingas bli* just någonting, om att människor med slida och bröst tvingas bli kvinnliga, sanna Kvinnor. Själva ordet är förtrycket: för-tryck; kvinnor och män får livsmanus som är för-tryckta, för-tyckta som vore de de rätta livsmanusen. Kvinnoförtrycket är inte ett förtryck av den sanna Kvinnan, utan tron på en Sann Kvinna. Räcker inte det för en feministisk kamp?

För det andra: feminismen försvagas inte av att det vi kämpar mot är skapat av vår fiende – tvärtom är det ju vår fiende som skapar feminismen. Om vi inte hade levt i ett patriarkat, hade feminismen inte existerat. Vi kan inte skilja vår motståndare från oss själva; vi existerar blott i en symbios.

Men om jag säger att människor inte borde behöva leva sina liv efter könsmanus, efter för-tryckta liv, säger jag då inte att det finns en sann människas natur, som nu är förtryckt? Att det är mer sant mänskligt att inte bli placerad efter kön än att bli det? Använder jag inte en historisk förståelse av begreppet förtryck som förtryck *av* någonting? Nej, jag säger bara att det är en bra humanistisk konvention att vi är födda jämlika, och att vi bör leva därefter. Det finns ingen sanning här, vare sig att könen "naturligt" är födda lika eller att vi "naturligt" är födda olika. Det jag säger är att den jag blir, blir jag bara i ett samhälle som på olika sätt har bildat sig en åsikt om vem jag bör bli. Och att det jag önskar är att vi skulle slippa bli kvinnor.

Att på det här sättet hänvisa till en humanism kan verka konstigt då ju humanismens subjekt historiskt har varit den man som härbärgeras mitt i ordet: människan som man, mannen som människa. Men när vi konstruerade humanismen, när vi bestämde att detta att vara människa är att vara (där "är" betyder samma sak som "bör vara") född lik andra människor, med samma värde, så betydde inte det att kvinnor skulle uteslutas ur människan. Så har dock blivit fallet. (På kvinnokonferensen i Peking kunde man ännu 1995 diskutera huruvida mänskliga rättigheter även ska gälla för kvinnor.) Principen har använts på felaktiga sätt, men den behöver därför inte överges – bara skapas igen utifrån sin ursprungliga tanke, men denna gång även i praktiken.

Vi talar om ett förtryck som är tvåfaldigt – det får vi inte glömma. Dels tvingas kvinnor att bli Kvinnan, att paketeras som (för)klädd kropp, att vara det sköna objektet, att få sin identitet förminskad till sin ”kvinnlighet” – dels skapas kvinnor som en klass vars uppgifter och egenskaper nedvärderas på ett ekonomiskt, socialt, psykologiskt och politiskt plan. Vi kan inte möta detta tvåfaldiga förtryck på ett enfaldigt sätt, genom att enbart motsätta oss nedvärderandet av det ”kvinnliga”, som vissa feminister har gjort och gör. En feminist måste inte älska ”kvinnligheten” för att på så sätt ”väga upp” en patriarkal nedvärdering av den, ty i så fall kräver vi att någon måste älska det som är en del av förtrycket: att kvinnan ska vara kvinnlig. I så fall kritiserar vi blott de *värden* som har häftats vid respektive kön, men lämnar de grundläggande *begreppen* – manligt och kvinnligt – okritiserade. I stället måste vi se hur de två leden i förtrycket betingar varandra. För att det ”kvinnliga” ska nedvärderas, måste det först *skapas* – först när uppdelningen mellan kvinnor/kvinnligt och män/manligt är genomförd och accepterad, kan den ena delen i denna dikotomi ges låg status och den andra hög. Det är denna grund, denna del, i ett tvåfaldigt förtryck som vi nu på allvar måste bemöta.

Som feminister bör vi vara uppmärksamma på vår egen rörelse: vad uträttar den, vad underlåter den att uträtta, vad leder den till, vilka grunder vilar den på, var står den just nu? Eftersom jag uppfattar det som att en samtida svensk feminism alltför ensidigt koncentrerar sig på det tvåfaldiga förtryckets ena del, nedvärderingen av det ”kvinnliga”, så vill jag tala om dess andra del, om att patriarkatet ytterst handlar om att kön skapas. Jag talar då som kvinna i ett av världens mest jämställda länder. På andra håll i världen, och i andra tider, bör förmodligen tyngdpunkten i den feministiska kampen vara annorlunda.

Ordet feminist är uppbyggt av ordet "femme", kvinna. Feministen kämpar för kvinnan; antingen för kvinnor som en skapad klass, eller för Kvinnans väsen. En del av dem som vill denna sistnämnda kamp hävdar att det är *strategiskt* rätt att tala om Kvinnan som funnes hon bortom patriarkatet, att det stärker vår kamp och ger substans åt vår analys. Talet om den naturliga kvinnligheten förs inte alltid av dem som tror på denna som en sanning, utan även av feminister som tror på detta tal som en nödvändig strategi i dagsläget.

Men vilka feministiska handlingar eller analyser kräver egentligen tron på Kvinnan? Att gå med i medvetandehöjande kvinnogrupper? Att läsa om den litterära kanon med fokus på kön? Att kritisera kvinnan som objekt? Att undersöka universitetets tro på absolut objektivitet? Att kräva högre löner för kvinnodominerade yrkesgrupper? Att kämpa för varvade listor till riksdagen? Nej, ingenting av detta kräver att den naturliga Kvinnan finns – blott att vi inser att kvinnor, som en klass, existerar. Den enda feminism som kräver att Kvinnan finns är den konserverande livmoderfeminism som vill behålla nuvarande könsroller, men uppvärdera kvinnans maskerad. Och för denna feminism är talet om en kvinnlig natur inte en strategi, utan en sanning. Ett strategiskt tal om Kvinnan ser jag som helt omotiverat för en feministisk kamp och för feministiska analyser.

Vi borde föra en diskussion inte om människans (eller kvinnans) *natur,* utan om vad vi vill att människan ska bli och vara i ett samhälle. Vi borde föra en politik som vill avnaturalisera historien, könen och människan – och därmed göra sociala förändringar möjliga. Att placera något i en mänsklig, social sfär är förutsättningen för att kunna förändra detta något. En feministisk analys bör därför alltid noga skilja på *Kvinnan,* myten, och *kvinnor,* en grupp för vars rättigheter vi kämpar.

En kvinna är inte en feminist

Om inte den kvinnliga naturen förenar kvinnor, gör då kvinnliga erfarenheter det – erfarenheter kvinnor gör *som kvinnor i ett patriarkat?* Ja, jag tror att kvinnor får vissa gemensamma erfarenheter oberoende av social klass, sexuell läggning, etniskt ursprung, yrke och oberoende av alla andra bitar som också ingår i vår identitet – men dessa erfarenheter *tolkar* vi olika beroende på hur vår identitet är uppbyggd, beroende av vilka delar den består av.

Mitt sätt att vara kvinna, min erfarenhet av den kvinnliga positionen i ett patriarkalt samhälle är beroende av, och inflätade i, allt det andra jag är – medelklass, akademiker, ogift, journalist, stadsbo etc, och framförallt: är beroende av att jag är feminist. Som sådan blir jag inte nedtryckt av att på Hennes & Mauritz reklampelare kunna upptäcka att Anna Nicole Smiths bröst är mycket större än mina – utan ledsen över att kvinnan fortfarande reduceras till sin sköna kropp. Som feminist blir jag inte stolt över att få festens Tal till Kvinnan tillägnat mig – utan bekymrad över att motsatsen inte skulle ha varit möjlig.

Är då den "kvinnliga erfarenheten" av att vara sin kropp, av att bli sedd som Kvinnan, inte gemensam för olika kvinnor? Jo, för det kvarstår någonting här, någonting som inte har med *upplevelsen* eller *tolkningen* av en "kvinnlig erfarenhet" att göra, utan – faktiskt – med *fakta* att göra. Vi kan räkna antal bilder på kvinnor i reklam, i tidningar och på tv och se hur många av de bilderna som har med "kvinnan som kropp" att göra, och jämföra med antalet sådana bilder av män – och finna att de är färre. Sedan kan vi säga: so what? Det är väl roligt med vackra kroppar – oavsett om de är kvinnors eller mäns. Eller vi kan säga: jag vill inte att kvinnor primärt ska vara kropp. Om upplevelsen av erfarenheten är den sistnämnda, är det en feministisk upplevelse, en feministisk tolkning av en erfarenhet en annan kvinna kan uppleva och tolka på ett helt annat sätt. Men antalet bilder kvarstår, och därmed en *erfarenhet* – och inte en *tolkning* av en erfarenhet – som är kvinnlig: jag associeras med kropp. På samma sätt kan vi räkna antalet Tal till Mannen som hålls på de fester vi besöker, och jämföra med antalet Tal till Kvinnan. Sedan kan vi säga: so what? Det är väl bara roligt att få tal tillägnade sig? Eller kan vi säga: varför sätts Kvinnan i singular, som en evig essens och natur, på piedestal i festtal, när kvinnor, i plural, fortsätter att vara i minoritet i politiska och ekonomiska beslutsfattande församlingar? Oavsett tolkningen, finns erfarenheten där: män talar till Kvinnan, kvinnor talar inte till Mannen.

Jag påstår alltså att det finns ”kvinnliga erfarenheter” som är gemensamma för kvinnor i ett patriarkat, men att upplevelsen eller tolkningen av dessa erfarenheter ser olika ut för olika kvinnor. Detta betyder även att när jag säger att vårt samhälle är ett patriarkat så är detta ett faktum – och inte en värdering, inte en upplevelse. Det kan finnas kvinnor, och det finns många kvinnor, som lever sina liv i detta patriarkat utan att för den skull *uppleva* sig som underordnade. Kanske har de lägre lön än sina män, men de sätter inte detta faktum i samband med en patriarkal orättvisa, utan med att de jobbar som sjukvårdsbiträden, medan han är industriarbetare. Eller till och med: det finns kvinnor som har samma arbete som sin man och där hon likväl har lägre lön – men hon sätter ändå inte lönekuvertets tjocklek i samband med patriarkatet. Hon kan hävda att hon är mindre meriterad, att han har ett större ansvar eller vad som helst. Vi måste alltså skilja på faktiska erfarenheter, och tolkningen av erfarenheter. Att vi lever i ett patriarkat är en erfarenhet som kvinnor delar – sedan kan vi tolka den erfarenheten olika.

Hur ska då jag som feminist förhålla mig till en kvinna som inte tolkar våra gemensamma ”kvinnliga erfarenheter” på samma sätt som jag? Om en kvinna säger till mig att jag tycker bara det är roligt att måla mig, jag känner mig inte förnedrad av att få kvällens Tal till Kvinnan tillägnat mig, jag tycker att det är okey att göra mer i hemmet eftersom min man faktiskt tjänar mer pengar än jag, jag blir glad om jag får höra att jag är "kvinnlig", jag vill vara vacker, osv. Vad ska jag svara henne? Eftersom jag inte tror att det finns någon kvinnlig natur kan jag ju inte säga att hon sviker den. Om det inte finns någon Sann Kvinna kan det heller inte finnas någon Falsk Kvinna. Om jag som feminist tror att förtrycket i stället handlar om hur kvinnlighet *skapas* och *underordnas* i ett slag, så kan jag bara svara henne att jag inte tycker att hon gör en feministisk tolkning av sin identitet, av sin kvinnlighet. Då kan hon svara: "Det gör jag visst, jag tycker att feminismen bör kämpa för kvinnans rätt att få vara kvinnlig." Då får vi helt enkelt diskutera *feminism.* Jag tror inte att någon av oss sitter inne med "sanningen" om vår *natur,* men jag tror att vi båda har en uppfattning om hur vi vill leva på jorden. Jag skulle önska att det vore möjligt att leva utan en "kvinnlig" identitet, medan hon ser en sådan identitet som berikande. Och jag säger att jag tror att jag har rätt, och att mitt "rätt" är grundat i en politisk analys – inte i en kvinnlig natur. Mitt "rätt" syftar mot en befrielse av de könsidentiteter som jag upplever som reducerande, och det är därmed ett *värderande* rätt – inte en sanning.

Men den feminist som tror att det finns en biologiskt bestämd kvinnlighet och som träffar en kvinna som inte agerar efter denna kvinnlighet, måste ju säga att hon är falsk, att hon inte förstår sin egen natur. Därmed undandrar sig en sådan feminist en politisk diskussion (ty naturen står för henne bortom politiken). Om kvinnlighet är någonting naturligt, måste skillnaden mellan olika kvinnor bara vara en fråga om i hur hög grad dessa olika kvinnor förstår sig på sin egen natur, och feminismens mål vara att få alla kvinnor att bli medvetna om sina egna – identiska – kvinnliga identiteter. Vi får alltså vissa kvinnor som står närmare kvinnans sanna natur än vad andra gör, och som måste förklara för dessa kvinnor vilken deras sanna natur egentligen är. (Sådana argument använder vissa personer ibland när de hävdar att barnlösa kvinnor inte kan förstå kvinnlighetens natur, vars essens då ses som att vara mor.) Om den Sanna Kvinnan existerar, måste inte bara den Falska Kvinnan existera (den vi hittade i vissa personers läsning av Simone de Beauvoir) – utan även den Sannare Kvinnan och till och med den Sannaste Kvinnan. Och alla dessa sanningar, och alla dessa kvinnor, grundas i en natur bortom politiska diskussioner.

Jag menar i stället att vilken feminism vi väljer att stödja, eller om vi väljer att inte alls bli feminister, är beroende av politiska val vi gör, är beroende av hur vi tolkar våra ”kvinnliga erfarenheter” – och inte beroende av vår kvinnliga natur. Feminismen är en ideologi som skänker nya meningar åt vår patriarkala kultur; *vilken* mening är beroende av vilken feminism jag gör till min. Jag har i den här boken ritat en skiljelinje mellan en feminism som kämpar för kvinnans rätt att få vara Kvinna och en feminism som inte tror att Kvinnan existerar bortom det samhälle som skapar bilden av henne. I just vår tid, på just vår plats, tycker jag att det här är feminismens centrala skiljelinje.

Jag har gått på jakt efter kvinnligheten och jag har funnit den i flera olika former; jag har funnit en kvinnlighet som skapas genom en process av förklädnad, i en kropp som när den använder kulturella produkter blir "naturligt kvinnlig". Jag har funnit en kvinnlig identitet i det ständigt pågående samtal som förs mellan en enskild kvinna och den bild av Kvinnan som hon måste förhålla sig till. Jag har funnit en kvinnlighet som är en metonymi, där delen tas för helheten, där könet är hon. Jag har funnit en kvinnlighet som är en mental förlängning av en biologisk reflex, en kvinna som är natur – men som likväl blott står att finna i en kultur. Jag har funnit en kvinna som enbart är kvinna när hon är mor, och där denna kvinna/mor tjänar som protest mot en modernistisk kultur. Jag har funnit en kvinna som blir detta först då hon bär krinolin, en kvinna som av domstolar döms till sitt kön. Jag har funnit en kvinnlighet som skapas av rädsla – och som går att fly i samma stund som ett läppstift byts mot en pistol. Jag har funnit en kvinnlighet som kännetecknas av att vara ett kön utan professorstitlar och som står i motsättning till en könlös kompetens, som råkar innehas av män. Jag har funnit en kvinna som låter kvinnlighetens kärna bilda en ovanlig frukt, som inte kan låta bli att bli kvinna i en kultur där hon helst skulle ha velat slippa. Jag har funnit kvinnor, skapade, sociala, underordnade kvinnor – men jag har inte funnit Kvinnan. Jag har funnit en kvinnlighet som samtidigt skapas av kulturen – och förtrycks av den.

Jag har talat som en vit, svensk feminist från medelklassen – jag har alltså talat som en privilegierad kvinna. De flesta kvinnor är samtidigt både en del av ett system av makt där de är förtryckta, och del av ett annat maktsystem där de förtrycker. Detta siktar en del kritiker mot feminismen in sig på, genom att använda argument av typen ”lätt för dig att säga, du är ju medelklass, men arbetaren, han är minsann förtryckt av dig”. Det är möjligt att det här är sant, men det är meningslöst att leta upp den mest förtryckta och säga att enbart hon äger rätt att tala om förtryck (en handikappad, svart, lesbisk, gammal kvinna i fjärde världen?). För feminismen handlar, som den enda teorin/praktiken, om förtrycket av kvinnor. Att vara privilegierad på en mängd nivåer, som överklass, rik, välutbildad, aktieägare etc, medför inte att man inte kan vara feminist eller att man inte kan vara underordnad just som kvinna (även om den underordningen motsvaras av en mängd överordningar). Eftersom jag kan dricka rent vatten varje dag, kan äta mig mätt varje dag, och har en säng att sova i varje natt är jag otroligt privilegierad. Det vet jag. Men dessa mina privilegier kan inte förhindra att jag ser ett område där jag som kvinna saknar privilegium.

Jag har kritiserat drömmen om Kvinnan som feminismens utopi, men jag har själv fört fram en dröm, en utopi: drömmen om en människa som inte får sin identitet och mening bestämda av sitt kön, en utopi om att kroppar inte skulle betyda detsamma som i dag. En människa vars kön inte har någon bestämd mening är svår att föreställa sig, då hon inte har gjorts förståelig. Likväl vill jag henne. Likväl vill jag den feminism som kämpar för att hon ska bli möjlig.

Feminismen är en av de skärvor genom vilka jag ser världen. Därför blir den värld jag ser annorlunda den vars skärva är en annan – även om denna skärva är en annan feministisk sådan. Jag tvekar inte att kalla min skärva ideologisk; den ger en bestämd politisk uppfattning om vårt samhälle. Om du inte äger denna skärva, äger du likväl en bestämd politisk uppfattning när du ser världen. Vilka glasögon, vilken skärva, du väljer att använda under din tid här på jorden är ditt ansvar. Tro bara aldrig att dina ögon är rena.

Litteraturlista

BÖCKER

Appiah Kwame, Anthony: ”Identitet, autencitet, överlevnad. Mångkulturella samhällen och social reproduktion” i Charles Taylor: *Det mångkulturella samhället och erkännandets politik.* Översättning av Sven-Erik Thorhell och Thomas Linden. Göteborg 1994.

Ascher, Carol: ”On 'Clearing the Air': My Letter to Simone de Beauvoir” i Asher, DeSalvo, Ruddick (eds): *Between Women.* Boston 1984.

Bair, Deirdre: *Simone de Beauvoir. En biografi.* Översättning av Agneta Westerdahl. Stockholm 1991 (-90).

Boije af Gennäs, Louise: *Ta vad man vill ha.* Stockholm 1991.

Bordo, Susan: *Unbearable Weight. Feminism, Western Culture, and the Body.* Los Angeles och London 1993.

Borelius, Maria: *Sedan du fött.* Stockholm 1993.

Borelius, Maria: ”Till min tigerunge” i Annika Hagström (red): *Till min dotter.* Stockholm 1994.

Burchill, Julie: *Ambition.* Översättning av Molle Kanmert. Höganäs 1992 (-89).

Butler, Judith: *Bodies That Matter. On the Discursive Limits* of *'Sex'.* New York och London 1993.

Butler, Judith: ”For a Careful Reading” i Linda Nicholson (ed): *Feminist Contentions. A Philosophical Exchange.* New York och London 1995.

Butler, Judith: *Gender Trouble. Feminism and the Subversion of*

Identity. New York och London 1990.
Crona-Leandoer, Åsa: *Bakom spegeln – om utseende* och *kvinnokamp*. Stockholm 1991.
de Beauvoir, Simone: *De bästa åren*. Översättning av Anne-Marie Edéus. Stockholm 1984 (-60).
de Beauvoir, Simone: *Det andra könet*. Översättning av Inger Bjurström och Anna Pyk. Stockholm 1986 (-49).
de Beauvoir, Simone: *En familjeflickas memoarer*. Översättning av Eva Alexanderson. Stockholm 1984 (-58).
de Beauvoir, Simone: *Le deuxième sexe*. Paris 1949.
de Lauretis, Theresa: *Alice doesn't*. Bloomington 1984.
Delphy, Christine: "Protofeminism and Antifeminism" i Toril Moi (ed): *French Feminist Thought*. Oxford och New York 1987.
Eagleton, Terry: *Ideology, an Introduction*. London och New York 1994 (-91).
Evans, Mary: *Simone de Beauvoir. A feminist mandarin*. London och New York 1985.
Foucault, Michel: *Vansinnets historia under den klassiska epoken*. Översättning av Carl G Liungman. Lund 1983 (-61).
Francis, Claude, och Gontier, Fernande: *Simone de Beauvoir*. Översättning av Lisa Nesselson. London 1987 (-85).
Grøn, Arne: "Sartre: Frihet och situation" i Poul Lübcke (red): *Vår tids filosofi*. Översättning av Jan Bengtsson. Stockholm 1987 (-82).
Gummesson, Maria: "Under den nionde månen" i Nina Lekander (red): *Födda. Berättelser om att föda*. Stockholm 1994.
Gutman, Amy: Inledning till Charles Taylor: *Det mångkulturella samhället och erkännandets politik*. Översättning av Sven-Erik Thorhell och Thomas Linden. Göteborg 1994 (-94).
Habermas, Jürgen: "Kampen för ömsesidigt erkännande i den demokratiska rättsstaten" i Charles Taylor: *Det mångkulturella samhället och erkännandets politik*. Översättning av Sven-Erik Thorhell och Thomas Lindén. Göteborg 1994 (-94).
Hanson, Hertha: "Kvinnan och rasbiologin" i *Lychnos 1993, årsbok för idé- och lärdomshistoria*. Uppsala 1993.

Hobohm, Susanne: "En mammas födelse" i Nina Lekander (red): *Födda. Berättelser om att föda*. Stockholm 1994.

Holmberg, Carin: *Det kallas kärlek*. Göteborg 1993.

Husted, Jørgen: "Austin och Searle: Talhandlingar" i Poul Lübcke (red): *Vår tids filosofi*. Översättning av Per Bauhn. Stockholm 1987 (-82).

Jardine, Alice: *Gynesis. Configurations of Woman and Modernity*. New York 1989 (-85).

Key, Ellen: *Missbrukad kvinnokraft*. Uppsala 1981 (1896).

Kristeva, Julia: "Women's Time" i Toril Moi (ed): *The Kristeva Reader*. Översättning av Alice Jardine och Harry Blake. Oxford 1990 (-86).

Lacqueur, Thomas: *Om könens uppkomst. Hur kroppen blev kvinnlig och manlig*. Översättning av Öjevind Lång. Stockholm/Stehag 1994 (-90).

Lerner, Gerda: "Women and History" i Elaine Marks *Critical Essays on Simone de Beauvoir*. Boston 1987.

Lindén, Claudia och Milles, Ulrika (red): *Feministisk bruksanvisning*. Stockholm 1995.

Lindqvist, Sven: *Utrota varenda jävel*. Stockholm 1992.

Marks och de Courtivron (eds): *New French Feminisms. An Anthology*. New York 1981.

Millett, Kate: "Simone de Beauvoir... Autobiographer" i Elaine Marks *Critical Essays on Simone de Beauvoir*. Boston 1987.

Moberg, Eva X: "Söndagsbarn" i Nina Lekander (red): *Födda. Berättelser om att föda*. Stockholm 1994.

Moi, Toril: *Sexual/Textual Politics*. London och New York 1988 (-85).

Moi, Toril: *Simone de Beauvoir. The making of an intellectual woman*. Cambridge och Oxford 1994.

Okley, Judith: *Simone de Beauvoir*. London 1986.

Palm, Göran: *Världen ser dig*. Stockholm 1964.

Patterson, Yolanda Astarita: *Simone de Beauvoir and the Demystification of Motherhood*. Ann Arbor och London 1989.

Robért, Rigmor, och Uvnäs Moberg, Kerstin: *Hon & han. Födda olika*. Stockholm 1994.

Sayers, Janet: *Biological Politics: Feminist and Antifeminist Perspectives.* London 1982.

Spencer, Herbert: *Psychology of the Sexes.* London 1873.

Stenius, Yrsa: *Makten och kvinnligheten.* Stockholm 1993.

Wallach Scott, Joan: "Campus Communities Beyond Consensus" i Patricia Aufderheide (ed): *Beyond P.C. Toward a Politics of Understanding.* Saint Paul 1992.

Walters, Margaret: "The Rights and Wrongs of Women: Mary Wollstonecraft, Harriet Martineau and Simone de Beauvoir" i Ann Okley and Juliet Mitchell (eds): *The Rights and Wrongs of Women.* Harmondsworth 1976.

Weininger, Otto: *Geschlecht und Charakter.* Wien och Leipzig 1908 (-03).

Winegarten, Renee: *Simone de Beauvoir. A Critical View.* Oxford, New York och Hamburg 1988.

Witt-Brattström, Ebba: *Moa Martinson. Skrift och drift i trettiotalet.* Stockholm 1989 (-88).

Wolf, Susan: Kommentar i Charles Taylor: *Det mångkulturella samhället och erkännandets politik.* Översättning av Sven-Erik Thorhell och Thomas Lindén. Göteborg 1994 (-94).

Woolf, Virginia: *Ett eget rum.* Översättning av Jane Lundblad. Stockholm 1989 (-25).

Woolf, Virginia: *Orlando.* Översättning av Margareta Ekström. Stockholm 1989 (-28).

Zahavi, Helen: *En jävla helg.* Översättning av Barbro Lagergren. Stockholm 1992 (-91).

TIDNINGAR OCH TIDSKRIFTER

Ahrén, Gunilla: "Mentorstöd bättre än könskvotering" i *Sydsvenska Dagbladet* 4/3 1995.

Andersson, Helen: "Att böjas efter genus – eller den maskerad vi kallar identitet. Om Judith Butlers performativa genusteori" i *Aktuellt om kvinnoforskning,* nr 1 1995.

Andersson, Stina: ”Hormonerna styr den havandes liv” i *Hertha* nr 6 1986.

Ankarcrona, Anita: ”Lättköpt kvinnlig populism” i *Svenska Dagbladet* 4/6 1994.

Ankarcrona, Anita: ”Tham har hamnat i feminismens fälla” i *Svenska Dagbladet* 18/12 1994.

Bel Habib, Hedi: ”Risk för allt fler våldsdåd” i *Dagens Nyheter* 15/6 1994.

Bergh, Birger: ”Det nya frälset?” i *Sydsvenska Dagbladet* 10/3 1995.

Bergh, Birger: ”Utnämn kvinnor, om ni vill ha pengar!” i *Sydsvenska Dagbladet* 6/4 1995.

Bergom Larsson, Maria: ”Alltmer vilse i det falliska landskapet” i *Aftonbladet* 17/12 1991.

Bergom Larsson, Maria: ”Frigörelsen hade ett pris” i *Aftonbladet* 3/8 1993.

Bergom Larsson, Maria: ”Strypt i en knytblus?” i *Aftonbladet* 20/7 1989.

Bierring, Bodil: ”Trots 30 år av framsteg, ’Andra könet fortfarande nr 2’” i *Arbetaren*, nr 20 1983.

Björk, Nina: ”Helst utan pistol” i *Dagens Nyheter* 21/3 1992.

Björk, Nina: ”Om feminismen ska bli verkligt omstörtande…” i *Aftonbladet* 19/11 1994.

Björk, Nina: ”Vi lär oss vara kvinna eller man” i *Dagens Nyheter* 21/2 1993.

Borelius, Maria: ”Feministerna är rädda för ny kunskap” i *Aftonbladet* 30/7 1993.

Butler, Judith: ”Sex and Gender in Simone de Beauvoir’s Second Sex” i *Yale French Studies*, number 72, New Haven 1986.

Danell, Gustaf Adolf: ”Manligt och kvinnligt i Bibeln och Kyrkan med särskild hänsyn till prästämbetet” i *Nya Väktaren*, nr 9 1985.

de Beauvoir, Simone: ”An Existentialist Looks at America” i *The New York Times Magazine*, 25/5 1947.

Dopping, Annika: ”Högsta status åt den kvinnliga särarten” i *Aftonbladet* 1/12 1993.

Dopping, Annika: ”Sluta förneka skillnaden” i *Dagens Nyheter* 14/4 1994.

Ehrenberg, Måns: ”De kvinnliga forskarna försvinner” i *Upsala Nya Tidning* 7/4 1993.

Ehrmann, Jacques: ”Simone de Beauvoir and the Related Destinies of Woman and Intellectual” i *Yale French Studies,* no 27 1961.

Ekelund, Göran: ”Helen Zahavi var själv förföljd av män” i *Tidningen Boken,* nr 4 1992.

Elvin-Nowak, Ylva: ”Fri att välja – på männens villkor” i *Expressen* 15/2 1994.

Eriksson, Robert: ”Thams förslag märkligt” i *Svenska Dagbladet* 24/4 1995.

Evans, Mary: ”Views of Women and Men in the Work of Simone de Beauvoir” i *Women's Studies International Quarterly 3,* no 4 1980.

Falkinger, Ann: ”Kvinnors och mäns olikheter en tillgång” i *Svenska Dagbladet* 3/2 1994.

Ferm, Anders: ”Kön och kompetens” i *Arbetet* 27/2 1995.

Forssén, Annika, och Hamberg, Katarina: ”Nyansera debatten om likhet och särart” i *Bang,* nr 1 1994.

Fredriksson, Anna: ”Fina flickor & stygga pojkar” i *Elle,* nr 3 1991.

Gustavsson, Eva: ”Den förbisedda möjligheten” i *Smedjan,* nr 2 1994.

Gysing, Kenneth: ”På jakt efter den nye mannen” i *Elle,* nr 7 1991.

Hansen, Charlotte F. ”Hjärnan hos man och kvinna är helt olika” i *Illustrerad Vetenskap,* nr 9 1993.

Herslow, Germund: ”Vämjeligt, Flodgren” i *Sydsvenska Dagbladet* 7/4 1995.

Hjelm, Ussie:”Vågar du vara sexig?” i *Elle,* nr 8 1992.

Holm, Gösta: ”Ärekränkande tillvitelser om könsdiskriminering” i *Sydsvenska Dagbladet* 27/3 1995.

Häglund, Kjell: ”Är män och kvinnor mer olika än lika?” i *Vi Föräldrar,* nr 8 1994.

Hörle, Suzanne: ”Regissören Colin Nutley: Sverige är min hem-

liga juvel" i *Elle,* nr 3 1992.
Johansson, Susanne, och Molina, Irene: "Rothstein utan lösning" i *Arbetet* 22/3 1995.
Jägerhorn, Inger: "Allt sviktade på en gång" i *Dagens Nyheter* 27/6 1993.
Leissner, Maria: "Bu för Thams jämställdhet" i *Expressen* 24/4 1995.
Liljeroth, Lena: "'Mjölk i brösten – gröt i huvudet' – ett hot mot jämställdheten?" i *Kvinna Nu,* nr 7 1993.
Lundblom, Lena: "Ann Zacharias: 'Var stolt över din kvinnlighet!'" i *Hertha,* nr 6 1986.
Lönnroth, Ami: "I motvind blir man en man" i *Svenska Dagbladet* 14/6 1994.
Mattsson, Åsa: "Unga, vackra, starka. För mycket för en man" i *Elle,* nr 11 1992.
Moberg, Åsa: "Sex, lögner & filosofi" i *Månadsjournalen,* nr 4 1994.
Mogård, Britt: "'Pappamånaden' är bara ett dumt påhitt" i *Svenska Dagbladet* 18/6 1994.
Munkhammar, Birgit: "Ångestfylld familjeflicka med starkt överjag" i *Dagens Nyheter* 4/5 1994.
Ohlson, Johan: "Klädskaparen Mia Murray-Lindgren. Med ögon känsliga för form" i *Elle,* nr 4 1992.
Olsson, Jeanette: "Mänskligare samhälle med kvinnligt tänkande" i *Aftonbladet* 30/9 1992.
Oskarsson, Marie: "Se hur vi låter" i *Elle,* nr 6 1991.
Pålsson, Anne-Marie: "Ny jämställdhetspolitik måste formuleras" i *Svenska Dagbladet* 12/6 1994.
Rothstein, Bo: "Thams idé är inte radikal" i *Arbetet* 8/3 1995.
Scherer, Maria: "Ett tvättäkta proffs med smak för champagne" i *Elle,* nr 7 1990.
Shields, Stephanie: "Functionalism, Darwinism and the Psychology of Women" i *American Psychologist,* July 1975.
Stendahl, Christina: "Hormonerna styr ditt liv" i *Kvinna Nu,* nr 1 1993.

Stenström, Thure: ”Osminkat med Simone de Beauvoir” i *Svenska Dagbladet* 30/5 1994.

Söderqvist, Jan: ”Den nya kallhamrade feminismen” i *Svenska Dagbladet* 23/12 1994.

Södersten, Bo: ”Nyfeminismens orimligheter” i *Dagens Nyheter* 26/7 1993.

Södersten, Bo: ”Vad förstår Carl Tham?” i *Sydsvenska Dagbladet* 27/3 1995.

Thunberg, Karin: ”Åh, vilket härligt krig” i *Månadsjournalen,* nr 8 1994.

Uvnäs Moberg, Kerstin: ”Kvinnligt och manligt... en skapelsesaga i nytt biologiskt perspektiv” i *Läkartidningen,* nr 10 1988.

Wennberg, Suzanne och Bodil: ”Kvinnlig populism om mäns våld” i *Dagens Nyheter* 25/9 1995.

Widén, Anita: ”Kerstin Uvnäs Moberg; Biologin – nyckeln till kvinnligheten” i *Hertha,* nr 4 1988.

Vincent, Mona: ”Att existera för andra” i *Bonniers Litterära Magasin,* nr 2 1994.

Öqvist, Per: ”Kvinnor på gränsen” i *Elle,* nr 9 1990.

Öqvist, Per: ”Marie Fredriksson. Mjuk feminist i läder” i *Elle,* nr 6 1991.

Öqvist, Per: ”Pernilla August: 'Jag är rädd för att inte räcka till' ” i *Elle,* nr 4 1992.

SKÖNHETS- OCH MODEREPORTAGE I ELLE

”Badliv”, nr 6 1991.

”Bara bröst är bäst!”, nr 6 1990.

”En fri kvinna”, nr 2 1989.

”Ha en skön dag”, nr 11 1990.

”Ha en skön dag”, nr 11 1991.

”Knivskarpt kvinnligt”, nr 1 1992.

”Rent förföriskt”, nr 1 1991.

”Rätt exponerad”, nr 5 1993.
”Sommarnöje”, nr 6 1990.

FILMER

Orlando, manus och regi av Sally Potter (efter Virginia Woolfs roman). Storbritannien, Ryssland, Frankrike, Italien, Nederländerna 1992.
Short Cuts. Manus och regi av Robert Altman. USA 1993.
Thelma & Louise. Manus av Callie Khouri och regi av Ridley Scott. USA 1991.

ÖVRIGT

Grytt, Kajsa: ”Vår tur nu” från skivan *Kajsa Grytt* 1990.
Motion 1994/95: Ub 40 (c).
Motion 1994/95: Ub 45 (m).
Proposition 1993/94: 147, ”Delad makt – delat ansvar”.
Proposition 1994/95: 164, ”Jämställdhet mellan kvinnor och män inom utbildningsområdet”.
Riksdagens protokoll 1994/95: 115.
Riksdagens protokoll 1993/94: 113.
För analysen av avsnittet i *Short Cuts* tackar jag Lisbeth Larsson.